「中国经济前沿」丛书
CHINA UPDATE BOOK SERIES

中国的经济转型

来自青年经济学家的观察

〔澳〕
卢克·赫斯特
(Luke Hurst)

主 编
宋立刚　周伊晓

THE CHINESE ECONOMIC TRANSFORMATION

Views from Young Economists

 社会科学文献出版社
SOCIAL SCIENCES ACADEMIC PRESS (CHINA)

 ANU PRESS　 BHP

本书撰稿人

宋立刚：澳大利亚国立大学克劳福德公共政策学院教授

周伊晓：澳大利亚国立大学克劳福德公共政策学院高级讲师

〔澳〕卢克·赫斯特（Luke Hurst）：商业智库 Asialink 主任

吴桂英：南洋理工大学社会科学学院副教授

钟宁桦：同济大学经济与管理学院经济学与金融学教授

刘志阔：复旦大学经济学院和中国社会主义市场经济研究中心副教授

解　咪：同济大学，博士

王　姣：澳大利亚墨尔本应用经济与社会研究所研究员

李　冉：世界银行经济学家

赵宇涵：北京大学，博士

王永洁：中国社会科学院人口与劳动经济研究所助理研究员

孔　涛：北京大学数字金融研究中心高级研究员

马忠玉：国家信息中心

高辉清：国家信息中心

尹伟华：国家信息中心

温志超：国家信息中心

张礼卿：中央财经大学金融学院教授

张　艳：中央财经大学国际经济与贸易学院副教授

董支晓：中央财经大学

苟　琴：中央财经大学金融学院副教授

黄益平：北京大学国家发展研究院教授

〔新加坡〕Deborah H. Y. Tan：必和必拓公司

陈　辰：必和必拓公司

〔澳〕葛丽珍（Jane Golley）：澳大利亚国立大学中华全球研究中心主任，教授

王美艳：中国社会科学院人口与劳动经济研究所研究员

王碧珺：中国社会科学院世界经济与政治研究所副研究员

肖　河：中国社会科学院世界经济与政治研究所助理研究员

目 录
CONTENTS

1

第1章　中国为迈入高收入国家行列而进行的深化改革开放

宋立刚　周伊晓　Luke Hurst

一　寻找经济增长的新引擎

在过去的 40 年中，中国经济经历了 3 次爆发式增长。第一次发生在 20 世纪 70 年代末期的改革开放后；第二次发生在 1994 年的分税制改革之后；第三次发生在中国 2001 年加入 WTO 之后（见图 1.1）。

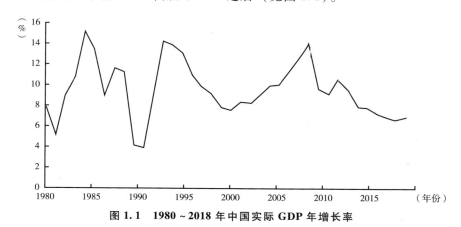

图 1.1　1980~2018 年中国实际 GDP 年增长率

资料来源：IMF。

改革开放期间（1978~2018），中国的经济年增长率超过 9%，到 2018 年，中国的人均年收入已经达到 9600 美元。中国经济的快速增长，使其在亚洲和世界经济总量中占有越来越大的比重。1980 年，中国经济总量占世界经济总量的 2%；而到了 2018 年，这一比重上升为 16%（见图 1.2）。中国经济的重要性不仅体现在总量上，也体现在其对全球经济增长的贡献上。2018 年，中国经济是全球经济增长的主要贡献者，贡献占比达到 32%；包括中国在内的新兴经济体和发展中经济体贡献了世界经济总增长的 44%，发达经济体的贡献是 24%（见图 1.3）。

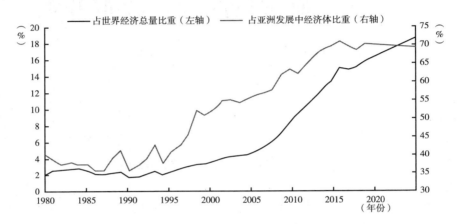

图 1.2　中国 GDP 占全球比重和占亚洲发展中经济体的比重

注：2017 年以后的数据为估计数据。

资料来源：作者根据 IMF（2019）数据测算，GDP 按美元现价计算。

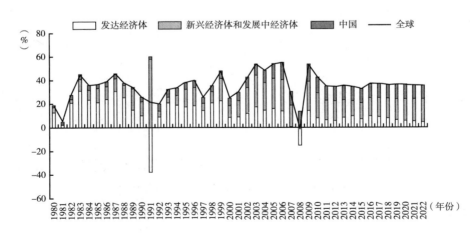

图 1.3　对全球经济增长的贡献率（年度平均）

资料来源：作者按照购买力平价计算 GDP 全球总额并根据不变价（IMF）计算 GDP 增长率。

尽管中国的经济发展依然稳健，但 2010 年以来，在不利因素的影响下，增长的速度放缓了。人们不禁会思考，这些不利因素是否会让中国经济快速增长的态势发生扭转并阻碍中国成为高收入国家；抑或中国能够克服这些因素带来的影响并保持增长态势，哪怕是以一种更为平缓的增长态势进入下一个发展阶段。在这一章，我们试图解读中国经济增速放缓的原因，并基于增长理论去识别长期增长的新动力。

"东亚增长模式"是指若干个发展中国家实现工业化，并达到发达经济体的水平。东亚增长模式的一个特征是贸易和投资的对外开放，中国自改革开放以来也受益于这一模式，同时中国也愈加融入世界经济。在这一阶段，中国经济增长的主要动力是从农业向制造业、服务业过渡的经济结构转型，这一转型伴随着城乡的根本性改革（见图 1.4）。随着劳动力从农村向城市转移，加上资本积累和技术引进，使生产率得到迅速提高（Song et al.，2011）。

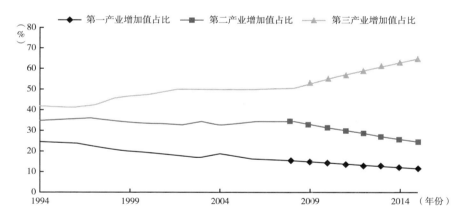

图 1.4　1994～2014 年中国经济按部门分增加值占比

资料来源：作者根据 WIOD 数据计算。

随着中国继续追赶世界技术前沿并努力向国际价值链上游延伸，为保障生产率持续提高，创新变得愈加重要。随着创新活动日渐活跃，中国经济的研发投入强度也有所提高（见图 1.5）。但是创新活动本身蕴含风险，产出经常是不确定的，因此，生产率的提高自然变得更难，这是近年来中国全要素生产率增速持续下降的主要原因之一。

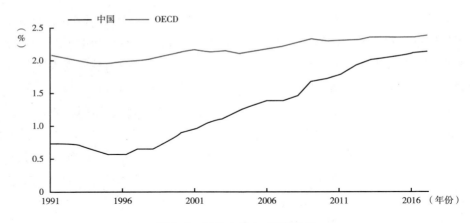

图 1.5 研发支出占 GDP 比重

资料来源：OECD。

中国经济增长放缓的第二个原因是人口老龄化，这降低了工作年龄人口在总人口中的比重。中国 15～64 岁人口占总人口比重在 2010 年达到 78% 的峰值，随后逐年下降到 2017 年的 72%（见图 1.6）。这种人口变动降低了劳动力的供给。在此前的经济增长模式中，中国重点发展劳动密集型制造业生产和贸易，这有赖于庞大的劳动力供给。因此，向可持续增长并在较长时期内保持增长速度的可持续增长的转变，意味着要转向依靠创新并减少对劳动力或其他要素的投入。进一步来说，正如日本的情况表明，老龄化的人口结

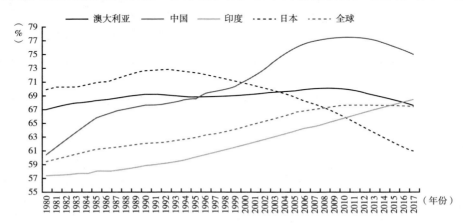

图 1.6 15～64 岁人口占比

资料来源：世界银行（2019）。

构会导致更低的储蓄率（Golley et al.，2018）。在配套社会制度不完善的情况下，居民部门和国有企业部门储蓄率一度较高，中国的储蓄率占 GDP 的比重从 2010 年的 51.5% 的最高点回落至 2017 年的 46.4%。降低的储蓄率给国内投资以及经常贸易顺差带来了下行压力（见图 1.7）。

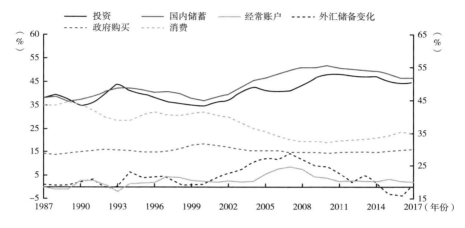

图 1.7　1987～2017 年中国的储蓄、投资和外部均衡

资料来源：作者根据 CEIC 数据库计算得到，其中经常账户和外汇储备数据根据中国外汇管理局公开数据推算得到。

以上分析是供给侧的，包括技术、制度以及人口变化。在短期，需求侧的因素在决定增长率方面同样重要。总需求方面，越来越多的被抑制的投资需求以及净出口的增长都倾向于降低 GDP 增长率。

通过图 1.7 我们可以看出，尽管消费和政府购买占 GDP 的比重在 2010 年之后持续增长，但最近更多的数据表明消费增长在 2018 年第三季度开始就放缓了，虽然政府购买在扩张，但是具有试探性质（Song & Zhou，2019）。投资增速的放缓不仅像前文阐述的那样，由于储蓄的增幅放缓，而且受到较弱的投资信心的影响。新增投资对 GDP 增长率的贡献从 2018 年 9 月的 2.1% 降低到 2019 年 3 月的 0.8%。与此类似，净出口低迷则可归因于低迷的储蓄增长以及中美之间日益紧张的贸易关系。中国的净出口在 2018 年 9 月是负增长，到 2018 年 12 月和 2019 年 3 月则实现了增长（见图 1.8）。

在此关头，关键的问题是中国经济的新增长点在哪里，以及如何实现新的经济增长。我们认为通过进一步的改革，中国仍能为新一轮高速、高质量的增长释放空间，并使中国迈入高收入国家行列。我们认为经济增长的新动力存在于以下领域。首先，深化制度改革并提高制度设计水平将使中国更好地融入世界经济。这需要中国及其贸易伙伴坚守多边原则和国际贸易规则，并共同探索改变现有秩序的途径，以接纳更多的投资与贸易合作伙伴。在去全球化和贸易保护主义抬头的当下，这一任务更为重要。其次，要在商品、资本、劳动力市场方面进一步开放，消除市场壁垒，这对扩展全球层面的研发、创新以及商业合作是必要的。最后，为强化机会均等，缓解日益加剧的收入不平等，需要在教育、技能提升以及减贫方面加强力量。在中国和发达经济体之间，教育和科技等方面的差距仍然比较显著。中国理应为世界的技术进步做出更多贡献。

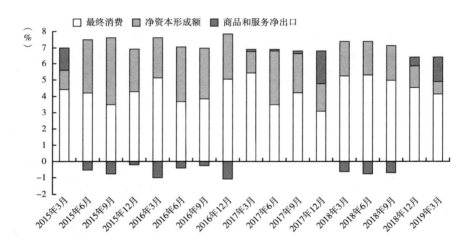

图 1.8 2015 年 3 月到 2019 年 3 月中国 GDP 增长的主要驱动因素

资料来源：CEIC 数据库。

从增长理论来看，这些改革会促使内生的技术和制度创新，这有助于长期生产率的提高，而一国长期经济增长的根本驱动力是生产率的增长（Solow，1956；OECD，2012）。在市场机制下，对全球技术积累的贡献也会促进所有国家的技术进步和经济增长（Jones & Romer，2010）。

在证明中国仍有空间改善商业和制度环境方面，第一个佐证来自世界银行发布的营商环境统计报告（Doing Business Statistic Report）提供的中国商业和制度环境数据。2019 年，中国的统计数据来自上海，这里是中国大陆商业发展最成熟且最国际化的都市。统计数据显示，中国大陆的经商难易度综合得分在 190 个调查的国家和地区中排名第 46。而香港特别行政区在所有调查的国家和地区中排名第 4。营商环境指标的其他细分方面进一步揭示了经济增长的瓶颈所在，并提供了下一步制度和政策改革应聚焦于何处的思路（见图 1.9）。

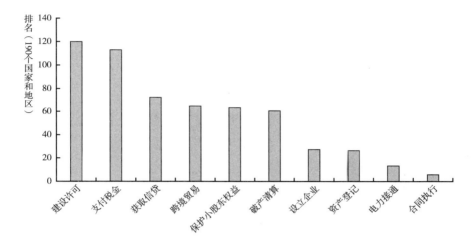

图 1.9　2019 年中国营商环境排名

资料来源：世界银行（2019）。

近年来，中国为改善经济发展的制度环境出台了一系列政策。其中包括中共中央办公厅和国务院办公厅印发了《关于促进中小企业健康发展的指导意见》（以下简称《意见》）。《意见》引入了"竞争中性"的原则，要求政府在政策上帮助中小企业在市场中实现公平竞争。《意见》还特别强调了要降低中小企业的市场准入门槛，创造公平的竞争环境，让中小企业更易获得信贷支持，降低税收和监管负担，加强创新，鼓励私营企业发展，降低政企关系对市场环境的影响等。

竞争中性原则的核心是，政府的一切相关措施都应对国有企业和其他类型企业产生一致的影响，也就是说政府行为不应偏爱任何现有的市场参与者或潜在参与者。尤其是国有企业不应得到政府政策和监管方面的不当竞争优势。竞争中性原则最初是由澳大利亚在 1996 年提出的。当时强调政府所有的企业不应因其所有者性质而相对于私人部门竞争者具有竞争优势。这一理念在经济合作与发展组织（OECD）随后开展的经济政策研究中被进一步阐述。

这一理念包括四个方面：（1）对于提供公共服务和发挥政策性职能的国有企业，对其成本应给予合理透明的补偿；（2）在行业监管和政府采购等方面，国有企业和其他企业应享受同等待遇；（3）在债务融资方面，国有企业不应享受显性或隐性的政府担保；（4）股权融资方面，国家作为国有企业股东，应要求企业提供市场水平的投资回报（Capobianco & Christiansen，2011）。目前中国采纳了竞争中性的原则，将其用于改革国有企业和扶持民营企业。美国在双边贸易谈判中已经运用这些原则，比如在之前与新加坡的自由贸易协定（Free Trade Agreement with Singapore）、新北美自由贸易协定（The New North America Free – Trade Agreement）、跨太平洋伙伴关系协定（TPP）谈判中，在目前与日本和欧盟进行的谈判，以及与中国和欧盟进行的双边投资协定谈判中。

另一项鼓舞人心的发展是对外国投资的进一步开放。在金融市场方面，这些措施包括解除对银行外资持股的限制，取消对外资金融企业规模的限制，以及准许外资保险企业进入中国。在金融自由化的背景下，同时取消了对中资商业银行的中国股东、外国股东的持股上限。2019年3月全国人民代表大会通过了《外商投资法》，在行政准入审批程序中加入了非歧视性原则，加大了对商标侵权的处罚力度，在建设许可的审批程序和时间方面，进行大幅简化和缩短。

以上政策旨在吸引外商投资，巩固中国外商直接投资（FDI）主要流入国的地位。在中国加入WTO后，外商直接投资快速积累，发达经济体的新市场也对中国敞开，使中国经济实现了快速增长。今天，外商直接投资仍有促进中国经济增长的空间。在金融一体化和金融开放层面仍存在较大的发展空间，图1.10表明，尽管中国的FDI经历了快速的增长，但其占总投资的比重自1994年起持续下降。随着中国储蓄率的下降，更多的外商直接投资会拉动投资。

借助政策杠杆来打造对各类企业更开放、更透明、更公平的市场环境，使国内国际市场的规则接轨，这将使中国经济更深入、更顺畅地融入国际市场。参与国际贸易可以使企业在竞争压力下保持创新能力、提升产品和服务

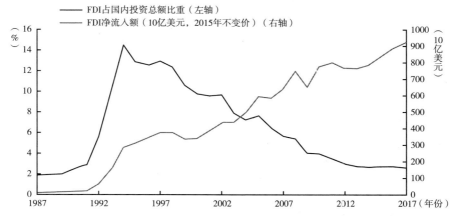

图 1.10　中国吸引外商直接投资（FDI）及其占国内投资总额的比重

注：比重根据外商直接投资占 GDP 比重、国内投资总额占 GDP 总额计算得到。实际 GDP 按照 2015 年以美元计不变价计算，据此可以得到以 2015 年美元不变价计的 FDI。

资料来源：作者根据 CEIC 数据库、IMF、UNCTAD 的数据计算得到。

的质量（Bernard et al.，2007；Zhou & Song，2019）。同理，与外国企业在国内市场的竞争也能实现类似的效果。虽然向消费驱动型增长的经济再平衡政策会降低净出口对 GDP 增长的贡献，但是开放不仅对 GDP 增长是重要的，对生产率的提升更为重要。

除制度环境的改善以外，新经济增长的源泉也取决于教育和个人技能的提升（Khor et al.，2016）。如果在加强教育方面没有取得斐然成就，中国和其他发达国家、发展中国家相比，在发展过程中就会遭受人力资本短缺的困扰。比较各国劳动力中接受过初级高等教育的比重（比如高收入国家或 OECD 国家，巴西、俄罗斯、印度、南非等 G20 的中等收入国家），在 2010 年，中国全部工作人口（24～64 岁）中仅有 24% 接受过初级高等教育，OECD 国家的这一比例为 1/3。

中国总体的初级高等教育入学率和年轻劳动力（25～34 岁）的这一比例也是"金砖国家"中除印度外最低的，印度的相关数据缺乏统计。人力资本对创新以及知识驱动型增长至关重要，持续对教育的投资和技能的积累应该享有较高的政策优先度。

本书集中了一些青年经济学家对中国经济的深入研究和最新观察。他们新的分析视角以及研究发现可以帮助我们以年青一代的视角，更好地理解和识别中国经济的未来发展方向。

二 本书的结构

本书第 2 章分析了中国在经济改革 40 余年后资本分配的详细情况。作为讨论框架，作者梳理了以往文献对中国金融摩擦与政策扭曲导致全要素生产率损失的相关研究。文章在此框架下定量研究了效率损失的问题。作者的结论是中国经济中与资本错配相关的结构性问题主要存在于企业部门和金融系统。这些发现为提升资本分配效率提供了一种改革思路。

本书第 3 章利用中国 400 万家制造业企业 1998 ~ 2013 年的数据，探究了中国企业部门的信贷错配问题。作者发现，在分析期间大多数样本企业是去杠杆的，负债率的样本平均数从 1998 年的 65% 下降到 2013 年的 51%。提高负债率的多是大型上市国有企业。有趣的是，作者发现私营企业的特征随着负债率而发生变化，但是国有企业没有这种变化。作者总结认为，涉及国有企业的大量信贷错配是降低中国信贷配置效率的一个原因。

作者建议去杠杆的"主战场"应该是国有企业，尤其是低效率的大型国有企业，这类企业多有着严重的产能过剩问题，因此，政府应该促进国有企业的市场化导向改革。这种国有企业改革需要商业银行及其他金融机构的市场导向改革相配套，以使有竞争力企业能够获得宝贵的信贷资源。

关于中国经济增速的下降，有越来越多担忧的声音。第 4 章的作者构建了新凯恩斯主义的动态随机一般均衡模型（DSGE），并用来分析中国的货币政策和探究经济周期中主要波动的原因。文章提供了一种解释中国货币政策原则的新颖视角。作者指出中国人民银行在混合型货币政策下通过调整政策利率来应对通货膨胀、GDP 增长率和真实货币增长。中性的技术冲击是 GDP 增速和消费波动的主要驱动因素，投资方面的技术冲击是投资变化的主因。作者认为，在 30 多年的高速增长后，中性技术发展的断层是 2010 年以来中国 GDP 增速放缓的主因。这一结论的政策含义是政府应该鼓励技术创新和产业升级。

第 5 章利用省级层面 1983 ~ 2013 年农户调查数据来研究户籍制度的变迁，借此理解中国农村地区的非农就业。作者编制了一个综合指数，用来观察跨区域的改革和跨区域的户籍制度变迁情况。分析发现，农村劳动力的非农就业随着户籍限制的放松而增长，对全职的非农就业更是如此。分析认为，户籍制度带来的壁垒仍然限制了城乡劳动力市场的整合。

承接第 5 章对户籍制度对非农就业影响的分析，第 6 章研究了中国非标准就业的规模、增长率和特征。本章利用的是作者参与开展的 2016 年中国城镇劳动力调查（CULS）得到的数据。本章有三个主要发现。第一，2016 年中国城镇的非正规就业占比为 34.95%，说明非正规就业是中国劳动力市场的一大特征。第二，中国非正规就业的劳动力的满意度更低、工资更低、工时更长、社保覆盖率更低、权益受保护程度较低。第三，教育程度低、年龄不具优势、未婚、农村户口的劳动力更容易进入非正规就业领域。作者认为对这类人群，政府应该扩大其就业选择面，提升其集体谈判能力，比如吸收非正规就业人群进入工会。

中国的农村电子商务发展带来了巨大的经济社会效益，包括包容性增长、减贫以及消除不平等。第 7 章探究了中国政府"不仅允许科技企业尝试，并通过一系列政策和项目改善农村互联网基础设施并推广电子商务发展"所具体采取的方式。作者对"农村淘宝"的分析表明，政策对农村电商发展的环境的保障措施并非全部到位。"可靠的互联网基础设施，可靠的数字交易手段，便利的快递系统和物流服务都是必需的，但是在欠发达地区，这些条件仍不完全具备。"农村电商的发展既依赖于上层政策支持，也依赖于有机的草根式发展。

2012 年底以来，中国政府采取了一系列措施，旨在使中国成为全球的创新领头羊。第 8 章的作者利用调查数据分析了这类政策的效果和改善的空间。作者发现这些政策效果明显。中国仍处于创新发展的初期，会遇到很多干扰和阻力，这也与理论相符。两类干扰包括知识产权保护政策的不连贯一致，以及政策的落实不到位问题。虽然中国的创新经济起步不久（日益增长的相关投资是一个特征），作者认为这些前期投入在日后会产生高额收益。

第 9 章研究了中国金融自由化的问题和上市公司的金融制约问题。作者通过对中国金融政策的全面梳理，构建了评价中国金融自由化程度的外生性政策评价方法。通过分析 2010～2015 年的面板数据，作者指出，中国经济自由化消除了对上市公司的金融制约。值得注意的是，通过银行和其他金融机构进行的正规的外部融资会受到贸易信贷的强化，对于大企业尤其明显。

分析的结论认为金融自由化还可消除所有制歧视。

中国中小企业的发展对未来经济增长、就业和创新至关重要。第 10 章分析了中小企业的金融支持方案是否提升了银行对这类企业的信贷支持力度。文章利用对银行分支行层面的调查数据研究了相关政策效果。分析指出，那些对启动资金需求较少的中小企业获得了更多的信贷支持，而需要较多启动资金的中小企业得到的信贷支持却更少。对于相关政策的成本，作者指出这类政策增加了中小银行的成本，降低了其盈利能力。作者认为商业、金融和创新环境需要得到根本性的改善。

中美之间日趋严峻的贸易摩擦是对当今世界经济的一大威胁。第 11 章利用 G-Cubed 多国家模型来分析中美贸易争端带来的损失，并提出调和争议的建议。研究发现，贸易争端对中国在短期有更大的影响，对美国则会在中期内产生类似的不利的影响。作者认为，当前中国政府采取的同步增加关税的方式是"稳妥保守的，为经济增长在短期和中期提供了缓冲，并降低了对全球经济的不利影响"。中国政府"在退无可退的情况下"还有更多影响更强的选择，比如抛售美国相关的金融资产。

第 12 章研究了中国劳动力年收入方面的机会不均等，尤其关注性别差异。本章利用的数据是 2010 年的中国女性社会地位调查。作者发现"性别是机会不均等的第一影响要素，其重要程度大于社会经济、区域、城乡差异等因素"。文章进一步分析了造成性别收入不平等的深层原因。微观的分析表明性别（通过教育的收入）和婚姻状况是性别收入差距最显著的决定因素。基于这些发现，作者提供了一系列政策建议，包括对农村地区女性提供有针对性的教育倾斜政策，帮助女性实现非农就业，并持续改革户口制度。

随着中国企业的海外投资案例数量越来越多、标的规模越来越大，这些企业在东道国会遇到一些政治阻碍。在第 13 章，作者提供了一份对中国对外直接投资被迫中止案例的研究。通过对一组独特数据的分析，作者发现若干因素对对外投资受阻的可能性有较大的影响，其中包括投资的规模、技术密集程度以及与东道国之间不良的双边关系等。鉴于以上因素往往和投资受阻相关联，作者提出了一些降低受干扰概率的策略，包括将大规模投资拆分后执行，重点关注受公众和政府监督较低的行业，以及加大在东道国的知识产权保护力度以及研发支出等策略。

第 14 章对中国企业在铁矿石市场繁荣期内的活动进行了详细的案例研究。文章试图回答两个问题：能够获得国家金融支持的中国企业是否削弱了其他市场参与者的竞争力？中国政府是否在利用资本独占战略资源？

通过分析 50 份铁矿石投资和采购协议，作者发现中国的国有金融机构参与了大多数投资活动，并且大多数投资活动都是由中国的中央或地方国有企业加上外国企业共同完成的。中国的铁矿石投资者多数缺乏行业核心经验，且缺乏长期所有权优势。缺乏铁矿石方面的行业竞争力意味着这些企业通常与一些外国的中小型铁矿石企业合作。他们倾向于采取设立合资公司等准一体化的方式发起投资，这意味着中国国家的支持使得这一领域的市场门槛降低了，使得中国以外的中小型铁矿石企业得以进入。对于第二个问题，文章通过计分卡定量分析，得出的结论是，与其说中国锁定并独占了铁矿石资源，不如说中国的铁矿石采购促使全球铁矿石供应链更具竞争性和开放性，并使亚洲市场的其他买家更容易获取铁矿石资源。这和 20 世纪 70 年代和 80 年代日本的大采购作用类似。在中国原油国际采购方面，情形也是类似的。

参考文献

Bayoumi, T., Tong, H. and Wei, S.J. (2012), *The Chinese corporate savings puzzle: A firm-level cross-country perspective*, Working Paper No. 202012, Hong Kong: Hong Kong Institute for Monetary Research, available from: EconPapers.repec.org/RePEc:hkm:wpaper:202012.

Bernard, A.B., Jensen, J.B., Redding, S.J. and Schott, P.K. (2007), Firms in international trade, *Journal of Economic Perspectives* 21(3): 105–30. doi.org/10.1257/jep.21.3.105.

Capobianco, A. and Christiansen, H. (2011), *Competitive neutrality and state-owned enterprises: Challenges and policy options*, OECD Corporate Governance Working Paper No. 1, Paris: Organisation for Economic Co-operation and Development, available from: www.oecd-ilibrary.org/docserver/5kg9xfgjdhg6-en.pdf?expires=1559644294&id=id&accname=guest&checksum=784BBA6AF1A94075A5BECB546658F3E2.

Commonwealth of Australia (1996), *Commonwealth Competitive Neutrality Policy Statement*, June, Canberra: Department of Treasury, available from: archive.treasury.gov.au/documents/275/PDF/cnps.pdf.

Golley, J., Tyers, R. and Zhou, Y. (2018), Fertility and savings contractions in China: Long-run global implications, *The World Economy* 41(11): 3194–220. doi.org/10.1111/twec.12602.

Hu, Y. (2019), Foreign businesses get assurance as new trade rules ensure equality, *Policy Watch*, 9 April, Beijing: The State Council of the People's Republic of China, available from: english.gov.cn/policies/policy_watch/2019/04/09/content_281476600762343.htm.

International Monetary Fund (IMF) (various years), *World Economic Outlook*, Washington, DC: IMF.

International Monetary Fund (IMF) (2019), *World Economic Outlook Database*, April, Washington, DC: IMF, available from: www.imf.org/external/pubs/ft/weo/2019/01/weodata/index.aspx.

Jones, C.I. and Romer, P.M. (2010), The new Kaldor facts: Ideas, institutions, population, and human capital, *American Economic Journal: Macroeconomics* 2(1): 224–45. doi.org/10.1257/mac.2.1.224.

Khor, N., Pang, L., Liu, C., Chang, F., Mo, D., Lovalka, P. and Rozelle, S. (2016), China's looming human capital crisis: Upper secondary educational attainment rates and the middle-income trap, *The China Quarterly* 228: 905–26. doi.org/10.1017/S0305741016001119.

Organisation for Economic Co-operation and Development (OECD) (n.d.), *OECD Database*, Paris: OECD Publishing, available from: data.oecd.org/.

Organisation for Economic Co-operation and Development (OECD) (2012), *Looking to 2060: A global vision of long-term growth*, OECD Economics Department Policy Notes No. 15, Paris: OECD Publishing.

Solow, R. (1956), A contribution to the theory of economic growth, *The Quarterly Journal of Economics* 70(1): 65–94. doi.org/10.2307/1884513.

Song, L. and Zhou, Y. (2019), A balanced macroeconomic approach could be China's panacea, *East Asia Forum*, 6 March, available from: www.eastasiaforum.org/2019/03/06/a-balanced-macroeconomic-approach-could-be-chinas-panacea/.

Song, Z., Storesletten, K. and Zilibotti, F. (2011), Growing like China, *American Economic Review* 101: 202–41. doi.org/10.1257/aer.101.1.196.

State Administration of Foreign Exchange (SAFE) (n.d.), *Data and Statistics*, Beijing: SAFE, available from: www.safe.gov.cn/en/.

The State Council of the People's Republic of China (2019), *Guiding Opinions on Promoting the Healthy Development of Small and Medium-Sized Enterprises*, Beijing, available from: www.gov.cn/zhengce/2019-04/07/content_5380299.htm.

United Nations Conference on Trade and Development (UNCTAD) (n.d.), Statistics database, Geneva: UNCTAD, available from: unctad.org/en/Pages/statistics.aspx.

World Bank (2019a), *Doing Business: Measuring business regulations*, Washington, DC: The World Bank Group, available from: www.doingbusiness.org/en/rankings.

World Bank (2019b), *World Bank Open Data*, Washington, DC: The World Bank Group, available from: data.worldbank.org/.

World Input Output Database (WIOD) (n.d.), available from: www.wiod.org/home.

Yu, C. (2019), Opening-up to boost finance sector, *Policy Watch*, 4 May, Beijing: The State Council of the People's Republic of China, available from: english.gov.cn/policies/policy _watch/2019/05/04/content_281476643005930.htm.

Zhou, Y. and Song, L. (2016), International trade and R&D investment: Evidence from Chinese manufacturing firms, *China and World Economy* 24(1): 63–84. doi.org/10.1111/ cwe.12144.

第2章　中国的经济发展：
资本错配的视角

吴桂英

在众多旨在理解中国经济发展奇迹的研究中，一个重要的角度是研究资本再分配对全要素生产率（TFP）增长的贡献。本章首先建立一个描述资源错配与 TFP 损失之间关系的一般框架，随后提供中国资本错配的实证证据，并在框架内研究资本错配对总效率损失的定量影响。本章主要考察了两个可能引起资本错配的因素：金融摩擦和政策扭曲，这两个因素凸显了中国改革开放 40 年后在资本配置方面仍然面临的挑战。

一　框架：资本错配与全要素生产率损失

为什么 40 年前中国的实际人均 GDP 只有美国的 1/40？或者更通俗地说，为什么有些国家富裕而有些国家贫穷？经济学家在过去 20 年中得出的一个重要结论是，全要素生产率的总体差异是国家间人均 GDP 差异的主要原因。根据 Zhu（2012）的增长核算框架，全要素生产率的增长对中国人均 GDP 增长的贡献超过 70%。那么，是什么导致了过去 40 年中国全要素生产率的大幅提高呢？

据 Restuccia 和 Rogerson（2013）的分析，越来越多的新近研究认为，在一个经济体中，异质企业之间的资源错配会降低这个经济体的总体全要素生产率。例如，麦肯锡全球研究所（Mckinsey Global Institute）开展的国家和行业研究发现，在许多发展中国家（如韩国、巴西、土耳其和印度），同一行业内的公司之间存在巨大差异。事实上，在许多情况下，这些国家中大多数行业中最有效率公司的生产率水平与西欧或美国的同行公司相当，不过其分布是长尾的，即一个行业内有较多的效率一般的企业。如果资源能够在一个国家内从低生产率企业重新配置到高生产率企业，即使生产要素的投入不变，一国的总产出也会增加，因此也将使总全要素生产率增加。这意味着资源配置效率可以为理解国际收入差异提供一个新的视角：低收入国家的全要素生产率相对于帕累托最优下全要素生产率水平的总损失可能来自资源错配。它们可被归因于这些国家的资源分配不当。尽管完全的自由化只是一个概念，现实中存在许多阻碍资源最优分配的摩擦，我们仍然可以这样应用以上分析框架：计算在通过消除摩擦而实现了帕累托最优的情景下，全要素生产率能够提高多少。

无论是在其他发展中国家还是在中国，资本错配现象都被认为是最主要的生产要素错配（Banerjee & Moll，2010）。在 Song 等（2011）看来，制造业方面的资本再分配，是解释中国经济发展奇迹的一个关键。

二　资本错配的证据

中国资本错配的证据有多种形式。总结这一证据有两种方法：一是直接研究资本成本或投资回报率；二是通过资本边际产品的耗散来推断资本错配的程度。

这里首先用第一种方法。中国总体上的资本边际产出约为 20%（Bai et al.，2006），按照国际标准衡量，对于发展中国家来说，这个数值很高并处于合理的水平，不过当我们以分类更细的数据来研究资本成本或资本回报率的时候，情况就有所不同。

在一项国际比较研究中，Allen 等（2005）发现，以现有标准衡量，中国的公司治理、会计准则和投资者保护制度都很难称得上完善，银行体系发展还不成熟，在很大程度上效率不高。上海证券交易所和深圳证券交易所自1992 年成立以来发展迅速，但其在融资方面的规模和重要性仍无法与其他融资渠道特别是银行业直接融资性媲美。在这种情况下，中国企业要靠留存收益来为投资和运营成本进行融资。然而，企业面临的融资约束不是普遍同一的：中国的银行大多是国有银行，它们倾向于向国有企业提供更宽松的信贷、较少的筛选、更高的信贷额度、更低的利率和更少的抵押品要求。中国股市中大多数企业属于国有企业和大型混合所有制企业。毫不奇怪的是，"非正式部门"（informal sector）的公司在信贷市场上受到歧视。许多成功的非国有企业在发展过程中未利用正规融资渠道（Allen et al.，2005：图 3 – A 和图 3 – B）。

根据这一制度背景，基于对中国 120 个城市的 12400 家公司的分层随机抽样调查，通过收集这些公司 2002 ~ 2004 年的公司层面会计信息，Dollar 和 Wei（2007）研究了资本配置中存在的由于所有制类型、地区、部门差异所导致资本边际回报不均的系统性扭曲。他们系统地比较了投资效率在完全和部分国有、完全和部分外资或民营、行业、地理位置、规模等不同企业特点下的差异。他们发现，即使经过近 30 年的改革，国有企业的平均资本回报率仍然明显低于民营企业或外商投资企业。同样，某些地区和行业企业的资本回报率一直低于其他地区和行业。这项开创性工作中的发现已得到许多后续研究的证实，下文将对此进行说明。

第二个证据来源涉及对生产函数与公司级数据的拟合对边际产品分布的直接估计。推进这一结构化方法的关键研究者是 Hsieh 和 Klenow（2009）。他们假设存在影响总产出和资本的、使得不同企业具有不同特征的"楔入项"，他们在模型中用"税收"来描述这一因素。由于这一楔入项的作用，企业的产出不同于其产能水平所决定的数量，而且可能具有不同的资本 – 劳动比率。如果没有具体到各个企业的扭曲项，且一个行业内的所有企业都有相同的利润，那么一个行业内的所有企业的全要素收入（TFPR）将是相等的。一般来说，可将一个行业内企业之间的 TFPR 差异作为资本错配的衡量指标。

Hsieh 和 Klenow（2009）使用中国、印度和美国的制造业工厂的微观数据，量化分析了潜在的错配程度。首先，他们发现，与美国相比，印度和中国的 TFPR 分布区间更宽。例如，中国样本 TFPR 的 9/10 分位数为 1.59，印度为 1.60，美国为 1.19。其次，他们估计这可能是总生产率低的原因。他们的估计表明，通过改变错配可能使中国和印度的全要素生产率分别提高 30 ~ 50 个百分点和 40 ~ 60 个百分点。最后，他们还发现与美国相比，中国对 TFPR 更高的企业的资源再配置速度更快，这可能是由于随着国有企业中效率较低的部分被淘汰出局，因而资本再配置的速度更快。但在印度，资本从低效率公司向高效率公司进行再配置的速度似乎较慢。

正如 Restuccia 和 Rogerson（2013）所指出的，Hsieh 和 Klenow（2009）的发现仍然是支持"资本错配是全要素生产率跨国差异的重要组成部分"这一观点的最有力证据。然而，这种方法中对偏好和生产技术的高度参数化假设也面临着方法上的挑战。Hsieh 和 Klenow 的推论的有效性取决于两个条件：（1）平均收益产品和边际收益产品具有相同的分散性；（2）边际收益产品的分散性作为价格异质性的镜像，反映了资本错配的程度。两个条件都需得到严格满足。条件（1）仅适用于具有同质的产出和需求弹性的环境，条件（2）不一定适用于具有摩擦（如调整成本）的动态环境。当涉及数据时，这种方法需要另一个条件，即测量误差不会增加分散型。对任何条件的违反都会导致有偏的估计。

为了解决这些问题，Song 和 Wu（2015）开发了一种新的方法，能在更一般的环境中识别资本错配，在这种环境下无须满足上述条件。新方法的一个显著特点是将收入－资本比率和利润－收入比率的第一个向量和第二个向量的数据分组匹配。尽管在此前的研究中没有相关探讨，利润－收入比率实际上在识别资本错配中起着重要的作用。具体来说，Song 和 Wu（2015）将收入－资本比率和利润－收入比率相匹配，计算其方差和两组比率的协方差。这 3 个经验矩阵可产生 3 个参数，这 3 个参数决定着资本错配的程度以及难以观测到的产出和需求弹性的异质性。另外，原有方法使用的是横截面数据，新方法利用面板数据研究了组间变化，这有效地缓解了资本调整成本等摩擦和计量误差带来的偏差。

确定方法后，Song 和 Wu（2015）将这一结枒化方法应用于由中国国家统计局（NBS）通过行业调查得到的公司级面板数据。研究发现，完全纠正资本错配将使中国制造业产出增加 20%。相比之下，此前 Hsieh 和 Klenow（2009）的方法得到了更高的 35% 的潜在增长。这表明，首先，如果要用边际产品的分散性来推断全要素生产率的损失，那么控制产出和需求弹性不变，以及假设投资摩擦和计量误差的不可观测的不均匀性不变，这是非常重要的。其次，即使在控制了所有这些因素之后，人们仍然可以识别中国资本错配造成的全要素生产率损失程度，这也是对 Hsieh 和 Klenow（2009）的主要发现以及其他类似文献结论的验证。

Hsieh 和 Klenow（2009）的开创性框架启发了许多重要的研究。例如，

Brandt 等（2013）重点关注 1985～2007 年中国非农经济（包括制造业和服务业）中，各省份之间以及国有和非国有部门之间更总体层面的要素错配。他们还将全要素生产率的总体损失分解为省际和部门间错配造成的损失。第一，他们发现，平均而言，跨省份、跨部门的要素配置不当导致非农全要素生产率下降至少 20%，省内错配则占总损失的一半以上。第二，在整个时期内，省际错配造成的全要素生产率损失相对固定。第三，尽管省际劳动力流动显著，但由于省际劳动力市场扭曲造成的全要素生产率损失仍然很高，原因是全要素生产率的省际分散性增加。第四，1985～1997 年，省内错配的衡量指标快速下降，非农业全要素生产率年增长率为 0.52%，但在 1997～2007 年错配程度显著上升，使非农业全要素生产率年增长率下降了 0.5 个百分点。第五，几乎所有的省内错配都产生于国有部门和非国有部门之间，近年来这种情况快速增加。

三　资本错配的来源

对我国资本错配的定性和定量研究提出了一个有针对性的研究课题：造成资本错配的根本原因是什么？两个比较明显的可能因素引起了越来越多的研究关注：金融摩擦导致的资本市场不完善和政府政策导致的非市场扭曲。

显然很难明确区分金融摩擦和政策扭曲，它们在概念上没有很大的差异，而且它们也可能与其他一些非常类似的摩擦和扭曲共同起作用。因此在本章中，我们将金融摩擦的定义严格限制在那些由于资本市场信息不完善或监管不完善而导致的资本错配，即使对于发达经济体也是如此。我们提出的问题是，这些因素在多大程度上造成了观察到的资本错配。这也代表着所有不符合这一典型定义的金融摩擦都可归入"政策扭曲"因素来分析。

（一）金融摩擦

定量研究所观察到的资本错配中有多少可归因于金融摩擦，是近期一些研究的主题，如 Moll（2014）、Midrigan 和 Xu（2014）等。虽然建模的细节和估计的层级不同，但这些研究有一个共同的方法：它们通过校准模型参数来匹配各生产单元产出的分布和动态，从而建立理论模型和衡量全要素生产率损失的水平。尽管中国金融发展仍不充分，资本存在显著的错配，但将金融摩擦与资本配置不当和全要素生产率损失直接联系起来的研究相对较少。Ek 和 Wu（2018）以及 Wu（2018）在这方面做出了尝试。两份文献都提供了与已有研究不同的、新颖的资本错配识别策略，并将这些策略应用于中国工业企业年度调查中的公司级面板数据，样本期间为 1998 ~ 2007 年。

Ek 和 Wu（2018）利用投资 - 现金流敏感性推断，直接估计金融摩擦对资本错配的影响。尽管投资 - 现金流敏感性一般被用作金融抑制的指标，而金融抑制是金融摩擦的结果，但还没有任何研究将资本错配直接与投资 - 现金流敏感性联系起来。本章通过提供一个简单而间接的理论模型来填补这一空白，该模型将投资异质性、现金流敏感性、金融抑制的一般指标与衡量配置效率的一个直接指标——资本边际收益产品（MRPC）的分散性联系起来。

当然，这种新方法的有效性在很大程度上取决于两个方法论问题。首先，投资 - 现金流敏感性是金融抑制的可靠指标吗？即使在完全有效的资本市场中，现金流敏感性也可能取决于对托宾 Q 的计量误差、不完全竞争和/或规模报酬递减、资本调整成本、对 Q 值的计量误差和识别等问题。其次，公司的现金流状况是内生于其生产力冲击的，可能包含有关其投资机会的信息。

为了解决这些问题，Ek 和 Wu（2018）提出了一个高外部融资成本结构化模型。该模型中，企业可以面对不完全竞争和/或利用规模报酬递减的技术。在没有任何摩擦的情况下，这一模型得出了与近期其他研究中的模型相同的最优条件：最优资本存量仅是当前产出、约根森资本成本（Jorgensonian user cost of capital）和生产技术的函数。这使其能够为模型中的投资提供一个不依赖于托宾 Q 的经验参数。然后，考虑到资本调整成本，他们建立了一个自回归 - 分布滞后结构，这会产生一个误差修正参数，如 Bond 等（2003）所述。在"无金融摩擦"的零假设下，现金流不应影响本模型中的投资。Ek 和 Wu（2018）在使用一般向量技术进行估计时考虑了现金流的潜在内生性。他们检测了这些样本的现金流条件是否显示显著不同的预测能力，从而产生显著不同的投资 - 现金流敏感性。

关于投资 - 现金流敏感性和金融抑制的第二个关注点是 Kaplan 和

Zingales 提出的著名评论。Kaplan 和 Zingales（1997）认为，随着公司的财务约束越来越强，投资－现金流敏感性并不总是单调增加。因此，一般情况下不能使用投资－现金流敏感性的估计值代表金融摩擦的程度。Ek 和 Wu（2018）的理论模型表明，投资－现金流敏感性与金融摩擦程度之间的关系确实取决于外部融资情况下的利润函数和成本函数的曲率。然而，尽管受到更强财务约束的公司不一定表现出更高的敏感性，但不受约束的公司不会表现出投资－现金流敏感性。因此，发现一组企业具有正的显著的敏感性，而另一组企业没有表现出敏感性，这是资本错配的充分条件，但不是必要条件，这实际上也是实证研究一般得出的结论。鉴于 Ek 和 Wu 的识别策略仅依赖于投资－现金流敏感性，而非过度的投资－现金流敏感性，因此不涉及 Kaplan 和 Zingales 所提出的批评。

当他们将误差修正投资模型应用于美国 Compustat 公司数据库的 10 年平衡面板数据时，Ek 和 Wu（2018）没有发现任何投资－现金流敏感性。而对由中国企业数据组成的 10 年期平衡面板数据的分析却发现了显著的敏感性。在样本中国企业内部，根据年限、规模、所有权或政府联系等的各种标准对样本进行分组时，无论对于平衡和非平衡面板数据，成立时间短的、小型的、非国有的和没有政府联系的企业，它们都具备显著的现金流效应。这些投资－现金流敏感度所显示的总全要素生产率损失，对于平衡面板数据为 4%～5.2%，非平衡面板数据为 10%～15.2%。

Ek 和 Wu（2018）采用的是结构化方法，Wu（2018）的识别策略则更多的是简化的方法，主要是从项目评估的角度量化了金融摩擦和政策扭曲对资本错配的影响。

（二）金融摩擦与政策扭曲

正如本章前面提到的，中国经济的一个典型事实是：资本成本、投资回报或 MRPC 的代理变量在不同所有权类型的公司之间有显著差异。这种明显的现象常常被视为资本错配的直接证据。毕竟，在一个没有政策扭曲的情况下，所有权不会影响 MRPC，和所有权因素正交的其他公司特征才会影响 MRPC。但是作为发展中国家，中国的资本市场尚不发达，法律法规、审计和合约环境还有待完善。如果不同所有制类型的企业在年龄、规模等其他特征上存在系统性差异，如果这些特征确实因为金融摩擦而影响了 MRPC，即使在没有政策扭曲的情况下，这些企业仍然可能由于不完善的资本市场而具备不同的 MRPC。

　　根据中国企业的所有权类型和 MRPC 分散度的独特制度特征，我们设计了下述资本错配识别方法。假设一项投资促进计划为一些公司提供优惠待遇，这些待遇取决于其所有权类型，可以采取多种形式，例如投资税抵免或低利率的银行贷款。这种处理的效果是降低了普遍的资本成本，或者降低了目标企业的影子 MRPC。企业不仅在待遇上存在差异，而且在一系列企业特征上也存在差异，这些特征是估计中的协变量，金融摩擦通过这些特征影响 MRPC。上述假设项目对 MRPC 分散度的平均效果可以分解为对目标公司的产生的平均处理效果（ATT）以及选择偏差。ATT 用目标公司的实际 MRPC 与其他公司的反事实 MRPC[①] 之间的差异，它确定了政策扭曲对不同所有权类型公司的 MRPC 的分散性的影响。选择偏差是在项目没有实施的情况下，目标公司和其他公司之间的 MRPC 差异，它反映了金融摩擦导致的平均 MRPC 分散性在不同所有权性质公司之间的差异。

　　在应用这一识别方法时，Wu（2018）考虑了一个既有政策扭曲又有金融摩擦的结构化模型。为了嵌套近期关于金融摩擦和总全要素生产率的相关文献中常见的模块化的微观基础，Wu 采取了两种高度综合的简化模型来描述财务约束。模型中的总全要素生产率损失取决于特定企业的 MRPC 分散性，这是由一组参数的联合分布决定的。这些参数描述了企业受特定政策扭曲和金融摩擦影响的程度，并表征了企业生产率和内部资金的状况。Wu 还基于一组协变量进行倾向性得分匹配，这些协变量是由金融摩擦可能影响 MRPC 的模型分析所得，即使在没有政策扭曲的情况下也是如此。这些协变量与大量金融摩擦理论和实证文献中出现的协变量完全相同。不过，要匹配待遇不同但在这些协变量方面相似的公司，我们不必对这些观察到的协变量和 MRPC 之间的功能关系做出判断，也不需要明确公司受到的这些协变量之间的确切因果关系。

　　在利用中国工业企业年度调查的公司级面板数据，对不同企业所有制类

---

　　① 反事实 MRPC（Counterfactual MRPC），即假设其他公司在享受相应政策的情况下 MRPC 的预计水平。——译注

型的 ATT 和选择偏差进行了点估计。模型估计表明，国有企业与国内民营企业相比，MRPC 要低 42%，对于后者，政策扭曲和金融摩擦分别使 MRPC 降低了 22% 和 20%。更引人注意的是，模型得到的外资企业的平均 MRPC 比国内民营企业低 2%。但如果不考虑政策扭曲，由于金融摩擦，其 MRPC 将比国内民营企业高 20%。这表明，实际上外资企业受到的政策扭曲程度与国有企业相似。

尽管这些对模型的估计本身就很有意思，但真正帮助我们回答研究问题的是过程中的副产品，即那些未享受待遇的公司的反事实 MRPC。Wu（2018）利用这一信息计算了假设在没有政策扭曲的情况下的全要素生产率总损失，结果显示，2000～2007 年全要素生产率总损失从 7.3% 到 9.4% 不等。因此，她对金融摩擦对全要素生产率总损失的影响的估计，与 Ek 和 Wu（2018）一致。在实际经济中，全要素生产率年均总损失达到 27.5%。这意味着全要素生产率总损失的 70% 可归因于政策扭曲。研究还发现，政策扭曲导致中国平均 MRPC 下降了 15.5%，这为中国异常高的投资率提供了一个可能的解释。

（三）政策扭曲

虽然有大量文献指出政策扭曲是中国资本错配和全要素生产率总损失的一个潜在来源，但大多数文献中使用的政策扭曲只是以抽象和一般的方式建模。要提供具体的政策含义，必须查明扭曲资本配置的具体制度因素。

Wu（2018）使用带平衡协变量的企业匹配样本，评估了几种流行的假设，这些假设探讨的是中国政府为什么引入有利于一类企业的规则、法规和制度。从公共财政的角度来看，政府支持企业的第一个可能原因是这类企业贡献了大量的税收。

政府还可能扭曲资本配置，以推行具体的产业政策。例如，众所周知，中国自改革开放以来，一直采取出口导向型增长战略（Lin，2012）。

中国政府面临增长与稳定之间的权衡，这常常被视为政策扭曲的原因。为了尽量减少社会不稳定，减少改革阻力，政府可能有较强的动机来维持就业稳定。例如，为了避免在经济衰退期间裁员或关闭工厂，政府通常要求国有银行救助亏损的国有企业，这就产生了被称为"软预算约束"的问题（Qian & Roland，1998；Brandt & Zhu，2001）。在此基础上，我们可以将政府视为一个风险厌恶的社会规划者，根据资本资产定价模型优化配置资本。如果是这样，逆周期型公司的贝塔系数较小，只需要较低的资本回报率。

最后，与上述假设不同，假设一个更偏爱有政府联系公司的政府。拥有政府任命的或与政府有联系的首席执行官的公司，其面临的财务约束要更少（Fan et al.，2007；Cull et al.，2015）。由于在我们的数据集中没有关于企业家或首席执行官的信息，因此"公司是否有工会"被作为一种政府联系的替代指标。

为了检验这些假设，Wu（2018）使用匹配公司的限制性样本进行了回归。因变量是一家公司一年内的实际 MRPC 与反事实 MRPC（假设该公司在该年内没有得到优惠待遇）之间的差额。自变量包括从流行假设中得到的 6 个因素。研究发现，首先，那些贡献高税收的公司的实际 MRPC 高于其反事实 MRPC。这否定了第一个假设，即企业获得有利的资本政策扭曲是因为它们贡献了更多的税收，这一结果还表明那些在资本方面受到有利政策扭曲的公司也得到了减税或直接补贴等优惠。其次，多年平均来看，在其他条件不变的情况下，对于出口企业、上游行业的企业、有工会的企业，MRPC 分别比其他企业低 14%、2.6% 和 14.9%。最后，beta 是在观察期内唯一一个变量从显著为正变为显著为负的变量。正的 beta 系数与资本资产定价模型一致，验证了政策扭曲的原因是风险和回报之间的权衡。模型中的 beta 在 2005 年之后变得不太重要，可能的理解是，也许就业稳定不是政府制定资本配置相关政策的核心考量。Hsieh 和 Song（2015）用不同的证据也得出了类似的结论。

因此，从经验研究中可以得出三个结论。首先，资本方面有利的政策扭曲与有利的税收待遇可以同时发生。其次，实施出口导向型增长战略是两个重要因素。与政府的联系是公司获得优待的另一个原因。最后，对回报与风险的权衡也会导致政策扭曲，但在本研究中，这只对采用的数据样本的初期适用。

四 结论和政策含义

金融摩擦和政策扭曲都造成了中国的资本错配和全要素生产率的损

失，本章从这一重要角度来观察中国过去 40 年的经济发展。在这一经济发展过程中，金融环境的发展和纠正总体政策扭曲的经济改革发挥了重要作用。但目前仍存在大量和持续的资本错配，本章的一些结论可以为今后的改革提供参考。正如世界银行和中国国务院发展研究中心（2013）指出的那样，涉及资本错配的相关结构性改革主要集中在企业部门和金融领域。

参考文献

Allen, F., Qian, J. and Qian, M. (2005), Law, finance, and economic growth in China, *Journal of Financial Economics* 77(1): 57–116. doi.org/10.1016/j.jfineco.2004.06.010.

Bai, C., Hsieh, C. and Qian, Y. (2006), The return to capital in China, *Brookings Papers on Economic Activity* 2: 61–88. doi.org/10.1353/eca.2007.0000.

Banerjee, A.V. and Moll, B. (2010), Why does misallocation persist?, *American Economic Journal: Macroeconomics* 2(1): 189–206. doi.org/10.1257/mac.2.1.189.

Bond, S., Elston, J.A., Mairesse, J. and Mulkay, B. (2003), Financial factors and investment in Belgium, France, Germany, and the United Kingdom: A comparison using company panel data, *Review of Economics and Statistics* 85(1): 153–65. doi.org/10.1162/003465303762687776.

Brandt, L., Tombe, T. and Zhu, X. (2013), Factor market distortions across time, space, and sectors in China, *Review of Economic Dynamics* 16(1): 39–58. doi.org/10.1016/j.red.2012.10.002.

Brandt, L. and Zhu, X. (2001), Soft budget constraint and inflation cycles: A positive model of the macro-dynamics in China during transition, *Journal of Development Economics* 64(2): 437–57. doi.org/10.1016/S0304-3878(00)00145-0.

Cull, R., Li, W., Sun, B. and Xu, L. (2015), Government connections and financial constraints: Evidence from a large representative sample of Chinese firms, *Journal of Corporate Finance* 32: 271–94. doi.org/10.1016/j.jcorpfin.2014.10.012.

Dollar, D. and Wei, S. (2007), *Das (wasted) kapital: Firm ownership and investment efficiency in China*, NBER Working Paper No. 13103, Cambridge, MA: National Bureau of Economic Research. doi.org/10.3386/w13103.

Ek, C. and Wu, G. (2018), Investment–cash flow sensitivities and capital misallocation, *Journal of Development Economics* 133: 220–30. doi.org/10.1016/j.jdeveco.2018.02.003.

Fan, J., Wong, T.J. and Zhang, T. (2007), Politically connected CEOs, corporate governance, and post-IPO performance of China's newly partially privatized firms, *Journal of Financial Economics* 84(2): 330–57. doi.org/10.1016/j.jfineco.2006.03.008.

Hsieh, C. and Klenow, P. (2009), Misallocation and manufacturing TFP in China and India, *Quarterly Journal of Economics* 124(4): 1403–48. doi.org/10.1162/qjec.2009.124.4.1403.

Hsieh, C. and Song, Z. (2015), Grasp the large, let go of the small: The transformation of the state sector in China, *Brookings Papers on Economic Activity* (Spring): 295–346. doi.org/10.3386/w21006.

Kaplan, S.N. and Zingales, L. (1997), Do investment–cash flow sensitivities provide useful measures of financing constraints?, *Quarterly Journal of Economics* 112(1): 196–215. doi.org/10.1162/003355397555163.

Lin, J.Y. (2012), *Demystifying the Chinese*, Cambridge: Cambridge University Press.

Midrigan, V. and Xu, D.Y. (2014), Finance and misallocation: Evidence from plant-level data, *American Economic Review* 104(2): 422–58. doi.org/10.1257/aer.104.2.422.

Moll, B. (2014), Productivity losses from financial frictions: Can self-financing undo capital misallocation?, *American Economic Review* 104(10): 3186–221. doi.org/10.1257/aer.104.10.3186.

Qian, Y. and Roland, G. (1998), Federalism and the soft budget constraint, *American Economic Review* 88(5): 1143–62.

Restuccia, D. and Rogerson, R. (2013), Misallocation and productivity, *Review of Economic Dynamics* 16(1): 1–10. doi.org/10.1016/j.red.2012.11.003.

Song, Z., Storesletten, K. and Zilibotti, F. (2011), Growing like China, *American Economic Review* 101(1): 196–233. doi.org/10.1257/aer.101.1.196.

Song, Z. and Wu, G. (2015), *Identifying capital misallocation*, Working Paper, available from: www.lingnan.sysu.edu.cn/UploadFiles/xsbg/2015/6/201506230815012648.pdf.

World Bank and the Development Research Centre of the State Council (2013), *China 2030: Building a modern, harmonious, and creative society*, Washington, DC: The World Bank.

Wu, G. (2018), Capital misallocation in China: Financial frictions or policy distortions?, *Journal of Development Economics* 130: 203–23. doi.org/10.1016/j.jdeveco.2017.10.014.

Zhu, X. (2012), Understanding China's growth: Past, present, and future, *Journal of Economics Perspectives* 26(4): 103–24. doi.org/10.1257/jep.26.4.103.

第3章　中国的公司负债和信贷错配

钟宁桦　刘志阔　解咪[*]

一　引言

2008 年全球金融危机后，中国金融体系的信贷配置效率显著下降。根据图 3.1 可知，2008 年创造一个单位国内生产总值（GDP）需要大约 1 元人民币（0.14 美元）的新信贷，但这一指标此后快速上升，2016 年达到 3 元人民币（0.48 美元）。

与此同时，2008 年后，中国广义货币供应量（M2）大幅上升，从 2008 年的 47 万亿元人民币（6.8 万亿美元）飙升至 2016 年的 155 万亿元人民币（23.3 万亿美元）（见图 3.2）。也就是说，8 年内 M2 增长了 100 多万亿元人民币（16.5 万亿美元）。

综合这些数据可以看出，尽管信贷的金融资源总量猛增，但其配置效率却明显下降。换言之，大量的资金被分配到效率低下的领域甚至被浪费掉，导致了"金融不支持实体"的现象，这在中国国内引起了热烈的讨论。

---

[*] 感谢 Wing Thye Woo 和其他亚洲经济论坛研讨会的参与者给出的宝贵评论和建议。本文作者之一钟宁桦的研究，受到国家高层次人才特别支持计划（杰青计划）、霍英东中国教育基金会（项目编号：161081）、中国国家社会科学基金（资助编号：13&ZD015）、同济大学创业研究基金（项目编号：180144）的资助。本文作者之一刘志阔的研究，受到中国国家自然科学基金（项目编号：71503159）、上海财经大学创新研究团队项目的资助。

随着信贷配置效率的下降，中国整体杠杆率呈上升趋势。根据中国社会科学院和其他机构的估计[①]，截至 2015 年底，中国的债务总额已达 168 万亿元人民币（27 万亿美元），债务总额占 GDP 的比例高达 249%。这一水平与美国、英国和欧元区等一些发达经济体基本持平，但比巴西（146%）和印度（128%）等发展中国家高。据测算，这一比例仍高于 250%，即总债务超过 200 万亿元人民币（30 万亿美元）（Sohu Finance and Economics，2017）。

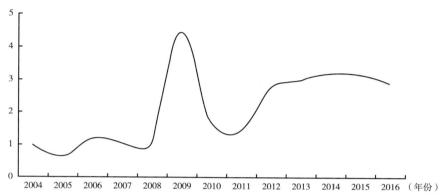

图 3.1　2004～2016 年中国经济增长所需的信贷强度（新增信贷/GDP）越来越高

资料来源：CEIC 全球经济数据库、NBS。

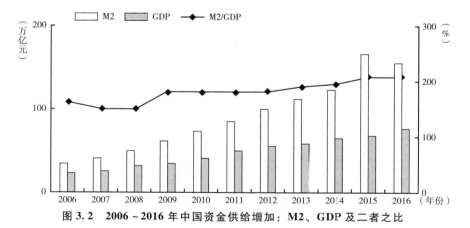

图 3.2　2006～2016 年中国资金供给增加：M2、GDP 及二者之比

资料来源：CEIC 全球经济数据库、NBS。

---

① 见国务院新闻办发布会提供的相关信息：www. toutiao. com/ i6256377658741621249/；《金融时报》的相关报道：www. ftchinese. com/story/001067266？ full = y。

耐人寻味的是，在中国企业债务飙升的趋势下，许多中小企业以及民营企业从正规金融部门获得贷款越来越困难。另外，整个经济亟须向创新驱动转变，因此需要更多的金融支持，有人据此认为中国应该继续使用杠杆。

考虑到这些因素，很难判断中国是否应该继续杠杆化。事实上，对于中国这样一个复杂的经济体，任何普遍的结论都可能有失偏颇，任何统一的政策和措施都可能是低效的。或许与其讨论中国经济总体的"最优负债率"，不如先确定一些基本事实，比如不同部门、行业、地区、所有制类型和时期的杠杆率水平如何？这是我们在本章要回答的第一个问题。

中国的非金融企业在各部门中负债率最高（与企业、居民和政府相比），而且债务自 2008 年以来迅速上升。2004～2008 年，此类债务占 GDP的比重不到 100%（Sina Finance，2017），而 2010 年达到 GDP 的 105.4%，超过了所有其他主要经济体（China News，2012）。在随后的几年里继续飙升，2015 年 6 月达到 163%（Caixin，2016）。此外，根据标准普尔 2014 年的估计，截至 2013 年底，中国非金融企业的债务总额为 14.2 万亿美元，超过美国的 13.1 万亿美元。他们进一步预测，到 2018 年底，中国企业债务约占全球企业债务总额的 1/3 以上。

本章还考察了中国企业杠杆率的变化，主要使用 1998～2013 年中国规模以上工业企业的数据[①]，这些数据来自中国国家统计局对工业企业的年度调查。我们首先分析了该数据集中的近 400 万条观察数据的负债率（即总负债/总资产）。从图 3.3 可以看出，负债率的平均值从 1998 年的 65% 下降到2013 年的 51%，15 年间下降了 14 个百分点，平均每年下降近 1 个百分点。

此外，将总债务分解为短期债务（1 年内到期）和长期债务后，我们发现短期负债率的平均值从 1998 年的 55% 下降到 2013 年的 47%（见图3.4），长期负债率的平均值从 1998 年的 11% 下降到 2013 年的 6%（见图 3.5）。样本期内短期负债率下降 8 个百分点，而长期负债率仅下降 5 个百分点，因此短期负债率对总负债率下降的贡献较大。然而，考虑到长期负债

---

① 1998～2006 年，"规模以上企业"指的是全国国有工业部门和年营业收入 500 万元人民币（68 万美元）以上的非国有企业。从 2007 年初开始，"规模以上"也排除了年营业收入在500 万元人民币以下的国有企业。此外，规模以上的门槛自 2011 年起，已从年营业收入500 万元人民币提高到 2000 万元人民币（317 万美元）。

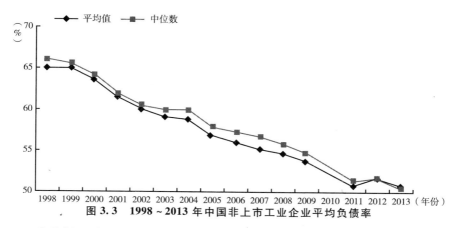

图 3.3　1998～2013 年中国非上市工业企业平均负债率

资料来源：中国国家统计局。

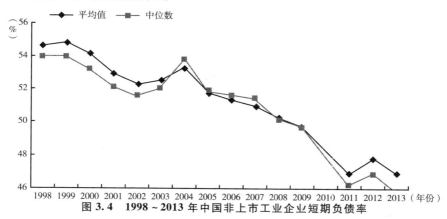

图 3.4　1998～2013 年中国非上市工业企业短期负债率

资料来源：中国国家统计局。

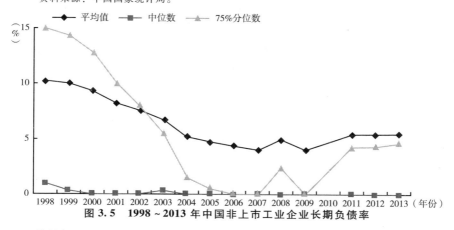

图 3.5　1998～2013 年中国非上市工业企业长期负债率

资料来源：中国国家统计局。

的初始水平非常低，确实下降幅度会更小。值得注意的是，长期负债率中位数在大多数年份为零，表明超过半数的被抽样企业无法获得长期负债。

这一下降趋势与我们在综合数据中观察到的公司负债率上升不一致。因此，我们推断这是一个小样本，样本内的公司在观察初期已经大幅提高了杠杆率。因此，我们根据不同的标准对整个样本进行划分，并在第二部分中提供详细的统计说明。经过详细检查，我们总结出以下 6 个事实。

- 事实 1：企业在样本中停留的时间越长，其负债率下降的幅度就越小。

- 事实 2：大型企业的负债率略有下降，而中小企业的负债率则大幅下降。

- 事实 3：重工业企业的负债率下降幅度普遍小于轻工业企业；公用事业企业的平均负债率呈上升趋势。

- 事实 4：东北和华中地区企业的平均负债率下降幅度最大，达 20% 以上，而东部发达地区企业的负债率则相对稳定。

- 事实 5：国有企业的平均负债率始终高于民营企业，而民营企业的平均负债率又高于外资企业。在各类企业中，国有企业平均负债率下降幅度最大。值得注意的是，2009 年后，国有企业长期平均负债率保持稳定并有所上升。

- 事实 6：主板上市制造业企业平均负债率呈上升趋势，2009 年后超过非上市企业。

虽然这些事实是简单的描述性统计，但它们可以为讨论中国的债务率和纠正一些现有主流观点提供重要的依据。首先，近年来，许多媒体和机构的报道都聚焦于全球金融危机后中国创纪录的高负债率，由此产生了中国企业负债率普遍上升的观点。事实上，以上 6 个事实表明，负债率的提高主要集中在数千家企业，其中大多数是大型国有上市公司。

以下统计数据最能表明中国企业债务的集中度。2013 年，中国工业企业的数据包括约 34.5 万家企业，这些企业的债务总额为 49.1 万亿元人民币（7.4 万亿美元）。负债排在前 2000 名的企业合计持有近一半的债务（23.5 万亿元人民币，3.5 万亿美元），排在前 500 名的企业合计持有超过 1/4 的债务（13.5 万亿元人民币，2 万亿美元）。我们还分析了中国上市公司的第 2 个数据集，得到了类似的结果。据我们测算，2015 年，负债排在前 300 名的上市企业负债总额为 16 万亿元人民币（2.4 万亿美元），占全部负债的 82%；负债排在前 50 名的企业负债总额为 11 万亿元人民币（1.7 万亿美元），占全部负债的 54%。

其中，中国最大的油气生产商中国石油是负债最多的上市公司，2015 年负债 1 万亿元人民币（1500 亿美元）。紧随其后的是中国建筑工程总公司、中国石油化工集团公司、中国铁建集团有限公司和中国交通建设集团公司（2012 年上市，2011 年前未公布数据）。2015 年，这 5 家公司的债务总额超过 3 万亿元人民币（4500 亿美元）。此外，根据《21 世纪经济报道》的报道，截至 2015 年底，山西七大煤炭企业集团的总负债超过 1.1 万亿元人民币（1800 亿美元）。[①]

因此，中国的公司负债是高度"结构性"的。大多数债务由一小部分公司持有，而大多数公司的负债率正在下降。

在确定基本事实之后，本章第三节和第四节利用企业层面（即微观层面）和总量层面（即宏观层面）的数据，进一步探讨负债率变化是否受到经济基本面数据的支持。发展中国家经济的快速增长通常伴随着企业部门债务的增加，中国也不例外。因此，我们需要更精确地分析才能回答非金融企业杠杆率上升是否有其基本面支撑这个问题，因为在过去几十年里，随着中国市场化进程的加快，中国企业的一些主要特征发生了重大变化。例如，它们的盈利能力显著提高。基于盈利能力的提高，企业从外部借入更多资金是合理的，因为其预期的现金流将使其能够偿还更多的债务。[②] 同样，中国的一些企业（主要是大型国有企业）经历了快速的资本深化，换句话说，这些企业拥有更多的固定资产。这些企业由于抵押物较多，多借一点也是合理的；如果不能偿还，可以变卖固定资产。这种杠杆作用的增加有经济基本面数据的支持。

另一方面，有些杠杆率的提高却没有经济基本面数据的支撑，因而备受关注。例如，最近许多讨论都提到国有"僵尸企业"。根据 Tan 等（2016）的研究，2007 年，中国 12.1% 的工业企业是"僵尸企业"，其资产和负债

---

① 参见《山西煤企七大集团负债总额超万亿　贷款重组九月完成》，中国矿业网，www. chinamining. org. cn/index. php？ m = content&c = index&a = show&catid = 8＆id = 17540。

② 另外，企业的高盈利性也会导致对外部资本不那么依赖，因为企业经营本身可以产生充足的现金流。

占企业部门比重分别为 10.7% 和 13.4%。① 据测算，以上比例在全球金融危机后显著上升。这些企业的盈利能力极低甚至为负，不过即使负债很高，如果能够通过银行系统得到贷款，它们也可以生存，而许多利润更高的民营企业无法从银行借款。这样的反差导致了人们对信贷配置不当加剧的合理猜测。

为了探讨这一问题，在第三部分，我们首先参考西方资本结构的相关文献，考察了决定信贷融资的 6 个重要公司特征的变化。我们发现，1998 ~ 2013 年中国企业平均规模增加，经营风险上升，有形资产（主要是固定资产和存货）比重不断下降，盈利能力不断提高。这些变化是中国经济向市场化转变的企业（微观）层面的结果。随着国内外产品市场竞争日趋激烈，经营风险不断加大，幸存企业的盈利能力越来越强，规模也越来越大。此外，市场竞争也迫使企业采取更具竞争力的生产方式。因此，中国企业不断向劳动密集型、轻资本化转型，具体表现为有形资产比重不断下降。

这些企业特征的变化对杠杆率有着不同的影响，因此，我们进一步参考相关文献中的标准回归模型来研究这些变量与负债率之间的关系。我们发现，在民营企业样本中，回归结果与对西方国家的相关研究结果高度一致，企业特征的变化与负债率的变化一致。例如：（1）经营风险与负债率呈负相关，经营风险上升可能导致负债率下降；（2）有形资产是债务融资的抵押品，与负债率正相关，有形资产占比下降可能导致负债率下降；（3）企业平均利润率与负债率呈负相关，即内部现金与外部融资之间的关系是替代选择。因此，盈利能力的提高也可能是负债率下降的原因。因此，我们初步得出的结论是，民营企业的融资决策符合市场化原则。

然而，在国有企业样本中，除了利润率外，其他重要的企业特征都不显著，甚至有些意想不到的结果，很难用企业特征的变化来解释国有企业负债率的变化。除这些分析外，我们还对中国上市公司进行了研究，发现约有 160 家国有上市公司的息税前利润（收益）不足以偿还利息。这些企业只能继续借债以偿还旧债。这也说明部分国企负债过高，最终导致利息负担过重。

在第四部分中，我们使用了总体（宏观）数据来进一步验证国有企业是否负债过高。我们发现，2008 年以来，国有工业企业整体杠杆率不断提

---

① 判断是否为"僵尸企业"的方法，参考 Caballero 等（2008）提出的 CHK 方法。

高，总体平均负债率从 2008 年的 58% 上升到 2016 年的 62%，而民营企业一直在缓慢去杠杆，总体平均负债率从 58% 下降到 52%。换句话说，私营部门已经去杠杆 10 多年了。而且，民营工业企业整体贡献了全部工业企业利润总额的近 40%，而其负债仅占全部工业企业利润总额的 20%。相比之下，国有工业企业整体贡献利润不到利润总额的 20%，而负债占利润总额的 40% 以上。根据财政部的数据，中国国有企业的债务总额已达 100 万亿元人民币（15.1 万亿美元），而总资产回报率仅为 1.91%。因此我们得出了一个初步结论，即国有企业的杠杆水平不受经济基本面数据的支撑，并且有一些非市场因素在推动其杠杆率的提高。

值得注意的是，这一结论也与全球金融危机之后出现的另一个重要现象一致：国有企业大量参与委托贷款或贷款等影子银行活动（China Business Journal，2011）。这说明这些企业本身并没有很好的投资机会，但能够以较低的成本从金融体系中借入大量资金，然后再借给他人（例如借给私营部门）以获得利差，这也从侧面证明了这些国有企业的负债率过高。

这一章与以往对中国企业资本结构的研究存在显著差异。许多研究都是通过将西方文献中的标准实证检验直接应用于中国企业，考察了主流资本结构理论如"啄序理论"（Pecking Order Theory）和"权衡理论"（Trade – off Theory）对中国企业债务的影响。例如，Chen（2004）发现，中国上市公司的资本结构与经典的啄序理论不一致，其融资顺序为留存收益、股权融资和债务融资。Chen 和 Strange（2005）发现，与权衡理论的预期不同，中国上市公司没有表现出稳定的最优负债率。Newman 等（2012）对浙江省 1539 家中小民营企业进行了调查，发现企业规模与负债率正相关，盈利能力与负债率显著负相关，符合啄序理论的预期。但是，固定资产比例与负债率之间的关系并不显著。

另一些文献则关注发达国家企业资本结构的主要决定因素能否解释中国上市公司的资本结构。例如，Huang 和 Song（2006）发现，中国上市公司的负债率与公司规模、固定资产比例、盈利能力、非债务税盾以及增长率之间的相关性与发达国家的实证结果基本一致；主要区别在于，中国企业的长期债务所占比例非常低。Bhabra 等（2008）考察了中国上市公司长期负债率，发现长期负债率与公司规模和有形资产比重呈正相关，与盈利能力和成长性呈负相关。

与以上研究不同，Li 等（2009）考虑了中国特有的制度因素，他们的工作与我们本章的研究相近。他们研究了 2000～2003 年中国工业企业的资本结构，发现国有和民营企业的负债率比外资企业高。此外，在法律环境较为成熟、银行体系较为发达的地区，企业总负债率较低。

现有文献集中于比较横向差异，而我们的章节则考察了时间序列的变化，即试图了解中国企业在整个经济转型中负债率的重大变化。如后文所述，在 1998～2013 年相对较短的样本期内，中国企业的负债率和主要特征发生了巨大变化。这种急剧变化只发生在迅速转型的国家，如中国。在美国等成熟经济体中，企业的融资和主要特征都要稳定得多，因此，对西方企业资本结构的研究自然更多地集中在横向差异上。

更重要的是，本章的主要目的不是检验和发展西方资本结构理论，而是为判断中国是否杠杆率过高及如何去杠杆提供有价值的分析和建议。对于这些复杂的问题，我们的研究还是比较初步的。我们的结果表明，第一，一些企业（主要是民营企业）的融资决策总体上符合市场化原则。对这些企业来说，要保证足够的资金供应，使有基础支持的企业能够借到足够的资金。第二，国有企业债务的决定因素有很多"非市场导向"因素。因此，建议尽快停止向效率低下的企业注入资金，并将新增贷款分配到效率较高的领域。同时，我们建议可以出售国有企业的股票资产来偿还负债。考虑到中国已经非常高的总杠杆率，增量资金的配置效率将决定中国未来中长期经济增长的潜力。

二 杠杆在哪里？

（一）数据

我们研究的第一个公司级数据集来自国家统计局 1998～2013 年对工业企业进行的年度调查（2010 年的数据因质量非常差而缺失），原始观测总数为 3911364 个。我们首先检查了主要的会计主体是否适合纳入分析[1]，要求"总负债 + 所有者权益 − 总资产"的绝对值小于总资产的 1%，因此删除了

---

[1]　2008 年的数据有大量的缺失，2011～2013 年的短期和长期负债也有缺失，所以在检验负债企业主体时只纳入了完整的记录。

82783 项观察结果。其次，我们检查了总债务，要求"总债务 - 短期债务 - 长期债务"的绝对值小于总资产的 1%，并删除了 203920 个观察值。最后，我们删除了流动负债大于总负债的 4774 项记录、长期负债大于总负债的 3314 项记录，以及主营业务收入为负的 30 项记录。因此，剩下的观测总数为 3616543 个。

另外，本章中的一些分析使用了中国证券市场与会计研究数据库（CSMAR）中 1998 ~ 2013 年上市公司的数据。我们删除了对非工业企业的观察，排除了在中小企业板和创业板市场上市的企业，共观察 20306 家。我们还对每个公司级别的变量进行 1% 和 99% 的缩尾处理。

（二）子样本的描述性统计：6 个事实

在这一部分中，我们根据不同的标准对中国企业在子样本中的负债率变化总结出 6 个事实。这些事实对进一步探讨中国的杠杆问题至关重要。

事实 1：企业在样本中停留的时间越长，其负债率下降的幅度就越小。

事实 1 是根据企业在数据库中连续存在的年数对整个样本进行分组得出的结论。我们将企业划分为四个组，样本公司的存在年限分隔点为 3 年、7 年、11 年、15 年。图 3.6 描述了这些企业的平均负债率的变化；1998 年，存续 3 年以上的企业的平均负债率为 67%，在 2013 年下降到 48%，下降了 19 个百分点。然而在同一时期，存续 15 年以上的公司的平均负债率从 58% 下降到 54%，仅下降了 4 个百分点。

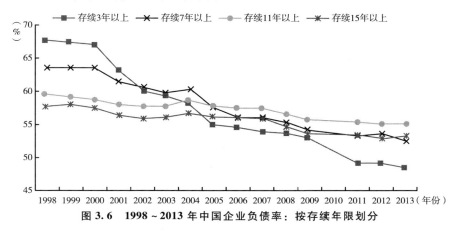

图 3.6　1998 ~ 2013 年中国企业负债率：按存续年限划分

资料来源：中国国家统计局。

事实 2：大型企业负债率小幅下降，中小型企业负债率大幅下降。

事实 2 是根据企业规模对整个样本进行分类得出的结论。大中型企业的划分，依据的是中国相关部委 2003 年制定的《中小企业标准暂行规定》的原则。员工少于 2000 人、年收入少于 3 亿元人民币（4500 万美元）或总资产少于 4 亿元人民币（6000 万美元）的公司被定义为中小型企业，其余的则被定义为大型企业。图 3.7 显示，2013 年，大型企业的负债率从 1998 年的 61% 略下降至 57%，而中小型企业的负债率则从 1998 年的 65% 大幅下降至 2013 年的 51%，中小型企业负债率明显下降。

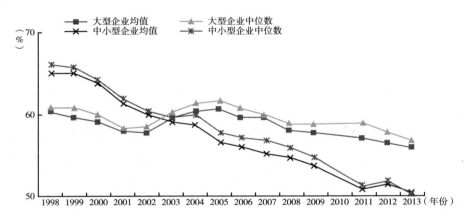

图 3.7　1998～2013 年中国企业负债率：按企业规模划分

资料来源：中国国家统计局。

事实 3：重工业企业负债率下降幅度普遍小于轻工业企业；公用事业企业平均负债率呈上升趋势。

事实 3 是根据企业的行业对整个样本进行分组得出的结论。根据国民经济二级行业分类，我们将样本公司分为 39 组。由于行业分组众多，这里不单独报告结果。总体来看，重工业企业负债率下降幅度远小于轻工业企业。图 3.8 显示了几个典型行业的负债率。例如，采矿行业的负债率从 1998 年的 61% 降至 2013 年的 58%，农副产品加工业的负债率从 1998 年的 72% 降至 2013 年的 44%。然而，公用事业企业的平均负债率却在上升。例如，水生产和供应企业的平均负债率从 1998 年的 40% 上升到 2013 年的 55%。

事实 4：东北、华中地区企业平均负债率下降最多，降幅超过 20 个百

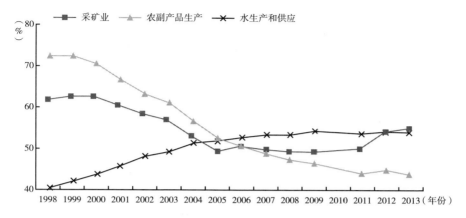

图 3.8　1998～2013 年中国企业负债率：3 个典型行业

资料来源：中国国家统计局。

分点，而东部发达地区企业平均负债率稳定。

事实 4 是我们根据企业所在地区对整个样本进行划分得出的结论。东北地区和中部地区企业平均负债率下降超过 20 个百分点，是各区域中下降幅度最大的。1998 年，东北、中部和西部地区的平均负债率都在 69% 左右。到 2013 年，东北部和中部地区的这一比率降至 45%，西部地区降至 55%。东部地区的平均负债率从 1998 年的 63% 降至 55%，降幅最小（见图 3.9）。我们还调查了每个省份的平均负债率，发现有 6 个省、自治区、直辖市情况不同。北京平均负债率保持相对稳定的趋势；上海、天津平均负债率略有下

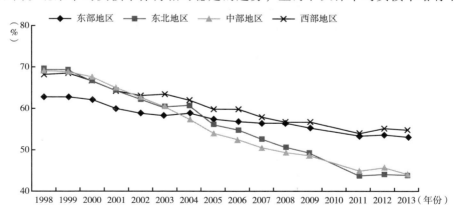

图 3.9　1998～2013 年中国企业负债率：按地区划分

资料来源：中国国家统计局。

降，广东、浙江等沿海省份平均负债率略有上升。西藏自治区是唯一平均负债率显著上升的省份（见图 3.10）。

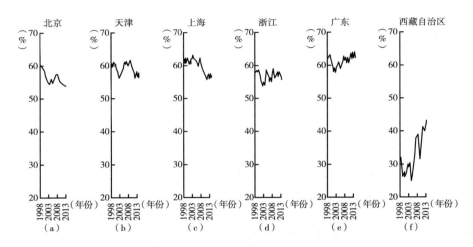

图 3.10 1998～2013 年中国企业负债率：一些特殊地区

资料来源：中国国家统计局。

事实 5：国有企业的平均负债率始终高于民营企业，民营企业的平均负债率又高于外资企业。在各类企业中，国有企业平均负债率下降幅度最大。值得注意的是，样本中长期存在的国有企业平均负债率在 2009 年后稳定上升。

事实 5 是根据企业注册类型对整个样本进行分组[1]，然后检查它们的平均负债率得出的结论。在 1998～2013 年，国有企业的平均负债率从 73% 下降到 62%，而民营企业的平均负债率从 58% 下降到 50%，外资企业从 55% 下降至 50%（见图 3.11）。国有企业的平均负债率一直显著高于民营企业，民营企业的平均负债率则普遍高于外资企业[2]。此外，值得注意的是，民营企业的借贷难度越来越大，这一趋势似乎始于 2004 年，而不是在全球金融危机之后。[3]

---

[1] 国有企业组包括国有企业、国有合资企业、国有独资企业。私营企业组包括民营企业、民营合伙企业、民营有限责任公司和民营股份有限公司。外资企业组包括合资企业，香港、澳门和台湾地区的企业，香港、澳门和台湾地区的投资有限公司（持股超过 25%）、中外合作企业，外商独资企业和外商投资企业（外商持股比例超过 25%）。混合所有制组包括集体企业、股份有限公司（内资）和其他企业等。

[2] 有鉴于此，Li 等（2009）详细研究了 2000～2003 年的工业普查数据。

[3] 全球金融危机使得私营部门的出口下降，盈利能力也随之下降，导致了对外部融资的更高需求，这使得融资受限的问题更加明显。

图 3.11 还表明，1998～2013 年国有企业负债率的下降幅度最大。然而，图 3.12 显示了所有权与公司资本结构之间关系的一个更有趣的结果。通过将样本缩小到数据库中存在的稳定的企业，1998～2013 年（即企业存续超过 15 年），我们发现稳定的国有企业的负债率从 1998 年的 59% 上升至 2013 年的 62%，而其他类型所有权的稳定公司的负债率都在下降。

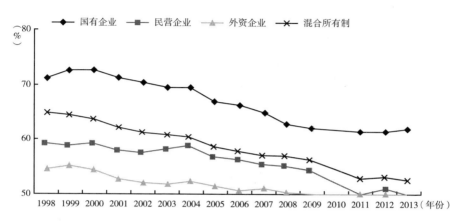

图 3.11　1998～2013 年中国企业负债率：按企业所有制类型划分

资料来源：中国国家统计局。

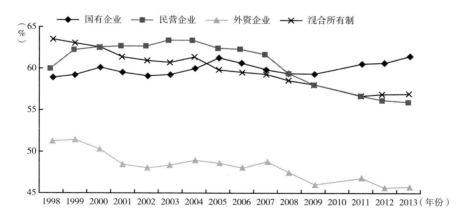

图 3.12　1998～2013 年中国企业负债率：稳定存续企业所有制类型划分

资料来源：中国国家统计局。

同样值得注意的是，在获得贷款方面，国有企业之间也存在差异。国有企业整体平均负债率明显下降，但少数国有企业负债率大幅上升。基于这一结果，过去几十年实施的国有企业改革似乎打破了中小国企的预算软约束，不过大型国有企业仍然更容易获得资本，这可能是中国政府自20世纪90年代末以来采取的"抓大放小"政策的结果。

事实6：2009年后，制造业上市公司平均负债率呈上升趋势，超过非上市公司

最后，我们把上市公司和非上市公司的负债率分组统计得出事实6。我们使用在中国股市主板上交易的制造业上市公司的数据，这也是2004年之前唯一存在的资本市场板块。债务水平和趋势的对比显而易见（见图3.13）。1998年，制造业上市公司平均负债率为39%，这一数字并不奇怪，因为上市公司通过股权融资筹集资金，因此其债务融资比例通常低于非上市公司。[1] 然而，一个更重要的发现是，尽管非上市制造业公司的平均债务比率在下降，制造业上市公司的负债率却在持续增长，到2009年达到55%，超过未上市制造业公司的平均债务水平。[2]

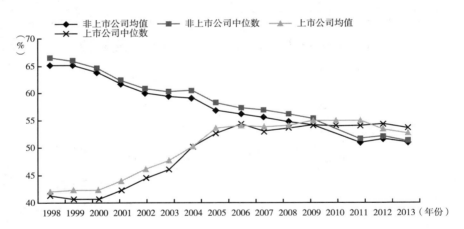

图3.13　1998~2013年上市公司和非上市公司负债率的不同走势

资料来源：中国国家统计局。

---

[1] Huang和Song（2006）比较了中国和其他国家上市公司的负债率。他们发现，我国上市公司的总负债率和长期负债率明显偏低，而股权融资比重明显偏高。他们认为，其中一个原因是中国上市公司估值过高。一些相关文献（如Chen，2004）提出，我国上市公司融资的特点之一是股权融资优先于债务融资。

[2] 一些文献提及了这一时期中国上市公司负债率的上升，如Huang和Song（2006）。他们给出的解释是债券市场的发展。然而他们和其他研究人员并没有深入分析这种现象。

三　杠杆是否得到经济基本面数据的支持？微观数据的证据

（一）企业重要特征的变化

在描述了中国企业负债率的异质性变化后，我们检验了这些变化是否与企业特征的变化相一致。因此，我们关注西方资本结构文献（Rajan & Zingales，1995；Frank & Goyal，2003）中常见的企业 4 个主要特征，包括运营风险（利润波动性）、有形资产比例、盈利能力和企业规模；参考以往对中国企业资本结构的研究（Wu & Yue，2009），我们还考察了税率和非税盾。图 3.14 至图 3.19 显示了 1998～2013 年这 6 个方面的变化。由于这 6 个因素是后文回归模型中的主要因变量，因此我们不报告它们的汇总统计数据，这些数据已在图中提供。需要说明的是以下内容。

本节的目的是探讨负债率的变化是否与企业特征的变化相一致，而不是建立因果关系。要证明各种企业因素与负债率之间的因果关系，可能需要考虑外部冲击和精心设计的识别方法。本章提供的证据主要是相关性，因此是比较初步的。此外，我们的结论更多地依赖于"回归分析"小节中的固定效应回归结果，而不是本小节中的描述性分析。

两种主流的资本结构理论——啄序理论和权衡理论对这些变量与负债率之间的关系给出了不同的预测。由于篇幅有限，我们在此不做详细说明。

考虑到某个因素与负债率之间存在正或负的相关关系，基于不同的理论可以给出不同的解释。在这一节中，我们只提供一种解释，限于篇幅，我们认为这是最直观的，避免了旨在区分不同理论的更详细讨论。

分析这些特征的变化，对于理解这一时期中国经济的整体转型本身就很重要。然而，本章的重点是讨论这些时间序列的变化是否与负债率的变化相一致。至于变化背后的原因，我们只提供不应被视为严格分析或结论的推测。

（二）运营风险

我们首先研究运营风险的变化，用公司过去 3 年的资产回报率（ROA）标准差来衡量。这种风险在 20 世纪 90 年代后期之后持续上升，2008 年后进一步快速升高，然后略有下降（见图 3.14）。这一风险的整体上升，部分是由于中国国内产品市场的激烈竞争，也因为中国企业越来越多地参与国际市场竞争。激烈的竞争使得单个企业越来越难以保持稳定的利润率。因此，利润的波动增加了未来现金流的不确定性，进而降低了企业获得外部资金的可能性。因此，运营风险的增加可能是导致负债率整体下降的原因之一。

此外，图 3.14 还表明，企业存续的时间越短，而运营风险增加得就越多。例如，存续 3 年以上企业的运营风险从 2000 的 4.9% 上升到 2011 的 10% 以上；然而，存续超过 11 年的企业的风险变化幅度要小得多。原因可能是，企业存续的时间越短，它退出样本的概率就越大，这表明企业有更高的破产风险和违约概率，这也降低了获得外部融资的可能性。因此，图 3.14 与事实 1 一致，我们在图 3.6 中观察到，企业在样本中存在的时间越短，其负债率下降得越多。

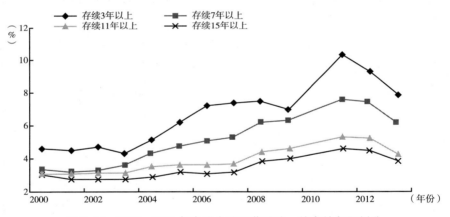

图 3.14 1998～2013 年中国企业运营风险：按存续年限划分

资料来源：中国国家统计局。

（三）有形资产比例

有形资产即固定资产净额和存货净额占企业总资产的比例，这一指标从 1998 年的 63% 下降到 2013 年的 48% 左右，约下降了 15 个百分点（见图 3.15）。固定资产占总资产的比重和存货的比重分别下降约 9 个和 6 个百分点。

企业固定资产比重下降是我国经济转型的重要表现，表明企业生产方式正在向与其比较优势更加一致的方向转变。更具体地说，从计划经济时期违背比较优势的资本密集型模式转变为劳动密集型模式（Lin et al.，1998）。存货比重下降的原因更加复杂，可能是由于物流的改善或预期需求的下降。

固定资产和存货都可以作为债务融资的抵押品，因此有形资产的规模是决定企业融资能力的重要因素。有形资产比例越高，企业与银行之间的信息不对称程度越低，企业的借贷能力越强，就越容易获得债务融资。因此，1998～2013 年中国企业有形资产比重的大幅下降，也可能是导致负债率整体下降的重要原因。[①]

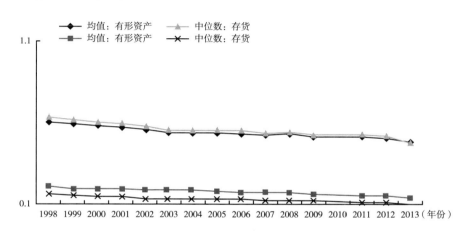

图 3.15　1998～2013 年中国企业的有形资产占比

资料来源：中国国家统计局。

（四）　盈利能力

图 3.16 描述了按所有权分类的四组企业的销售利润率，即利润总额/主营业务收入。我国各类企业利润率整体继续上升，到 2011 年达到峰值，之后开始小幅下降。在所有制方面，国有企业的平均利润率从 1998 年的 −1%

[①] 有形资产的变化也可以解释事实 3——典型重工业企业的负债率低于图 3.8 中典型轻工业企业的负债率。这可能是由于重工业企业固定资产比重下降幅度较小所致。此外，图 3.3 显示，长期负债率的下降幅度更大。与短期负债相比，长期负债对抵押品要求更高。Bhabra 等（2008）研究了中国不同行业上市公司的资本结构，发现制造业和公用事业等资本密集型企业的长期负债较多。因此，有形资产的下降也可能是一个重要原因。

上升到 2011 年的 3% 以上，而民营企业的利润率始终是四类企业中最高的，1998 年低于 3%，2011 年上升到 6% 以上。

盈利水平的提高意味着更多的内部资金，从而减少了外部融资的需求。因此，中国企业平均利润率持续上升，也可能是负债率整体下降的原因之一。此外，国有企业利润率的增长在四个分组中最为显著，这与图 3.11 所示的国有企业负债降幅最大相一致。

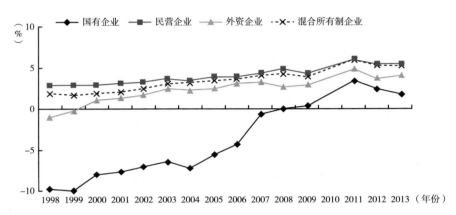

图 3.16　1998～2013 年中国企业销售利润率：按企业所有制划分

资料来源：中国国家统计局。

（五）规模

图 3.17 显示了四组企业的规模，用总资产的自然对数来衡量。中国企业整体规模不断扩大，国有企业从 1998 年到 2013 年平均规模增长了近 20 倍。一般来说，公司规模越大破产概率越低，负债率越高。因此，规模的变化似乎并不能解释中国企业整体负债率下降的原因。

（六）税率

西方文献认为，税率是决定企业资本结构的重要因素。Wu 和 Yue（2009）研究了中国上市公司，发现税收的变化会导致负债率的变化。企业应支付债务融资利息，这些费用减少了税前利润，从而减少了所得税。因此，债务融资可以作为税盾抵销部分税收，这是权衡理论所描述的企业负债的主要好处。

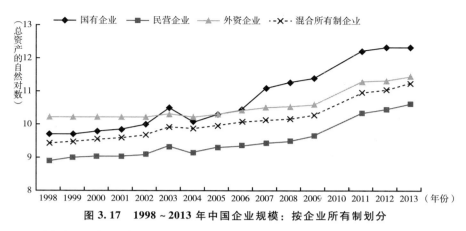

图 3.17　1998～2013 年中国企业规模：按企业所有制划分

资料来源：中国国家统计局。

图 3.18 显示了样本企业的所得税税率（应付所得税/利润总额），1998～2013 年全样本的平均所得税税率上升。① 同时，我们也注意到一定比例的样本企业出现了负增长。为了消除这些企业的影响，我们计算了应纳税所得额为正的企业的税率。这类公司的平均税率在 2006 年之前稳定在 27%，在 2007年和 2008 年急剧下降，之后又稳定在 22% 左右（见图 3.18）。

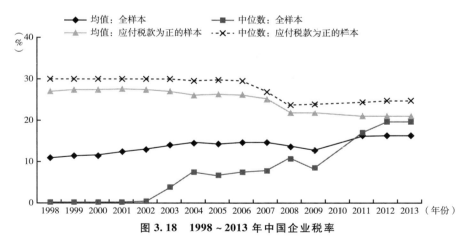

图 3.18　1998～2013 年中国企业税率

资料来源：中国国家统计局。

---

① 严格来说，这里应该使用实际所得税率（所得税费用/利润总额）。但是在中国工业企业的数据中没有这个指标，所以只能用应付所得税来计算。所得税费用包括当期应交所得税和递延所得税。

简而言之，这表明可被负债抵免的税收水平没有明显下降，因此税收的变化似乎不是负债率下降的主要原因。

（七）非债务税盾

与债务税盾一样，折旧也可以减少企业的税前利润，从而减少应纳税额，因此被称为非债务税盾，与债务税盾有替代关系，以"折旧/主营业务收入"计量。研究表明，样本企业的非债务税盾整体大幅下降（见图3.19），这与我们此前公布的固定资产比重持续下降是一致的，这应该会加大企业利用债务税盾避税的积极性。从图3.18和图3.19可以看出，中国企业利用债务降低税收支出的动机并没有减弱，因此税收因素并不是导致中国企业负债率大幅下降的主要原因。

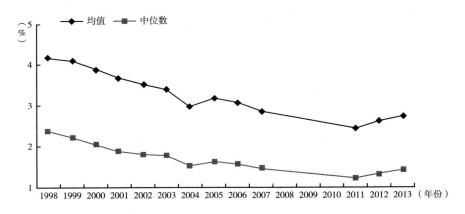

图3.19　1998～2013年中国企业的非债务税盾

资料来源：中国国家统计局。

四　回归分析：企业特征与负债率

我们的分析表明，中国企业负债率整体下降的部分原因可能是这些企业的主要特征发生了重大变化，特别是其经营风险、盈利能力和有形资产比重。我们使用回归分析更严格地检验这些特征变量与负债率之间的关系。

表3.1 中的解释变量 $L. TotLev$ 是各企业当年的负债率。根据权衡理论，我们进一步根据"最优债务比率"（Lev_t^*）控制前一年的债务比率（$L. TotLeV$）。这意味着，如果上一年的负债率偏离最优值，企业将把实际负债率调整到本期的最优水平，如公式 3.1 所示：

$$Lev_t - Lev_{t-1} = \lambda \left(Lev_t^* - Lev_{t-1} \right) + \varepsilon_t \qquad \text{（公式 3.1）}$$

表 3.1　中国不同类型企业的负债率：基准回归

变量	（1）全部企业	（2）国有企业	（3）民营企业	（4）外资企业
$L. TotLev$	0.269 *** (0.002)	0.365 *** (0.006)	0.194 *** (0.003)	0.314 *** (0.004)
$L. STDROA$	− 0.028 *** (0.005)	0.017 (0.021)	− 0.046 *** (0.006)	0.025 ** (0.010)
$L. Size$	0.003 *** (0.001)	− 0.004 * (0.002)	0.005 *** (0.001)	0.010 *** (0.001)
$L. Tng$	0.010 *** (0.001)	0.003 (0.005)	0.004 ** (0.002)	0.027 *** (0.003)
$L. Npr$	− 0.158 *** (0.003)	− 0.088 *** (0.005)	− 0.184 *** (0.006)	− 0.168 *** (0.006)
$L. tax$	− 0.020 *** (0.001)	− 0.028 *** (0.003)	− 0.015 *** (0.002)	− 0.029 *** (0.003)
$Nonpositive\ L. tax$	0.056 *** (0.004)	0.043 *** (0.008)	0.065 *** (0.006)	0.043 *** (0.010)
$Observations$	1203426	159188	675955	288118
$R - squared$	0.825	0.879	0.821	0.818
$Number\ of\ firm\ FE$	328727	47290	212433	70412
$Year\ dummies$	YES	YES	YES	YES
$Province\ Year\ dummies$	YES	YES	YES	YES
$Industry\ Year\ dummies$	YES	YES	YES	YES

注：*** 在 1% 水平上统计显著；** 在 5% 水平上统计显著；* 在 10% 水平上统计显著。
括号内为标准差。

　　这里根据企业的特点和宏观形势，用 λ 来衡量调整到最佳水平的速度（Cook & Tang，2010）。Flannery 和 Rangan（2006）对这一公式做了更详细的解释。我们使用的计量经济模型是固定效应回归模型。由于上期负债率受到控制，可能存在一阶自相关问题。然而，Flannery 和 Rangan（2006）仔细研究了各种计量经济模型，得出结论认为自相关问题并不严重（Flannery & Rangan，2006：479），但是需要控制企业固定效应和年度虚拟变量。因此，我们参考他们的研究以及后续研究（Cook & Tang，2010），并使用普通的固定效应回归模型。表 3.1 列示了由各回归控制的企业固定效应的数量，例如，328727 家不同的企业被纳入了全样本回归。值得注意的是，由于我们控制了变量 $L.STDROA$，因此回归中包含的样本公司至少已经存续 3 年。

　　我们还控制了一组虚拟变量，包括年度变量（共 15 个），各省份×年（共 465 个）和"工业×年"（共 570 个）。利用这些虚拟变量和企业固定效应，我们不仅控制了企业的某些固定特征（如所有制类型或政府关系）对负债率的影响，还控制了影响各省份每年企业负债率调整的区域因素（如各省份当年的整体信贷情况），以及产业因素（如各产业当年的繁荣程度）。此外，回归中所控制的"行业×年份"变量组等于每个被控制行业的平均年负债率。Frank 和 Goyal（2009）发现，一个行业的平均负债率对企业负债率具有可靠和稳定的解释力。通过控制这些虚拟变量组，我们试图最小化企业特征和负债率之间的各种内生问题。将企业特征滞后一个时期，以减少这些变量与负债率之间的反向因果关系。由于这些企业特征和许多虚拟变量的控制，回归的 R^2 都在 80% 以上。

　　全样本的结果在表 3.1 第（1）列中报告，而第（2）（3）（4）列分别是国有、民营和外资企业的子样本结果。[①] 我们的发现如下：（1）$L.TotLev$ 的系数用（$1-\lambda$）代表。这意味着民营企业的调整速度（1 ~ -0.194）高于国有企业（1 ~ -0.365）；（2）$STDROA$ 变量是过去 3 年的 ROA 的标准差，在全样本和民营企业中均显著为负，而在国有企业样本中不显著；（3）规模以总资产的对数来衡量，全样本和民营企业显著为正，国有企业为负（10% 置信水平下显著）；（4）有形资产占总资产的比重，全样本和民

---

① 还有一种是混合所有制企业，篇幅有限，这里没有列出相关结果。

营企业显著为正。在国有企业样本中不显著；（5）*Npr* 代表销售利润率，在所有样本中均为负，而在民营企业样本中，*Npr* 对负债率的影响是国有企业的两倍以上。

总之在民营企业，这 4 个变量与负债率之间的关系与西方文献的研究结果是一致的。表 3.1 第（1）列至第（4）列的结果表明，中国民营企业的融资决策与西方企业的融资决策更为一致，更为市场化；国有企业只有在销售利润率这一变量上与对西方企业的实证研究结果一致。

除上述 4 个因素外，我们还根据上期企业应交所得税是否为正，将样本分为两组，一组包括税率为正（非正 = 0）的企业，另一组包括税率为负（非正 = 1）的企业。在税率为正的一组中，代表上期税率的利税变量与负债率负相关，在国有企业样本中的负效应更大。在另一组中，由于税率本身是非正的，而且 *L. tax* 的估计值是正的，所以实际效果也是负的。简而言之，对中国企业来说，上期所得税率越高，后期负债率越低。这似乎表明，我国工业企业没有故意增加负债来避税，这与现有的中国上市公司研究（Huang & Song，2006；Wu & Yue，2009）得出的结论相反。这个问题值得进一步研究。

通过这一分析，我们初步得出结论认为，以民营企业为主的部分企业的融资决策符合市场化原则。同时以国有企业为主的其他企业的融资决策包含着许多非市场因素。这些企业的融资行为缺乏经济基础的支撑。换言之，这些公司借款太多，这并不理想，因为它们必须承担很高的利息负担。

我们还对中国上市公司进行了研究，以提供进一步的证据。根据我们的计算，2015 年，有 160 多家上市国有企业没有足够的利润来支付利息支出（见图 3.20），这些企业还不得不借更多的钱来偿还资本和利息，因此积累了越来越多的债务。我们发现，从 2010 年到 2015 年，这 160 家企业的负债总额从 9800 亿元人民币（1450 亿美元）上升到 16.8 万亿元人民币（2700 亿美元）。也就是说，这 160 家亏损企业在此期间额外举债 7000 亿元人民币（1250 亿美元）。这也意味着这些企业的负债率过高，导致沉重的利息负担。值得注意的是，我们的估计与 Wang 和 Zhong（2016）的估计一致，2015 年上半年，在主板上市的非金融公司中，息税前收益低于利息支出的比例为 11.7%，这意味着有 160 ~ 200 家中国大型上市公司（其中大部分是国有企业）没有足够的利润支付利息。

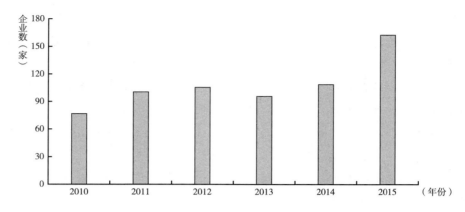

图 3.20　中国企业利息负担较重的国有企业

资料来源：CSMAR 数据库和作者计算。

五　杠杆是否得到经济基本面数据的支撑
——来自聚合数据的证据

在本部分中，我们将提供更多证据，说明谁应该去杠杆、谁应该加杠杆。如图 3.21 所示，2008 年后，整个国有部门的杠杆率不断提高，平均负债率从 2008 年的 59% 上升到 2016 年的 62%，国有部门的债务总额持续上升。根据财政部公布的数据，到 2017 年 11 月，中国国有企业负债总额达到 100 万亿元人民币（15.1 万亿美元）。其中，中央国有企业负债总额为 51.5 万亿元人民币（7.8 万亿美元），比上年同期增长近 9.6%；地方国有企业负债总额为 48.5 万亿元人民币（7.3 万亿美元），占比增长 12.3%。私营部门一直在大幅减债，民营工业企业的平均负债率从 2008 年的 56% 降至 2016 年的 50.7%（见图 3.21）。换句话说，私营部门已经去杠杆化 10 多年了。

另一方面，直到近期，民营工业企业贡献了所有工业企业利润总额的近 40%，而其负债仅占利润总额的 20%（见图 3.22）。这意味着民营企业使用的金融资源远低于其经济贡献。而国有企业贡献的利润约为工业企业利润总额的 20%，而其负债占总利润的 40% 以上。

值得一提的是，这种金融支持与利润贡献之间的差距，与全球金融危机之后出现的另一个重要现象一致，即国有企业广泛参与各种影子银行活

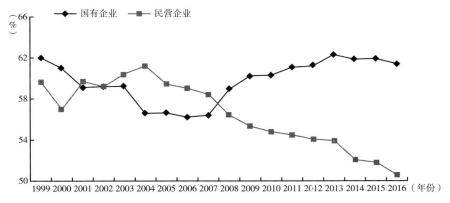

图 3.21　中国企业平均负债率：国有企业和民营企业

资料来源：中国国家统计局。

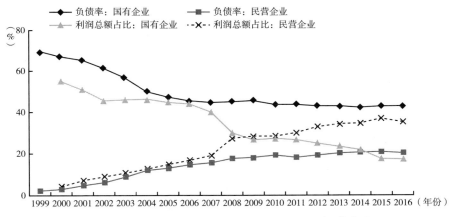

图 3.22　中国企业利润总额对比：国有企业和民营企业

资料来源：中国国家统计局。

动。例如，根据上海证券交易所和深圳证券交易所公布的委托贷款数据，Zhang 等（2015）测算，在 2013 年，国有企业获得了 75% 的委托贷款。这意味着这些公司本身没有很好的投资机会，而是以较低的成本从金融系统借入大量资金，然后以较高的利率向那些无法从正规金融系统借款的公司发放贷款。

因此，要提高信贷配置效率，首先要克服 2008 年以来国有、民营部门融资活动的"极性"，使部门得到的财政支持和经济贡献大致相同。

六 结论和政策讨论

过去几十年推动中国经济快速增长的人口红利已快耗尽，未来中国人口将加速老龄化。如果中国想在接下来的时期保持高速的经济增长，首先，应该依靠资本的优化分配，鼓励机械、设备等固定资产的有效利用，以增加现有劳动力的边际产出。其次，中国应依靠不断创新，向全球技术前沿迈进。要实现这两个目标，中国金融资源的有效配置至关重要，更具体地说，能否将资金分配给具有高效率和实际生产力的企业以及那些具有创新潜力的企业，能否配置资金以支持其早期发展。

如本章开头所述，2008年后，中国信贷效率显著下降。其中一个重要原因是，那些效率低下的企业获得了大量资金。这就制约了健康、高效企业的投资和创新，也阻碍了新企业的进入。此外，"金融不支持实体"的现象更加严重，最终导致了经济的低效率。

另一方面，中国整体负债率持续上升，因此去杠杆化的压力越来越大。经济是否应该去杠杆？如果应该，我们应该如何去杠杆？通过对1998～2013年中国近400万家规模以上工业企业数据的分析，我们试图提供一些初步的证据来回答这些问题。我们集中讨论了以下两个问题。

首先，我国非金融企业整体负债率处于较高水平，但杠杆究竟在哪里？我们发现，最近16年来，大部分工业企业的杠杆率显著下降，只有少数大型国有上市企业增加了杠杆率。其次，负债率的变化是否有经济基本面数据的支撑？对于这个问题，我们首先考察了样本企业的一些关键特征的变化，发现负债率的整体下降与某些特征的显著变化是一致的，包括经营风险和盈利能力的增加，以及有形资产比例的下降。回归分析进一步发现，民营企业负债率的决定因素与西方文献的研究结果基本一致，而国有企业在财务决策中包含的"市场导向"因素较少。

至于我国是否要去杠杆以及如何去杠杆，本章还只是初步研究。不过本章的结果和分析表明，一个完整的答案至少应该包括两部分。首先，对于财务决策符合市场化原则的企业（主要是民营企业），要保证充足的资金供给，经济基本面支持这些企业获得充足的资金。其次，对于另一类企业，其杠杆决定因素包含更多的"非市场"因素（主要是国有企业），应暂停对此类低效对象的"输血"，以便将新增贷款分配给效率最高的企业。基于这些结果，我们也有两个具体的实施建议。

首先，中国的高杠杆率是一个结构性问题，大量债务集中在少数企业。在这种情况下，一般的和统一的货币政策，无论是紧还是松，都可能是低效的，甚至可能增加现有错配的严重性。问题不在于货币政策应该放松还是收紧，而是货币政策在中国金融体系中的传导存在偏差：信贷没有分配给那些急需资金的"健康"企业。因此，有效的政策需要逐步纠正现有金融中介机构的效率低下，特别是银行体系中资金的分配，削弱非市场化的力量。

其次，对于那些效率低下、赤字严重的国有企业，债务是一种"存量"，而新增贷款是一种"流量"，不应该用来解决存量问题。用新贷款偿还旧债只能导致总负债迅速积累。根据 Wang 和 Zhong（2016）的估算，2015 年，新增债务总额为 1.5 万亿元人民币（2400 亿美元）至 2 万亿元人民币（3200 亿美元），用于偿还以前的利息支出的部分相当于当年新增信贷总额的 10% 左右。建议通过出售部分国有资产还债等方式解决债转股问题，同时对亏损企业进行重组，提高企业偿债能力。

对净资产为负的企业，停产、停业、兼并、改制等不仅不会使国有资产贬值，反而会增加国有资产总额。事实上，出售资产的目的是在市场上发现充分利用这些资产的潜力。如果这些资产能够得到充分利用，将有利于整个经济。在目前中国高负债率的情况下，新增信贷是一种特别宝贵的资源，需要明智和谨慎地使用。此外，增量信贷的配置效率直接关系到中国中长期潜在的经济增长。

总而言之，中国的高杠杆水平是一个结构性问题，其解决需要"结构性"政策。一方面，对大多数企业来说，去杠杆是有问题的，但对于效率低下的领域，尤其是几千家高杠杆企业来说，去杠杆是有利的。去杠杆的重点领域应该是国有部门，尤其是效率低下的大型企业，通常产能过剩严重。因此，中国政府应推进国有企业市场化改革，实行包括"停产、停业、兼并、改制"的措施，实现十四届三中全会提出的"产权清晰、权责明确、政企分开、管理科学"的改革目标。

另一方面，在高效率部门提高杠杆率同样重要，民营企业中高效率的企业应在新增信贷中获得更多的支持。为此，需要进一步推进中国商业银行和其他金融中介机构的市场化改革，将有价值的信贷资源配置给那些具有实际生产力和充足资本回报的企业。总之，去杠杆的核心目标之一是不断深化国有企业改革，为中国经济增长创造新的动力和活力。

参考文献

Bhabra, H.S., Liu, T. and Tirtiroglu, D. (2008), Capital structure choice in a nascent market: Evidence from listed firms in China, *Financial Management* 37(2): 341–64. doi.org/10.1111/j.1755-053X.2008.00015.x.

Caballero, R.J., Hoshi, T. and Kashyap, A.K. (2008), Zombie lending and depressed restructuring in Japan, *American Economic Review* 98(5): 1943–77. doi.org/10.1257/aer.98.5.1943.

Caixin (2016), Huang Yiping: Cracking down on China's high-leverage trap, *Caixin*, 14 March.

Chen, J.J. (2004), Determinants of capital structure of Chinese listed companies, *Journal of Business Research* 57(12): 1341–51. doi.org/10.1016/S0148-2963(03)00070-5.

Chen, J. and Strange, R. (2005), The determinants of capital structure: Evidence from Chinese listed companies, *Economic Change and Restructuring* 38(1): 11–35. doi.org/10.1007/s10644-005-4521-7.

China Business Journal (2011), The "Inside Job" of banks in China, and shadow banking prevails, *China Business Journal Online*, available from: www.cb.com.cn/deep/2011_0910/271245_2.html.

China News (2012), Li Yang: Liabilities of Chinese enterprises have exceeded the warning line, *China News*, 18 May.

Cook, D.O. and Tang, T. (2010), Macroeconomic conditions and capital structure adjustment speed, *Journal of Corporate Finance* 16(1): 73–87. doi.org/10.1016/j.jcorpfin.2009.02.003.

Financial Times (2016), Large Chinese enterprises seeking higher returns from entrusted loans, *Financial Times*, 16 August, available from: www.ftchinese.com/story/001068932.

Flannery, M.J. and Rangan, K.P. (2006), Partial adjustment toward target capital structures, *Journal of Financial Economics* 79(3): 469–506. doi.org/10.1016/j.jfineco.2005.03.004.

Frank, M.Z. and Goyal, V.K. (2009), Capital structure decisions: Which factors are reliably important?, *Financial Management* 38(1): 1–37. doi.org/10.1111/j.1755-053X.2009.01026.x.

Frank, M.Z. and Goyal, V.K. (2003), Testing the pecking order theory of capital structure, *Journal of Financial Economics* 67(2): 217–48. doi.org/10.1016/S0304-405X(02)00252-0.

Huang, G. and Song, F.M. (2006), The determinants of capital structure: Evidence from China, *China Economic Review* 17(1): 14–36. doi.org/10.1016/j.chieco.2005.02.007.

Li, K., Yue, H. and Zhao, L. (2009), Ownership, institutions, and capital structure: Evidence from China, *Journal of Comparative Economics* 37(3): 471–90. doi.org/10.1016/j.jce.2009.07.001.

Lin, J.Y., Cai, F. and Li, Z. (1998), Competition, policy burdens, and state-owned enterprise reform, *American Economic Review* 88(2): 422–27.

National Bureau of Statistics of China (NBS) (various years), *Annual Survey of Industrial Enterprises*, Beijing: China Statistics Press.

Newman, A., Gunessee, S. and Hilton, B. (2012), Applicability of financial theories of capital structure to the Chinese cultural context: A study of privately owned SMEs, *International Small Business Journal* 30(1): 65–83. doi.org/10.1177/0266242610370977.

Rajan, R.G. and Zingales, L. (1995), What do we know about capital structure? Some evidence from international data, *Journal of Finance* 50(5): 1421–60. doi.org/10.1111/j.1540-6261.1995.tb05184.x.

Sina Finance (2017), Li Yang's view on de-leveraging: Monetary policy will be tight, *Sina Finance*, 23 September.

Sohu Finance and Economics (2017), Is it true that China's total debt exceeds 200 trillion and is ranked second worldwide?, *Sohu Finance and Economics*, 18 February.

Standard & Poor's (2014), Credit shift: As global corporate borrowers seek $60 trillion, Asia-Pacific debt will overtake US and Europe combined, *RatingsDirect*, June.

Tan, Y., Huang, Y. and Woo, W.T. (2016), Zombie firms and the crowding-out of private investment in China, *Asian Economic Papers* 15(3): 32–55. doi.org/10.1162/ASEP_a_00474.

Wang, T. and Zhong, J. (2016), What are the real problems with China's debt?, *UBS Global Research*, April.

Wu, L. and Yue, H. (2009), Corporate tax, capital structure, and the accessibility of bank loans: Evidence from China, *Journal of Banking & Finance* 33(1): 30–8. doi.org/10.1016/j.jbankfin.2006.10.030.

Zhang, W., Han, G., Ng, B. and Chan, S. (2015), *Corporate leverage in China: Why has it increased fast in recent years and where do the risks lie?*, HKIMR Working Paper No. 10/2015, Hong Kong: Hong Kong Institute for Monetary Research. doi.org/10.2139/ssrn.2597451.

第4章 混合货币政策规则下中国经济的结构性研究

王姣 李冉[*]

一 引言

自 2010 年前后，中国国内生产总值（GDP）增速逐步持续放缓，GDP 增长率从 2010 年之前 30 年的平均增速 10%，降至 2018 年的 6.6%，这是近 30 年来最低的增速。中国国家主席习近平在 2014 年 5 月发表讲话，称之为中国经济的"新常态"。中国经济增长放缓引起了决策者和学者的极大关注。官方公布的 GDP 增长数据常常成为世界各国的头条新闻。经济增长的持续放缓，引发了人们对未来经济增长进一步放缓甚至崩溃的担忧和猜测。[①] 鉴于中国经济在全球供应链中发挥着越来越重要的作用，特别是在支撑对大宗商品和许多中间产品的需求方面。因此包括澳大利亚在内的资源密集型经济体，需要更好地理解中国经济放缓

* 感谢 Ippei Fujiwara，黄益平，Adrian Pagan，Peter Drysdale，Paul Kitney，宋立刚，Shiro Armstrong 和两名匿名评审在本文写作各阶段提供的有益建议和评论。我们还对在澳大利亚昆士兰技术大学的澳大利亚经济学家大会和澳大利亚储备银行研讨会上得到的评论和提问表示感谢。本文所有错误当然归于作者。王姣在该项研究上的工作还得到了墨尔本大学青年学者基金的资助，协议编号 603760。

① 中国国家统计局公布的 GDP 数据的可靠性是一个单独但相关的问题。一些人认为，官方数据可能高估了经济增长，因而实际的经济增长率可能更低。例如，Fernald 等（2013）和 Chen 等（2019）分别对官方数据的可靠性表达了支持和怀疑。

的原因。[①]

2010 年以来中国经济放缓的根源是什么？研究人员对这个问题的回答是多种多样的。从国际角度来看，Eichengreen 等（2012）的研究显示，快速增长的经济体在人均收入达到 1.7 万美元时（按国际购买力平价 PPP 的 2005 年不变价格计算），增速明显放缓，中国最近达到了这一水平。他们对工业和发展中经济体以及新兴市场经济体的研究表明，生产率增长的放缓是经济增长放缓的主要原因，而劳动力占总人口比重和投资增长下降所起的作用要小得多。另外，人力资本的增长率甚至略有提高，因此对经济增长起到了积极的作用（Eichengreen et al.，2012：52 - 3）。Cai 和 Lu（2013）估计，中国"十二五"期间年均潜在产出增长率为 7.2%，"十三五"期间年均潜在产出增长率为 6.1%，他们强调的是劳动年龄人口减少导致的人口红利减少，而人口红利是 2010 年之前中国快速增长的动力。从经济周期的角度来看，有研究表明，全球金融危机是经济加速放缓的原因之一。Gilchrist 等（2009）认为，中国增长率的动态变化存在明显的周期性因素，2010 年以来观察到的放缓可能是与这一周期下降阶段紧密相关的暂时现象。

在本章中，我们旨在通过对中国经济进行结构性研究，为上述讨论做出贡献，以便更好地认识中国经济波动的原因，尤其是产出波动。然而，在我们进行结构性研究之前，有一个难题需要解决，即模糊的中国货币政策规则。

根据《中华人民共和国中国人民银行法》，货币政策的目标是保持货币价值的稳定，从而促进经济增长。中国人民银行（PBC）绝不像许多现代央行一样单纯以控制通货膨胀为目标，其目标远远超出了稳定物价的范畴。正如中国人民银行前行长周小川所言，中国的货币政策有以下目标：保持物价稳定，促进经济增长，支持就业，实现国际收支平衡（Zhou，2016）。此外，中国人民银行 2017 年工作会议呼吁货币政策在经济增长、经济改革、经济结构、家庭福利和金融稳定之间实现平衡（McMahon et al.，2018）。然而，对于中国人民银行一直以来采取的政策规则还没有达成共识，遑论这些

---

① Cashin 等（2017）估计，中国 1% 的永久性 GDP 增速下降，将在短期内导致全球经济 0.23 个百分点的增长损失，并导致全球金融市场波动性激增。总体来看，可能导致世界经济总产出增速下降 0.29 个百分点。

规则能否实现其目标了。

如果没有一个明确的货币政策规则，就很难准确地对中国的宏观经济进行建模。货币政策传导机制对经济的影响不确定，中央银行政策的效果难以预测。中国人民银行的货币政策规则是什么？规则是不是随着时间而改变了？对于货币政策在实际中反映出来的背后的规则，数据能够告诉我们什么信息？根据我们目前理解的货币政策规则，能否判断中国经济波动的主要原因？这是本章要解决的问题。

为此，我们对新凯恩斯动态随机一般均衡模型（DSGE）进行了拓展，加入了金融摩擦冲击（financial friction shocks）和仅影响投资的技术冲击（investment-specific technology shocks）两个因素，来对中国宏观经济进行模拟。Bernanke 等（1999）将金融摩擦机制引入对金融部门的市场缺陷分析。Greenwood 等（1988，1997）提出并发展了仅影响投资的技术冲击这一概念，作为对中性技术冲击的替代指标，用来研究经济周期的原因。Kaihatsu 和 Kurozumi（2014）以及 Justiniano 等（2011）发现，金融摩擦冲击和仅影响投资的技术冲击是美国经济周期波动的重要原因。有许多研究将 DSGE 模型应用于中国经济，例如 Xu 和 Chen（2009），Mehrotra 等（2013），Yuan 和 Feng（2014）以及 Zhang 等（2014）。但这些研究都没有明确纳入金融摩擦或投资冲击。[①] 然而我们可以合理推测，这两种因素是中国经济波动的重要驱动因素。

我们在本扩展模型中，还采用了一种混合型货币政策规则。过去对中国货币政策的研究，倾向于在发达经济体货币政策研究中主要采用的泰勒规则和数量规则之间做出选择。[②] 例如，Zhang（2009）认为，泰勒规则在管理经济方面可能比数量规则更有效。Liu 和 Zhang（2010）的研究表明，在四方程新凯恩斯主义模型中，这两个规则都优于单一规则。[③] 由于对政策规则

---

① Yuan 等（2011）、Kang 和 Gong（2014）将金融摩擦冲击纳入了模型，但没有将特定影响投资的技术冲击纳入模型。

② 货币政策的数量规则是规定经济中货币供应量水平或增长速度的规则，因货币政策直接控制经济中货币数量而得名泰勒式的货币政策规则是设定经济名义利率的规则。这是一个价格规则，因为它规定了货币的价格，无风险存款的利率，它是泰勒（1993）提出的原始泰勒规则的变体。

③ 请注意，Liu 和 Zhang（2010）在他们的研究中使用了"混合规则"的概念，这意味着央行使用数量规则和泰勒规则来制定货币政策。由于他们的模型规模很小，这在数学上是可以解决的。

的具体形式没有共识，我们采用了一个包含泰勒规则或数量规则的一般货币政策规则，并使用实时估计结果来反映哪一条规则最能代表中国的货币政策规则。

本章的主要结论如下。首先，中国人民银行在 2001～2017 年采用了混合货币政策规则，在此期间，政策利率根据通货膨胀率、产出、产出增长以及经济中实际货币的增长来做出反应。在"规则是什么"还没有达成共识的情况下，我们揭示了样本期内实际货币政策运行的功能形式。此外，以 2009 年为界，对货币规则的估计发生了清晰的变化，数量规则的风格变得较突出，这可以解释为 2009 年后全球金融危机中财政支出扩张和货币政策刺激带来的大量增量基础货币，在这一环境下，中国人民银行对实际货币增长的波动反应更为强烈。

其次，经济波动中产出和消费增长率的波动的主要来源是中性技术冲击和偏好冲击，而投资和贷款的波动主要是由仅影响投资的技术冲击和净值冲击（net-worth shock）推动的。对中国经济周期的结构性调查显示，仅影响投资的技术冲击对金融部门的波动贡献颇大。这些仅影响投资的技术冲击在对经济的影响方面，不同于全国性、中性技术发展冲击，在研究经济波动时应予纳入考虑。

最后，虽然持续的正净值冲击解释了投资的稳定增长，但自 2010 年前后，负的中性技术冲击一直是中国 GDP 增速放缓的主要原因。这一发现对自 2010 年以来的 GDP 增长放缓的讨论有所贡献，这种讨论引起了中国及其贸易伙伴的决策者和研究人员的极大关注。研究支持这样一种观点，即经济增长放缓是由生产力的结构性变化导致的，而不是周期性波动，领导层应更加重视推动改革和产业升级。

本章的其余部分安排如下：第二部分构建模型，第三部分进行估计，第四部分展示结果并讨论，第五部分得出结论。

二　模型

该模型与 Kaihatsu 和 Kurozumi（2014）的模型非常接近，但对央行行为的假设有所不同。在这一节中，我们将详细描述每个主体的行为，同时只给出少数几个公式。有关详细的系统公式和最优条件推导，请参阅我们与本章内容相关的工作论文（Li & Wang，2018）。

我们的模型中，经济中包括家户（其中既包括工人也包括企业家家户）、金融机构、中间品厂商、消费品厂商、投资品厂商、资本品厂商和中央银行。我们在金融部门假设中应用 Bernanke 等（1999）提出的金融加速器机制（financial accelerator mechanism）。模型中的经济既受到技术冲击，也受到金融冲击。

代表性家庭由一系列符合标准正态分布的主体组成，其中一部分是工人，用 $m \in [0，1]$ 表示，其余是企业家。假设所有主体构成一个消费池，并共同做出消费 – 储蓄决策。代表性家庭的效用函数由外部习惯形成的总消费构成，即先前的总消费作为当前消费水平的外部惯性进入效用函数，从而平滑了消费对代表性家庭效用的影响。效用函数中，真实货币余额和劳动付出变量与 DSGE 模型文献的标准处理方式相同。代表性家庭的消费、工作、储蓄通过金融中介进行，代表性家庭还从所参与的公司中收到股息，并向政府交税。代表性家庭还会在各期收到来自中央银行的货币转移支付。

工人占家庭主体的绝大多数，从生产性厂商处收到工资收入。劳动力市场是垄断竞争市场，也就是说，企业以工人的边际生产率为尺度，支付高于基本工资一定水平的工资。同时，根据 Calvo（1983）的调整规则，我们假设工资缓慢调整。在各期，占比为 $1 - \xi_m \in （0，1）$ 的工人能够再优化他们的工资，而其他占比为 ξ_m 的工人的工资，是通过指数化过去的通货膨胀以及稳定状态的平衡增长率 z^* 来确定的。

家庭部门的另一类主体是企业家。设其进入 t 期的净资产为 N_{t-1}，是上一期的剩余，并从金融中介机构获得贷款 L_{t-1}。他们以给定的价格 Q_{t-1} 从资本品厂商处购买资本品 K_{t-1}，选择资本利用率 μ。随后，他们向中间品厂商提供资本租赁服务，并将剩余资本返售给资本品厂商。在其向金融中介机构偿还贷款后，占比为 $1 - \eta_t \in （0，1）$ 的一部分企业家转而成为工人，剩下的占比为 η_t 的则继续以企业家的特征进入下一期。这一假设是为了确保工人和企业家的相对人口规模保持不变。

根据 Bernanke 等（1999）的意见，贷款利率由存款利率和外部融资（EF）溢价构成，见公式 4.1。

$$E_t r_{t+1}^E = E_t \left(\frac{r_t^n}{\pi_{t+1}} \right) F \left(\frac{Q_t K_t}{N_t} \right) \exp(z_t^\mu) \qquad （公式 4.1）$$

公式表明，贷款利率随着负债率的增加而增加，随着负债者的资产净值的增加而降低。

中间品厂商和消费品厂商遵循 DSGE 模型中的标准假设。简而言之，每一家中间品厂商都以全国的技术生产，其资本都租赁自企业家部门，劳动力都来自工人部门，产品都在垄断竞争性市场上出售给消费品厂商。中间产品的价格也受 Calvo（1983）调整规则支配，也就是说，消费品企业无成本地将中间品捆绑到最终消费品中以供家庭部门消费。最终产品的价格是消费者价格指数（CPI）。

经济中还有另外两种类型的公司参与与资本相关的生产：投资品厂商和资本品厂商。前者运用仅影响投资的技术 Ψ_t（不同于中间品生产技术 Z_t），将每单位消费品转化为不同种投资品。资本品厂商是投资品厂商的价格接受者，并从全部投资品厂商中选择出一个投资品的优化组合。

假设模型中的中央银行按照公式 4.2 中提出的规则执行货币政策。

$$
\begin{aligned}
\log(r_t^n) = {} & W\Big(-\log\Big(1 - \frac{1}{\lambda_t}\exp(z_t^b)\exp(z_t^m)m_t^{-\sigma}\\
& + (1 - W)\big(\phi_r\log(r_{t-1}^n) + (1 - \phi_r)\big(\log(r^n)\\
& + \frac{\phi_\pi}{r}\sum\log\Big(\frac{\pi_{t-j}}{\pi}\Big) + \phi_y\log\Big(\frac{Y_t}{Z_t^*}\Big)\\
& + \phi_{dy}\log\Big(\frac{\frac{Y_t}{Y_{t-1}}}{z^*}\Big) + z_t^r\ \big)\big)\big)\big)
\end{aligned}
\qquad\text{（公式 4.2）}
$$

这一函数形式是两个部分的线性组合：与家庭实际货币需求相关的部分，即前面带 W 的括号内部分，以及与典型泰勒规则相关的部分，即前面带 $1 - W$ 的括号内部分。公式还包括外部冲击项 z_t^r。通过设置上述形式的货币政策规则，我们可以将中国实时数据输入模型，以获得 W 的估计值。如果 $W = 1$，则上述公式简化为描述对实际货币供给的最优需求量，然后可在 m_t 给定的条件下确定利率。如果 $W = 0$，上述公式则简化为一个典型的泰勒规则，利率对通货膨胀和经济产出做出反应。最后，如果 $0 < W < 1$，规则就告诉我们，政策利率对实际货币以及通货膨胀和经济产出都有反应。我们在这里称之为"混合型规则"。

在这种情况下，要关闭这个模型[1]，我们需要经济中货币供应的另一个条件。我们采用 Christiano 等（2005）的方法，设定货币按照 AR（1）过程增长，见公式 4.3：

$$M_t^S = \mu_t M_{t-1}^S \text{ 和 } \log(\mu_t) = \log(\mu_0) + z_t^{mg} \qquad （公式 4.3）$$

三　估计

我们采用 Kaihatsu 和 Kurozumi（2014）的贝叶斯似然方法，纳入 12 个中国的季度指标：产出、消费、投资、劳动（工时）、实际工资、消费品价格、投资品相对价格、政策性利率、贷款利率、真实贷款、实际净值和真实货币余额。数据来自 CEIC 中国数据库，样本为 2001～2017 年的季度数据。这些数据系列来源的详情可参见本章相关的工作论文（Li & Wang，2018）。

在对模型进行估计之前，由于我们在经济中加入了非静态技术（non-stationary），因此需要对均衡条件进行去趋势化（detrending）。这一静态系统可在一致的资本利用率水平上对数线性化。我们根据 Smets 和 Wouters（2007）、Kaihatsu 和 Kurozumi（2014）的方法，使用 Kalman 过滤器来评估这一对数线性系统的似然函数，并应用 Metropolis-Hastings 算法对模型参数的后验分布进行采样。[2]

有两组参数：一组需要估计，另一组用来校准以避免任何识别问题。篇幅所限，我们在这里不提供校准表。49 个待估计参数的先验分布和后验估计见表 A4.1。关于校准值和先验分布选择的详细讨论，可见本章相关的工作论文（Li & Wang，2018）。

四　结果

在这一部分中，我们将结果分为三个主要内容。首先，报告了对样本期

---

① 关闭一个模型，即确定哪些变量是外生的。——译注

② 我们的估计是使用 Dynare 软件（Adjemian et al.，2011）。在每一次估计中抽样 20 万次，弃掉其中前一半。还对 Metropolis-Hastings 算法中跳跃分布的定标因子（scale factor）进行了调整，借此得到约 24% 的接受率。

2001 年第一季度至 2017 年第四季度待估参数后验均值估计的统计，还考虑了货币政策规则可能发生的变化。其次，基于估计模型对产出、消费、投资和贷款进行方差分解，包括了预测的误差方差分解和历史分解。通过这个初步研究，我们能够回答一些关于中国经济波动主要来源的基本问题。最后，对研究结果进行讨论。

（一）货币政策规则估计

表 A4.1 的第一行显示了 W 的后验均值和 90% 置信区间。在整个样本期内，对 W 的一个估计是 0.0911，统计意义上显著区别于 0。参考这一估计值可见，公式 4.1 中的货币政策规则实际上是一个混合规则。过去 10 多年，中国人民银行根据实际货币水平、通货膨胀率、产出水平和经济产出增长率，按指定权重调整政策利率，实施货币政策。其他宏观经济条件随后通过利率传导机制，被确定在均衡条件下。随着中国宏观和金融状况的不断变化，这一发现可以作为估计中国货币政策规则的基准方法。

我们还进行子样本估计，以搜索可能存在的政策规则变革。在样本期间全球金融体系出现崩溃，这可能导致中国人民银行的一些政策变化。最近，中国人民银行的官员发表了几次公开讲话，讨论了改革货币政策，论述更多地以价格型工具为基础的必要性。我们以 2009 年第一季度为界，对其先后两个子样本进行参数估计。结果见表 A4.2 和表 A4.3。结果表明，在 2009 年第一季度前后，W 的平均估计值在统计学上存在显著差异。具体来说，2009 年第一季度之前的 W 的后验平均值等于 0.0859，而 2009 年第一季度之后，W 的后验平均值增加到 0.2466，两者在统计学上都显著不为 0。[①]

这一发现值得讨论。2009 年前后，货币政策规则的数量部分所具有的不同权重表明，全球金融危机对中国货币政策的影响是可衡量的。尽管中国人民银行的官员在公开发言中强调要更多地以价格型工具为基础，实际的货币政策规则仍然更加重视经济中实际货币余额的数量变动。考虑到在全球金融危机之后实施的大规模财政扩张和货币刺激措施，这一点认识很可能是真实的。在金融危机爆发后，其他条件未发生变化的情况下，中国人民银行意

---

①　作为灵敏度检验，我们还使用 2008 年第一季度和 2007 年第一季度作为子样本估计的潜在转折点，我们得到了与使用 2009 年第一季度作为转折点相似的结果。

识到经济中基础货币的增加，并在更大程度上以货币政策规则的数量部分做出反应。

（二）方差分解

鉴于前文叙述的货币政策估计规则，我们可以继续研究 2001～2017 年中国经济的周期波动。为了了解主要宏观经济变量波动的原因，我们在表 A4.4 中给出了产出、消费、投资和贷款变化的预测误差分解，并在图 A4.1 和图 A4.2 中基于估计模型给出了产出和投资的历史分解。

表 A4.4 显示了每一次冲击对产出增长、消费增长、投资增长和实际贷款增长变化的相对贡献，预测期 $T = 8$，32 个季度，以参数的后验平均估计值进行评估。产出波动的主要来源是外生需求冲击。接下来的两个重要来源是中性技术冲击和偏好冲击。仅影响投资的技术冲击对产出波动的贡献很小，但其在长期的影响贡献（11%）比短期的影响贡献（6%）高。其余的冲击可以忽略不计。偏好冲击是消费波动的主要来源，占变化的近 70%。中性技术冲击是次要来源，其余冲击均起次要作用。投资增长的变化有一半是由仅影响投资的冲击造成的，26% 是由短期内的净值冲击造成的。从长期来看，仅影响投资的冲击变得更加突出（61%）。中间产品价格加成对投资活动的影响也很小，仅影响投资的冲击和净值冲击在解释实际贷款波动方面也分别起主要和次要作用。投资边际效率冲击对贷款变动的贡献微乎其微。

以上结果揭示了我国企业波动的主要来源。实际部门即消费品部门主要受中性技术、偏好和外部需求冲击的驱动，而金融部门则主要受特定投资技术和净值冲击的驱动。

为了更深入地了解中国商业波动的基本面，我们在图 A4.1 和图 A4.2 中给出了产出和投资偏离各自稳定状态的百分比的历史分解。图 A4.1 显示，产出增长从 2011 年左右呈稳步下降趋势，中性技术冲击是主要的负面因素。这表明，中性技术发展从 2001～2007 年的持续正增长到 2010～2017 年的持续负增长的结构性突破，是我们在本章开头讨论的 2010 年以来中国 GDP 增长放缓的主要驱动力。在图 A4.1 中，从 2008 年中到 2009 年初，产出增长率大幅下降，与金融危机的开始相对应。金融体系和实体经济的突然崩溃可能通过贸易和金融渠道影响技术和生产。

图 A4.2 显示，平均而言，投资增长为正，而净值冲击是主要的正贡献因素。投资专用技术是另一个关键因素，但其贡献是不稳定的，这意味着投资的增长是由净值的正估值驱动的，而投资的波动则是由自身的技术发展驱动的。展望未来，我们应谨慎考虑这些估值对净值的影响能否持续，并仔细监控投资活动的演变。

图 A4.1 和图 A4.2 给我们带来了观察中国经济增长故事的另一个视角：过去 10 年，投资稳步增长，而经济增长却显示出明显的放缓迹象。

五　讨论

在本章结束之前，我们将讨论本章中使用的扩展 DSGE 模型的有用性以及所得结果的政策含义。首先，金融摩擦在这一模型中不可或缺。我们将金融中介机构和金融摩擦纳入模型，因为我们预计它们在中国也将像在美国一样，成为经济波动的重要来源。外部融资溢价弹性的后验平均估计（即表 A4.1 中的 μ）表明，该溢价方程在模型中具有统计显著性。净值冲击在解释投资波动中的重要作用也证明了这一点。

其次，我们将中性技术和仅影响投资的技术分别设定为适用于消费品部门和投资品部门的两种技术。如前文所述，中性技术是产出增长波动的主要驱动因素之一，而仅影响投资的技术和净值技术是投资活动的主要驱动力。如果没有区分这两种技术，在研究中国经济波动的主要来源时，我们将得到误导性的结果。

再次，混合货币政策规则的结论，是在不施加事前模型约束的情况下，通过构造规则的一般形式，并利用真实的中国数据、采用贝叶斯估计策略而得到的。这种方法可以作为未来研究者在宏观经济和金融状况随时间变化时估计中国货币政策规则的基准。

最后，但同样重要的是，自 2010 年以来，中性技术的负向效应导致产出变化，这一发现可提供重要的政策含义。正如本章引言所讨论的，对最近经济产出放缓有许多解释，但没有就根本因素达成任何共识。我们的结果支持这样的观点，即主要是技术放缓导致了产出波动。支持技术创新和产业升级的政策有利于解决这种负向的技术走势。如果未来的经济增长得到新产业和新技术创新的支持，中国经济"新常态"的发展将是可持续的。

六　总结

政策制定者和学者越来越关注中国近年来的经济增速放缓。我们的研究表明，负向中性技术的走势是造成这种产出波动的原因。在推动经济高速发展 30 多年后，中性技术进步的增长已明显放缓。这一结论对中国鼓励技术创新和产业升级具有重要的政策含义。

为对中国宏观经济进行研究，本章构建了一个扩展的 DSGE 模型。结果表明，该模型捕捉到了经济的重要特征，而这些特征在以往使用简单模型的研究中并没有被揭示出来。重要的是，我们发现中国的货币政策规则是一个混合规则。中国央行的货币政策是根据通货膨胀、产出状况和实际货币增长情况来调整政策利率。与 2009 年之前相比，2009 年前后的政策规则发生了变化，更加注重对实际货币余额变动的反应。这表明货币数量正在强烈影响货币政策实践。

关键变量的方差分解表明了各种冲击对解释这些变量波动的相对重要性。具体而言，金融摩擦冲击是投资波动的重要原因。2001～2007 年，中性技术对产出增长的贡献始终是积极的，在 2010 年之后成为负面的。这一发现进一步证明了 2010 年以来中国 GDP 增速放缓的根源，指出技术发展情况在拖累生产率增长速度方面的重要效应。未来关于中国经济波动原因和中国货币政策规则的研究可以借鉴本章的成果。

参考文献

Adjemian, S., Bastani, H., Juillard, M., Mihoubi, F., Perendia, G., Ratto, M. and Villemot, S. (2011), *Dynare: Reference Manual Version 4*, Dynare Working Papers 1, Paris: CEPREMAP.

Bernanke, B.S., Gertler, M. and Gilchrist, S. (1999), The financial accelerator in a quantitative business cycle framework, in J.B. Taylor and M. Woodford (eds.), *Handbook of Macroeconomics: Volume 1A*, Amsterdam: Elsevier. doi.org/10.1016/S1574-0048(99)10034-X.

Cai, F. and Lu, Y. (2013), Population change and resulting slowdown in potential GDP growth in China, *China & World Economy* 21: 1–14. doi.org/10.1111/j.1749-124X.

Calvo, G.A. (1983), Staggered prices in a utility-maximizing framework. *Journal of Monetary Economics* 12(3): 383–98.

Cashin, P., Mohaddes, K. and Raissi, M. (2017), China's slowdown and global financial market volatility: Is world growth losing out?, *Emerging Markets Review* 31: 164–75. doi.org/10.1016/j.ememar.2017.05.001.

Chen, W., Chen, X., Hsieh, C.-T. and Song, Z.M. (2019), *A forensic examination of China's national accounts*, Brookings Papers on Economic Activity, Spring, Washington, DC: Brookings Institution. doi.org/10.3386/w25754.

Christiano, L.J., Eichenbaum, M. and Evans, C.L. (2005), Nominal rigidities and the dynamic effects of a shock to monetary policy, *Journal of Political Economy* 113: 1–45. doi.org/10.1086/426038.

Gilchrist, S., Ortiz, A. and Zakrajsek, E. (2009), Credit risk and the macroeconomy: Evidence from an estimated DSGE model, 27 July, available from: ssrn.com/abstract=2088909.

Greenwood, J., Hercowitz, Z. and Huffman, G.W. (1988), Investment, capacity utilization, and the real business cycle, *The American Economic Review* 78(3): 402–17.

Greenwood, J., Hercowitz, Z. and Krusell, P. (1997), Long-run implications of investment-specific technological change, *The American Economic Review* 87(3): 342–62.

Justiniano, A., Primiceri, G.E. and Tambalotti, A. (2011), Investment shocks and the relative price of investment, *Review of Economic Dynamics* 14: 102–21. doi.org/10.1016/j.red. 2010.08.004.

Kaihatsu, S. and Kurozumi, T. (2014), Sources of business fluctuations: Financial or technology shocks?, *Review of Economic Dynamics* 17: 224–42. doi.org/10.1016/j.red. 2013.08.001.

Kang, L. and Gong, L. (2014), Financial frictions, net worth of bank and transmission of international crisis: Based on multi-sector DSGE model analysis, *Economic Research Journal* 49: 147–59.

Li, R. and Wang, J. (2018), A structural investigation of the Chinese economy with a hybrid rule, University of Melbourne, Mimeo, 2018.

Liu, L.-G. and Zhang, W. (2010), A new Keynesian model for analysing monetary policy in mainland China, *Journal of Asian Economics* 21: 540–51. doi.org/10.1016/ j.asieco.2010.07.004.

McMahon, M., Schipke, A. and Li, X. (2018), China's monetary policy communication: Frameworks, impact, and recommendations, IMF Working Paper No. WP/18/244.

Mehrotra, A., Nuutilainen, R. and Pääkkönen, J. (2013), Changing economic structures and impacts of shocks: Evidence from a dynamic stochastic general equilibrium model for China, *Pacific Economic Review* 18: 92–107. doi.org/10.1111/1468-0106.12012.

Smets, F. and Wouters, R. (2007), Shocks and frictions in US business cycles: A Bayesian DSGE approach, *American Economic Review* 97(3): 586–606.

Sun, L. and Sen, S. (2011), Monetary policy rules and business cycle in China: Bayesian DSGE model simulation, 9 April. doi.org/10.2139/ssrn.1806347.

Taylor, J.B. (1993), Discretion versus policy rules in practice, *Carnegie-Rochester Conference Series on Public Policy* 39: 195–214, North-Holland.

Wang, G. and Tian, G. (2014), Financial shocks and Chinese business cycle, *Economic Research Journal* 49: 20–34.

Xu, W. and Chen, B. (2009), Bank lending and economic fluctuations in China: 1993–2005, *China Economic Quarterly* 8: 969–94.

Yuan, P. and Feng, L. (2014), Research of housing price rise effects based on DSGE: Economic growth, income distribution and wealth gap widening, *Economic Research Journal* 49: 77–90.

Yuan, S., Chen, P. and Liu, L. (2011), Exchange rate system, financial accelerator and economical undulation, *Economic Research Journal* 2011-01: 57–70.

Zhang, W. (2009), China's monetary policy: Quantity versus price rules, *Journal of Macroeconomics* 31: 473–84. doi.org/10.1016/j.jmacro.2008.09.003.

Zhang, W., Zheng, J. and Huang, Y. (2014), An analysis on anticipated shocks of monetary policy and industrial transmission: Based on a multi-sectoral DSGE model, *Journal of Financial Research*: 33–49.

Zhou, X.C. (2016), Managing multi-objective monetary policy: From the perspective of transitioning Chinese economy, The 2016 Michel Camdessus Central Banking Lecture, 24 June, International Monetary Fund, Washington, DC.

附录 A

表 A4.1　参数的先验分布和后验分布——全样本

	先验均值	后验均值	90% 置信区间		先验	后验方差
alpha	0.500	0.0911	0.0179	0.1686	unif	0.2887
csigma	2.000	0.8737	0.5647	1.1324	gamma	0.3750
ctheta	0.700	0.5582	0.4176	0.6862	beta	0.1000
cchi	2.000	2.6598	1.5509	3.7217	gamma	0.7500
czeta	4.000	3.3357	2.2265	4.5573	gamma	1.5000
ctau	0.220	0.3155	0.1080	0.5033	gamma	0.1000
cphi	0.250	0.0531	0.0052	0.0986	beta	0.1250
calpha	0.600	0.1440	0.0860	0.2020	beta	0.1000
gammaw	0.500	0.2471	0.1017	0.3878	beta	0.1500
xiw	0.500	0.6422	0.5621	0.7186	beta	0.1000
gammap	0.500	0.3213	0.1461	0.4882	beta	0.1500
xip	0.500	0.8075	0.7412	0.8664	beta	0.1000
phir	0.750	0.7664	0.6873	0.8412	beta	0.1000
phipi	1.500	1.7688	1.3955	2.1307	gamma	0.2500
phiy	0.125	0.0440	0.0201	0.0681	gamma	0.0500
phidy	0.125	0.0579	0.0267	0.0869	gamma	0.0500
zstarss	1.163	1.2187	1.0790	1.3613	gamma	0.1000
psiss	0.077	0.0672	0.0144	0.1195	gamma	0.0400
hss	0.000	−0.1304	−2.4195	2.3909	norm	2.0000
piss	0.272	0.2660	0.1459	0.3955	gamma	0.1000
rnss	1.030	1.1060	0.9655	1.2442	gamma	0.1000
eta	0.973	0.9552	0.9276	0.9838	beta	0.0200
nkss	0.500	0.6077	0.5089	0.7027	beta	0.0700
cmu	0.070	0.0203	0.0141	0.0271	gamma	0.0200
ress	1.242	1.2177	1.1374	1.2929	gamma	0.0500
rho_b	0.500	0.7916	0.6060	0.9558	beta	0.2000
rho_g	0.500	0.9707	0.9470	0.9944	beta	0.2000
rho_w	0.500	0.2055	0.0349	0.3726	beta	0.2000
rho_p	0.500	0.9039	0.8407	0.9774	beta	0.2000
rho_i	0.500	0.8897	0.8323	0.9448	beta	0.2000
rho_r	0.500	0.2256	0.0632	0.3813	beta	0.2000
rho_z	0.500	0.1307	0.0295	0.2226	beta	0.2000
rho_psi	0.500	0.9568	0.9249	0.9909	beta	0.2000

	先验均值	后验均值	90% 置信区间		先验	后验方差
rho_nu	0.500	0.9850	0.9774	0.9924	beta	0.2000
rho_mu	0.500	0.5413	0.4254	0.6784	beta	0.2000
rho_eta	0.500	0.8246	0.7015	0.9634	beta	0.2000
rho_mg	0.500	0.3782	0.1867	0.5541	beta	0.2000
e_b	0.500	2.8286	1.5204	3.8269	invg	Inf
e_g	0.500	0.8964	0.7581	1.0319	invg	Inf
e_w	0.500	0.4458	0.3527	0.5515	invg	Inf
e_p	0.500	0.1624	0.1037	0.2165	invg	Inf
e_i	0.500	1.1037	0.9333	1.2754	invg	Inf
e_r	0.500	0.1287	0.1088	0.1467	invg	Inf
e_z	0.500	1.7636	1.4635	2.0584	invg	Inf
e_psi	0.500	0.3763	0.2735	0.4741	invg	Inf
e_nu	0.500	4.1778	3.3739	4.9908	invg	Inf
e_mu	0.500	0.2854	0.2462	0.3230	invg	Inf
e_eta	0.500	0.8999	0.5881	1.2119	invg	Inf
e_mg	0.500	0.5839	0.5022	0.6575	invg	In

注：*alpha* 是数量规则的权重。

表 A4.2 参数的先验分布和后验分布——子样本：2009 年第一季度之前

	先验均值	后验均值	90% 置信区间		先验	后验方差
alpha	0.500	0.0859	0.0005	0.1753	unif	0.2887
csigma	2.000	1.3525	0.8765	1.7459	gamma	0.3750
ctheta	0.700	0.5852	0.4222	0.8257	beta	0.1000
cchi	2.000	2.4886	1.1941	3.6389	gamma	0.7500
czeta	4.000	1.9989	0.6985	3.3205	gamma	1.5000
ctau	0.220	0.2622	0.0583	0.4580	gamma	0.1000
cphi	0.250	0.0471	0.0092	0.0847	beta	0.1250
calpha	0.600	0.3066	0.1694	0.4440	beta	0.1000
gammaw	0.500	0.2939	0.1110	0.4658	beta	0.1500
xiw	0.500	0.6172	0.5352	0.7205	beta	0.1000
gammap	0.500	0.3015	0.1326	0.4820	beta	0.1500
xip	0.500	0.7693	0.7071	0.8405	beta	0.1000
phir	0.750	0.6478	0.5332	0.7714	beta	0.1000
phipi	1.500	1.9313	1.5072	2.3432	gamma	0.2500
phiy	0.125	0.0430	0.0195	0.0683	gamma	0.0500
phidy	0.125	0.0963	0.0491	0.1404	gamma	0.0500

续表

	先验均值	后验均值	90% 置信区间		先验	后验方差
zstarss	1.163	1.2358	1.0650	1.3767	gamma	0.1000
psiss	0.077	0.0730	0.0163	0.1248	gamma	0.0400
hss	0.000	1.4090	−1.1566	4.3397	norm	2.0000
piss	0.272	0.3744	0.1941	0.5288	gamma	0.1000
rnss	1.030	1.0595	0.9096	1.2015	gamma	0.1000
eta	0.973	0.9717	0.9504	0.9917	beta	0.0200
nkss	0.500	0.4947	0.3934	0.5836	beta	0.0700
cmu	0.070	0.0224	0.0142	0.0317	gamma	0.0200
ress	1.242	1.2320	1.1524	1.3114	gamma	0.0500
rho_b	0.500	0.6454	0.3053	0.9043	beta	0.2000
rho_g	0.500	0.8943	0.8312	0.9641	beta	0.2000
rho_w	0.500	0.3522	0.0732	0.6039	beta	0.2000
rho_p	0.500	0.8405	0.7321	0.9461	beta	0.2000
rho_i	0.500	0.7362	0.5906	0.9162	beta	0.2000
rho_r	0.500	0.4865	0.2962	0.7321	beta	0.2000
rho_z	0.500	0.1716	0.0348	0.2960	beta	0.2000
rho_psi	0.500	0.9431	0.9056	0.9854	beta	0.2000
rho_nu	0.500	0.9747	0.9545	0.9960	beta	0.2000
rho_mu	0.500	0.8114	0.7099	0.9071	beta	0.2000
rho_eta	0.500	0.7650	0.6124	0.9208	beta	0.2000
rho_mg	0.500	0.2410	0.0441	0.4254	beta	0.2000
e_b	0.500	6.0075	2.3428	11.7735	invg	Inf
e_g	0.500	1.2548	0.8911	1.6161	invg	Inf
e_w	0.500	0.5312	0.3542	0.7339	invg	Inf
e_p	0.500	0.2457	0.1294	0.3331	invg	Inf
e_i	0.500	0.8898	0.6847	1.1021	invg	Inf
e_r	0.500	0.1507	0.1230	0.1822	invg	Inf
e_z	0.500	2.1435	1.6746	2.6424	invg	Inf
e_psi	0.500	0.4347	0.2928	0.5719	invg	Inf
e_nu	0.500	3.4362	2.1762	4.4342	invg	Inf
e_mu	0.500	0.1793	0.1365	0.2183	invg	Inf
e_eta	0.500	1.2113	0.7844	1.6362	invg	Inf
e_mg	0.500	0.4336	0.3271	0.5388	invg	Inf

注：*alpha* 是数量规则的权重。

表 A4.3　参数的先验分布和后验分布——子样本：2009 年第一季度之后

	先验均值	后验均值	90% 置信区间		先验	后验方差
alpha	0.500	0.2466	0.0046	0.5121	unif	0.2887
csigma	2.000	1.0819	0.7355	1.3970	gamma	0.3750
ctheta	0.700	0.6755	0.5693	0.7927	beta	0.1000
cchi	2.000	2.2995	1.3164	3.3768	gamma	0.7500
czeta	4.000	4.8390	3.2622	6.4291	gamma	1.5000
ctau	0.220	0.2482	0.0801	0.4042	gamma	0.1000
cphi	0.250	0.1240	0.0181	0.2228	beta	0.1250
calpha	0.600	0.1712	0.1142	0.2296	beta	0.1000
gammaw	0.500	0.4677	0.2475	0.6837	beta	0.1500
xiw	0.500	0.6025	0.4935	0.7156	beta	0.1000
gammap	0.500	0.5818	0.3744	0.7944	beta	0.1500
xip	0.500	0.8019	0.7269	0.8755	beta	0.1000
phir	0.750	0.8010	0.6807	0.9109	beta	0.1000
phipi	1.500	1.6664	1.2879	2.0263	gamma	0.2500
phiy	0.125	0.0794	0.0267	0.1376	gamma	0.0500
phidy	0.125	0.1161	0.0576	0.1709	gamma	0.0500
zstarss	1.163	1.1451	1.0167	1.2853	gamma	0.1000
psiss	0.077	0.0763	0.0176	0.1353	gamma	0.0400
hss	0.000	−2.3959	−4.5247	−0.1487	norm	2.0000
piss	0.272	0.2334	0.1023	0.3559	gamma	0.1000
rnss	1.030	1.1051	0.9671	1.2318	gamma	0.1000
eta	0.973	0.9292	0.8976	0.9599	beta	0.0200
nkss	0.500	0.5809	0.4934	0.6743	beta	0.0700
cmu	0.070	0.0336	0.0223	0.0446	gamma	0.0200
ress	1.242	1.2259	1.1388	1.3026	gamma	0.0500
rho_b	0.500	0.3179	0.0456	0.5699	beta	0.2000
rho_g	0.500	0.9493	0.9213	0.9821	beta	0.2000
rho_w	0.500	0.2446	0.0481	0.4495	beta	0.2000
rho_p	0.500	0.8293	0.6927	0.9755	beta	0.2000
rho_i	0.500	0.8467	0.7585	0.9440	beta	0.2000
rho_r	0.500	0.4587	0.1000	0.8045	beta	0.2000
rho_z	0.500	0.1655	0.0381	0.2872	beta	0.2000
rho_psi	0.500	0.9619	0.9374	0.9900	beta	0.2000
rho_nu	0.500	0.9659	0.9472	0.9853	beta	0.2000
rho_mu	0.500	0.2073	0.0559	0.3554	beta	0.2000
rho_eta	0.500	0.5218	0.2850	0.7456	beta	0.2000

续表

	先验均值	后验均值	90% 置信区间		先验	后验方差
rho_mg	0.500	0.3737	0.1227	0.6500	beta	0.2000
e_b	0.500	1.8163	0.8817	2.7888	invg	Inf
e_g	0.500	0.7046	0.5510	0.8704	invg	Inf
e_w	0.500	0.3571	0.2584	0.4449	invg	Inf
e_p	0.500	0.1899	0.1141	0.2564	invg	Inf
e_i	0.500	1.2825	0.9970	1.5376	invg	Inf
e_r	0.500	0.1086	0.0855	0.1322	invg	Inf
e_z	0.500	1.7497	1.2774	2.2522	invg	Inf
e_psi	0.500	0.2778	0.1801	0.3815	invg	Inf
e_nu	0.500	3.4748	2.6189	4.3040	invg	Inf
e_mu	0.500	0.3267	0.2609	0.3989	invg	Inf
e_eta	0.500	0.8334	0.5687	1.1040	invg	Inf
e_mg	0.500	0.7029	0.5697	0.8478	invg	Inf

注：$alpha$ 是数量规则的权重。

表 A4.4 产出、消费、投资、贷款波动的预测误差分解

		产出		消费		投资		贷款	
		$T=8$	$T=32$	$T=8$	$T=32$	$T=8$	$T=32$	$T=8$	$T=32$
z^b	偏好	23.78	21.85	69.44	68.13	0.02	0.02	0.05	0.04
z^g	外生需求	38.84	32.37	0.61	0.63	0.33	0.27	0.02	0.03
z^w	工资	0.01	0.01	0.03	0.03	0.04	0.03	0.05	0.04
z^p	中间品价格加成	4.42	5.01	2.85	3.12	6.85	5.74	5.59	4.5
z^i	投资品价格加成	0.15	0.18	0	0	0.87	0.7	0.21	0.24
z^z	中性技术	23.94	22.43	23.37	23.4	1.42	1.26	1.15	1.78
z^φ	仅影响投资的技术	6.09	11.08	2.2	2.48	50.15	61.28	51.78	55.21
z^ν	MEI	2.49	2.51	0.26	0.62	11.8	9.4	8.45	10.12
z^μ	EF 溢价	0.12	0.12	0	0	0.73	0.48	1.07	0.82
z^η		3.16	3.44	0.63	0.96	26.05	19.6	30.05	25.96
z^m	真实货币增长	0	0	0	0	0	0	0	0
z^r	混合货币政策	0.55	0.52	0.29	0.28	1.09	0.72	1.48	1.13
z^{mg}	数量货币政策	0.46	0.49	0.33	0.34	0.66	0.52	0.1	0.13

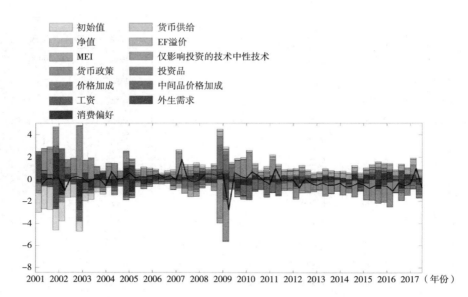

图 A4.1　产出的历史数据分解

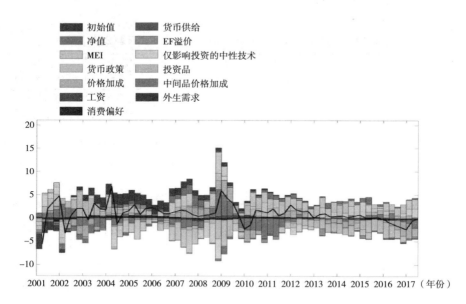

图 A4.2　投资的历史数据分解

第5章 中国农村非农就业
与户籍制度

赵宇涵[*]

近40年来，中国实施了一系列以市场为导向的制度改革，实现了城乡劳动力市场一体化，大大增加了非农就业。1999~2000年，中国只有约10%的农村家庭从事非农工作，而到了2007~2008年，这一比例已上升至22%（Wang et al.，2017）。非农就业的增加，不仅为中国的工业化和城市化进程提供了额外的劳动力供给，还通过加强农村非农产业促进了中国农村的转型和发展。1978~2015年，中国人均GDP增长了16.7倍，其中44%的增长来自劳动力从农业部门句非农部门的重新配置（Cai，2018）。

尽管非农产业增长和非农就业对中国经济发展贡献显著，但长期以来，这些活动受到各种制度安排的制约。户籍制度最初建立于20世纪50年代末，旨在支持城市发展。随着时间的推移，农村和城市经济越来越一体化，户籍制度逐渐成为一个障碍，限制了农村劳动力在城市地区工作。在这一制度下，中国人口分为"农业"和"非农业"两个部分。由于该制度不仅是人口登记制度，而且是与其他制度安排捆绑在一起的综合性政策体系，因此被认为是抑制农村向城市人口迁移和非农就业的最重要政策之一（Cai，2018）。

---

* 感谢国家自然科学基金（编号71873005和71742002）、中国工程院ATMAC项目（编号2018-ZD-07-1和2018-ZD-07-06-1）、北京大学NSFC（编号2018KEY06）的资助，文责自负。

迄今为止，已有许多研究考察了户籍制度对人口从农村向城市迁移的影响及其经济和社会后果（Meng & Zhang，2010）。一些研究表明，城乡一体化应该在户籍制度的约束下实现，因为户籍制度给予城市居民优先致富的优势，这扩大了城乡收入差距，从而为农村劳动力进城提供了持续的激励（Lu & Chen，2004；Liu，2011）。而另一些研究认为，户籍制度阻碍了人口从农村向城市的迁移和农村劳动力的重新分配（Seeborg et al.，2000；Démurger et al.，2009；Meng，2012）。尽管对户籍制度在非农就业中的作用尚未达成共识，但自 1984 年以来，中国已逐步进行了改革。虽然户籍制度在农村非农就业和居住权利等方面的歧视已逐步放宽，但在工资/收入、工作分工、教育资本回报和对在城市工作的农村劳动者的社会福利保障等方面的歧视仍然存在（Seeborg et al.，2000；Démurger et al.，2009；Meng，2012）。

现有文献对户籍制度对人口迁移的影响提供了有益的见解（Chan & Zhang，1999；Wan & Li，2013）。然而这些研究大多集中在城市里农民工的就业和工资状况上，存在着严重的选择偏差。这是因为大部分非农就业发生在农村地区的非农业部门（不计为农村转移劳动力），还有大量来自农村的非农就业劳动力在城市工作但不住在那里。如果不对这部分农村劳动力进行适当核算，户籍制度的影响将无法得到充分衡量。此外，虽然已有许多实证研究，但大多数研究使用的是汇总的横截面数据或短期的面板数据，这些数据没有反映过去 40 年来户籍制度的长期变化及其对非农就业的潜在影响。

本章利用省级数据考察了 1981～2013 年户籍制度的演变，并从实证的角度考察了其对中国农村非农就业的影响。非农就业是指在农村或城市非农业部门就业的农村劳动力（持农村户籍的劳动力），包括从农村到城市的流动人口、在农村非农部门就业的农村劳动力和在城市工作但生活在农村的农村劳动力。

研究的结构如下。第一、二部分回顾了 1978 年前后中国的户籍制度改革，以及我国户籍政策和非农就业的相关研究。第三节为实证模型的构建和数据来源的描述。第四节介绍了实证结果以及解释，第五节是研究结论。

一 中国的户籍制度改革和非农就业

自 1958 年《中华人民共和国户口登记条例》颁布以来，我国实行了城乡分开的户籍制度。随着时间的推移和经济体制改革，这一制度也在发生变化。以改革开放政策起始的 1978 年作为分水岭，中国的户籍制度经历了 1978 年以前和 1978 年以后两个主要阶段。1978 年以前，中国的户籍制度植根于"家庭－出生－登记－排序－调控－分配"的逻辑结构（Lu，2002）。因此，农村劳动者需要完成一系列手续（如批准、认证和支付费用）以便从事非农就业，而且农村劳动者还面临着工作上的限制和风险。严格的制度扭曲了劳动力资源的配置，拉大了城乡经济发展的差距。自 1978 年首次实行体制改革和市场化改革以来，户籍制度逐渐有所变化。特别是 20 世纪 90 年代中期以后，中国政府进行了一系列放宽户籍制度的改革，允许更多的农村劳动者在城市工作（Song & Li，2014）。

尽管中央层面和地方政府层面的相关制度在过去 40 年中都取得了重大进展，但城乡劳动力市场的隔离仍然存在。户籍制度改革不彻底被认为是阻碍城乡劳动力市场一体化的最重要因素之一，因为它限制了农民工在获得基本公共服务方面享有与城市劳动者同等的权利，如儿童义务教育、个人社会保险、最低生活保障、住房等。现行的限制政策有两种：一种是限制了平等的就业，另一种是限制了平等的社会福利。

鉴于这一问题的重要性，过去几十年来，中国进行了许多研究，分析了户籍制度改革对农村到城市移民和非农就业的影响，四组相关文献研究总结如下。

第一组文献探讨了户籍制度改革对非农劳动力就业机会的影响。1978 年以前，户籍制度严重限制了农村劳动力的职业选择和工作地点（Lu，2002）。一个极端的例子是把城市"知识青年"送到农村的运动。在这一政府授权的逆城市化运动中，1962～1978 年，1800 万 16～20 岁的年轻人从城市迁移到农村（Bernstein & Olsen，2009；Kinnan et al.，2015）。1978 年以来，户籍制度改革减少了对劳动力流动的制约，大量农村劳动力从事非农就业。然而，与城市工人相比，农民工集中在低技能市场，面临着各种歧视（Meng & Zhang，2001；Li & Gu，2011；Démurger et al.，2012；Afridi et al.，2015）。

第二组文献研究了户籍制度对农村劳动力收入水平的影响。在改革开放后农村居民实际工资水平显著提高。但是与城市劳动力相比，农村劳动力的工资普遍由于"同工不同酬"而较低（Knight et al.，1999；Dong & Bowles，2002；Démurger et al.，2009；Li & Gu，2011；Meng，2012）。Meng 和 Zhang（2001）应用上海市社会科学院人口研究所1995～1996年的城市家庭调查数据，发现无论农村和城市劳动力分布的差异如何，户籍歧视对工资的影响都在50%左右，在同一行业内对工资差异的影响最高可达82%。Wang 和 Cai（2005）利用2000年第五次全国人口普查的数据，考察了户籍制度对农村劳动力的影响，发现在同一职业上，农村劳动力与城镇劳动力的工资差异为39%。然而，Knight 和 Yueh（2004）认为，与城市居民相比，职业转换可以显著增加农村劳动者的收入。值得注意的是，目前比较城乡劳动力工资差异的研究更多是基于单位小时工资的比较，而不是基于可支配收入的比较。排除个人所得税将严重低估对农村劳动力的歧视程度。总体来看，虽然户籍制度改革以来农村劳动力收入水平有所提高，但城乡劳动力收入差距仍然明显。

第三组文献关注的是户籍制度对农村劳动力就业空间迁移的影响。在将劳动力市场划分为城乡两部分的情况下，非农就业和农业劳动力转移只能在边际上实现（Cai，2018）。从地域上看，伴随着户籍制度改革，农村劳动力的转移主要集中在华东地区，其次是中西部地区（NBS，2018）。此外，通过分析2000～2013年中国123个主要城市的面板数据，Yang（2017）发现，大城市的户籍制度改革并没有吸引劳动力流入，而是促使劳动力外流，这是相对严格的行政约束的结果。东部地区主要城市的落户门槛和户籍限制高于中西部地区，因此大量农村劳动力转移到中西部地区。

第四组研究为户籍制度改革如何影响农村劳动力的社会保障和福利提供了证据。户籍制度导致了城乡分开的社会保障制度，并加深了这种福利安排在社会保障水平、教育机会和住房等方面的不平等（Hertel & Zhai，2006；Sun et al.，2011；Tombe & Zhu，2019）。自逐步放宽户籍限制以来，农村劳动力在城市定居和平等享受社会保障的机会增加了（Meng，2000；Song，2014；Garriga et al.，2017；Chen & Yuan，2018）。

综上所述，大多数研究发现，户籍制度（尽管在改革后时期已经放宽）仍然在对农村向城市的人口迁移方面产生较大的不利影响。然而，这些研究主要集中在对城市的影响上，我们在本章从农村的角度重新审视这一问题。

二　实证经验模型说明

虽然农村人口向城市的迁移受城、乡两方面的情况影响，但农村人口迁移的决策主要是在农村地区进行。从这个意义上说，必须考察户籍政策对农村劳动力非农就业的影响，可以从农村家庭入手。

根据 Meng、Zhang（2001）和 Démurger 等（2009）的研究，我们假设农村劳动力选择非农就业是户籍政策限制的函数（见公式 5.1）。

$$Y_{hrt} = \alpha_0 + \beta_1 HP_{hrt} + \beta_2 HS_{hrt} + \gamma_1 age_{hrt} + \gamma_2 Marry_{hrt} + \gamma_3 lbr_{hrt} + \gamma_4 man_{htr}$$
$$+ \gamma_5 area_{hrt} + \gamma_6 lnWageGap_{hrt} + \gamma_7 T_t + \gamma_8 D_h + \gamma_9 D_r + \varepsilon_{hrt} \qquad （公式 5.1）$$

在公式 5.1 中，Y_{hrt} 表示 t 时 r 地区农村家庭 h 的非农就业占家庭总劳动的比重。HP_{hrt} 和 HS_{hrt} 表示城市地区可能影响农村家庭非农就业选择的两种家庭限制政策，分别为：与就业相关的限制政策和与定居相关的限制政策。我们区分这两种限制政策，是因为我们预计它们可能会产生不同的影响。

HP_{hrt} 和 HS_{hrt} 这两个变量值得进一步解释，因为它们是我们研究中最重要的因变量。首先，为了衡量农户面临的就业相关限制政策的变化，我们收集了各省、自治区、直辖市的所有农民工的就业相关政策，并根据其限制程度分为三类，政策得分可为 1~3 分，其中 1 分为限制性最强的政策，3 分为限制性最弱的政策。[①] 其次，城市地区的限制政策对农村劳动者选择非农就业的影响，通常取决于他们选择非农就业的地点。为了反映这一点，我们需要将农村劳动者家乡到其省会城市的距离纳入。最后，农民工到某一特定城市从事非农就业的概率也很重要。根据中国农业政策研究中心（CCAP）的农户调查，80% 以上的农村劳动者选择在自己居住的省份内就

---

① 对于各省份就业限制和定居限制政策的更详细定义，以及我们如何为不同类型的限制政策评分，请参见附录 5.1。

业，因此不宜给予省内和省际的非农就业同样的权重。因此，我们使用同一村庄的农村劳动力在省内和省际转移从事非农就业的比例作为权重（见公式 5.2）。

$$HP_{hrt} = \sum_P \frac{HP_{pt}}{Dist_{rpt}} \times MigShr\_inprovince + \sum_{-P} \frac{HP_{-pt}}{Dist_{r-pt}} \times MigShr\_outprovince$$

（公式 5.2）

在公式 5.2 中，HP_{pt} 为 p 省农村劳动力在 t 时面临的与就业相关的综合限制政策指标，HP_{-pt} 为 $-p$ 省的城市地区与就业相关的限制政策指标。$Dist_{rpt}$ 和 $Dist_{r-pt}$ 表示样本村庄距 p 省省会城市的距离，p 和 $-p$ 分别表示本省和外省。$MigShr\_inprovince$ 和 $MigShr\_outprovince$ 分别表示非农就业在 p 省省内的比例以及外出到 $-p$ 省的比例。

用于衡量定居相关限制政策变化的方法类似，见公式 5.3。

$$HS_{hrt} = \sum_P \frac{HS_{pt}}{Dist_{rpt}} \times MigShr\_inprovince + \sum_{-P} \frac{HS_{-pt}}{Dist_{r-pt}} \times MigShr\_outprovince$$

（公式 5.3）

在公式 5.3 中，HS_{pt} 和 HS_{-pt} 表示与定居相关的限制政策，而其他变量的含义与公式 5.2 相同。

除了家庭限制政策外，还有许多其他因素影响农村劳动力的非农就业决策。如果不将这些因素纳入公式 5.1，将产生一些重要的计量问题。在我们的研究中，我们将这些控制变量分为三组，并将它们包含在公式 5.1 中。

第一组控制变量包括城乡收入差距的对数，$ln\_WageGap_{hrt}$，这是按照公式 5.4，根据农村居民人均收入与 28 个省会城市的人均可支配收入之比计算出来的。

$$ln\_WageGap_{hrt} = ln(rural\_wage_{hrt}/urban\_wage_{hrt}) \qquad （公式 5.4）$$

在公式 5.4 中，$rural\_wage_{hrt}$ 是农民家庭的人均收入。需要注意的是，除抽样年份（2000 年、2008 年和 2013 年）外，其他年份的人均收入是根据《中国统计年鉴》（NBS，各年份 [a]）和《中国农村统计年鉴》（NBS，各年份 [b]）中的数据估算，农村居民消费者价格指数（CPI）转化为 2000 年不变价。$urban\_wage_{hrt}$ 是指全国 28 个省会城市的人均可支配收入。

具体来说，在根据以 2000 年不变价为基础的农村消费者价格指数，利用统计年鉴中的数据，用距离和农村劳动力比例作为权重，通过公式 5.5 计算得到 $urban\_wage_{hrt}$。

$$urban\_wage_{hrt} = \sum_{P} \frac{city\_inc_{pt}}{Dist_{rpt}} \times MigShr\_inprovince$$
$$+ \sum_{-P} \frac{city\_inc_{r-pt}}{Dist_{r-pt}} \times MigShr\_outprovince \qquad （公式 5.5）$$

第二组控制变量反映了农村家庭的特征，其中包括 age_{hrt}，抽样农户中所有劳动力的平均年龄。$Marry_{hrt}$，即每户已婚人数占样本户均人数的比重；lbr_{hrt} 是 16～65 岁劳动年龄人口占农户总人数的比重，man_{hrt} 指男性占农户总人数的比重。

第三组控制变量描述了家庭农业生产的特点：$area_{hrt}$ 是指每个农户经营的土地总面积。

除了上述三组控制变量外，我们还控制了家庭特定效应和时间特定效应，通过使用虚拟变量，减少了遗漏变量的影响。具体来说，D_h 是一个随着时间推移而保持一致的农村家庭和地点特征的向量，T_t 是控制各年宏观经济形势对农村劳动力非农就业影响的虚拟变量。

为了有效地估计公式 5.1，我们需要处理两个潜在的计量问题。首先，用于描述就业相关限制的变量与描述定居相关限制的变量可能是高度相关的，因此会产生多重共线性问题。为了解决这个问题，我们使用前者与后者之比 HS_{hrt}/HP_{hrt} 来代替 HS_{hrt}。新变量的待估参数描述的将是就业相关限制政策与定居相关限制政策的效果差异。其次，使用普通最小二乘法（OLS）公式 5.1 的估计可能存在遗漏变量问题，因为影响农村劳动者非农就业决策的许多其他家庭或地区层面的因素没有在我们的模型中得到很好的反映。为了解决这个问题，我们采用面板数据固定效应模型来估计公式 5.1。我们承认，这种处理方法只有通过消除这些不随时间变化的变量才能有助于减少遗漏变量问题，因此我们使用时间虚拟变量来纳入时变因素。最后，人们普遍认为，户籍政策可能会对不同类型的非农就业选择产生不同的影响。特别是理论上，兼职的非农就业不太可能受到与定居有关的限制政策的影响，为了描述这种影响，我们通过使用另一个因变量——全职非农就业和兼职非农就业之比，来区分两种类型的非农就业。根据公式 5.1，得到公式

5.6 和公式 5.7。

$$ln\_OffFarm_{hrt} = \alpha_0 + \beta_1 HP_{hrt} + \beta_2 HS_{hrt}/HP_{hrt} + \gamma_1 age_{hrt} + \gamma_2 Marry_{hrt}$$
$$+ \gamma_3 lbr_{hrt} + \gamma_4 man_{hrt} + \gamma_5 area_{hrt} + \gamma_6 lnWageGap_{hrt} \quad (公式 5.6)$$
$$+ \gamma_7 T_t + \gamma_8 D_h + \gamma_9 D_r + \varepsilon_{hrt}$$

$$ln\_FOffFarm_{hrt} = \alpha_0 + \beta_1 HP_{hrt} + \beta_2 HS_{hrt}/HP_{hrt} + \gamma_1 age_{hrt} + \gamma_2 Marry_{hrt}$$
$$+ \gamma_3 lbr_{hrt} + \gamma_4 man_{hrt} + \gamma_5 area_{hrt} + \gamma_6 lnWageGap_{hrt}$$
$$+ \gamma_7 T_t + \gamma_8 D_h + \gamma_9 D_r + \varepsilon_{hrt}$$

$$(公式 5.7)$$

在公式 5.6 中，$ln\_OffFarm_{hrt}$ 指的是非农就业，用非农就业人口占农户总人口比重表示。类似地，在公式 5.7 中，$ln\_FOffFarm_{hrt}$ 表示全职非农就业，用全职非农就业人口占农户总劳动力数量之比表示。就业相关限制政策和定居相关限制政策分别用 HP_{hrt} 和 HS_{hrt}/HP_{hrt} 表示，用后一个变量的原因是考虑到两类政策的多重共线性。

基于公式 5.6 和公式 5.7，我们提三个假设检验。首先，HP_{hrt} 和 HS_{hrt}/HP_{hrt} 变量的待估参数为正（负）则意味着户籍政策的放松（即更高的综合限制政策得分）会导致农村劳动力的非农就业意愿提升（降低）。其次，HS_{hrt}/HP_{hrt} 变量的待估参数如果显著为正，那就表明农村劳动力非农就业决策受定居政策限制的影响更大。最后，当对全职和兼职非农就业进行区分后，就可以看出户籍政策的放松对农村劳动力选择全职和兼职非农就业的不同影响。

三 数据来源和描述性统计

本章使用数据的两个主要来源：中国科学院农业政策研究中心和北京大学微观农户调查数据（CCAP），以及不同来源的省级官方统计数据。这些数据主要用于描述农村劳动力面临的户籍制度变化和城乡收入差距。这两组数据的时间跨度均为 1981～2013 年。

CCAP 农户调查数据来自 2000 年、2008 年和 2013 年开展的 3 次重复性调查。根据省人均工业产值的排名，采用多阶段分层抽样方法，随机选取中国主要农业区 6 个省（河北、陕西、辽宁、浙江、四川和湖北）的 30 个县60 个村共 1200 个农户。

这项调查收集了 6 个省的样本农户家庭特征、二地利用、投入品的使用、农业生产产出、每个家庭成员的非农就业及其收入等信息。

其中，非农就业分为当前就业状况和非农就业历史。除因自然灾害等不可控原因无法跟踪的农户外，3 次调查共取得 1063 个有效农户数据样本。我们在此基础上整理出 1981~2013 年 33 年的平衡面板数据（关于抽样农户的更多信息，见附录 5.2）。

利用农户调查数据，首先根据每个人目前的就业状况和他们的非农就业历史来界定农村劳动力的非农就业状态。具体来说，根据 Brauw 等（2002）对非农就业的定义，我们将兼职非农就业（定义为参与农业生产的同时具有非农收入）与全职非农就业（定义为不再从事农业生产并从非农就业中取得全部收入）作出区分。此外，我们还定义了另外 8 个变量：与就业有关的户籍政策、与定居有关的户籍政策、家庭平均年龄、每户已婚人口比例、每户劳动力比例、每户男性农业劳动力比例、每户经营土地面积和城乡工资差距。

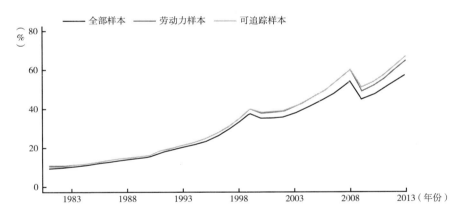

图 5.1　1981~2013 年中国农村非农就业相对占比变化

注：虽然由于回忆数据的不可靠性，我们的时间序列数据在 2000 年和 2008 年出现"断崖"，但它们不会影响我们的结果。为了验证这一点，我们在附录 5.3 中进行了稳健性检验，其中有两个虚拟变量在回归中得到了控制，结果与我们的发现一致。

资料来源：作者使用 CCAP 调查数据计算得到。

图 5.1 显示了 1981~2013 年，家庭层面的非农业就业占农村劳动力总量的平均比例的变化趋势，而图 5.2 则描述了兼职与全职非农业就业的相对比例。1981~2013 年，非农就业占农村劳动力总量的比例从约 10% 上升到 60% 以上。此外，全职非农就业与兼职非农就业相比，随时间推移占比增加

更快。这意味着非农就业的增加主要来自全职非农就业的增加。值得注意的是，在图 5.1 和图 5.2 中出现了两个迅速下降的时点（分别在 2000 年和 2008 年），这主要是由于农户对就业历史的回忆出现错误，不影响对非农就业总体趋势的估计。

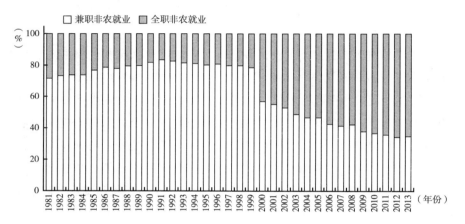

图 5.2　1981～2013 年兼职与全职非农就业

注：2000 年和 2008 年出现"断崖"。

资料来源：作者使用 CCAP 调查数据计算得到。

　　人们普遍认为，影响农村劳动力选择非农就业的两个重要因素是城乡工资差距和户籍制度。在对因果关系进行分析之前，不妨先看一下这两个因素与农村劳动力在农户层面的平均非农就业比例之间的关系。如图 5.3 和图 5.4 所示，随着城乡收入差距的扩大，以及户籍限制的放宽，非农就业的平均比例一直在增加。这意味着进一步放宽户籍限制可能会增加农村劳动力非农就业的可能性。虽然这些直观的观察有一定价值，但还需要更深入的回归分析来检验我们的假设。

　　最后，对于其他控制变量，表 5.1 提供了关键变量的描述性统计结果，解释了在 2000 年、2008 年和 2013 年这 3 个调查年份之间这些变量随时间的变化情况。总体来看，两类政策平均得分的上升表明，户籍政策按照改革路径逐步变得宽松。另外值得注意的是，与就业有关的限制政策比与定居有关的限制政策放宽得更快。由于工资变量是以农村－城市收入比来衡量的，因此工资变量的平均值从 2000 年的 0.63 增加到 2013 年的 0.31，意味着这段

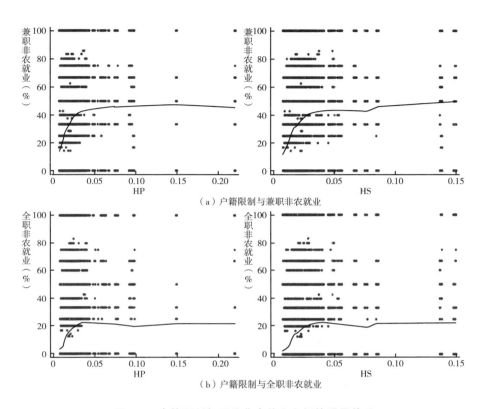

图 5.3　户籍限制与平均非农就业之间的明显关系

资料来源：作者使用 CCAP 调查数据计算得到。

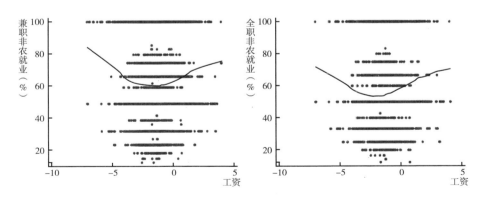

图 5.4　城乡收入差距与平均非农就业之间的明显关系

资料来源：作者根据 CCAP 调查数据计算得到。

时间城乡收入差距的扩大。土地面积由 6.34 亩减少到 5.61 亩。劳动力占农户总人口比重从 53.81% 提高到 56.92%，这可能有利于非农就业。

表 5.1　2000 年、2008 年和 2013 年关键变量的描述性统计

变量	1981~2013 年		2000 年		2008 年		2013 年	
	均值	标准差	均值	标准差	均值	标准差	均值	标准差
农业劳动力占比(%)	69.41	35.94	63.25	36.60	44.20	36.67	40.79	39.41
兼职非农劳动力占比(%)	17.04	28.00	21.34	31.37	23.80	31.62	20.49	30.76
全职非农劳动力占比(%)	13.55	27.29	15.41	27.19	32.00	34.62	38.72	38.67
就业户籍政策	0.02	0.02	0.02	0.01	0.03	0.02	0.04	0.03
定居户籍政策	0.02	0.02	0.02	0.01	0.03	0.03	0.03	0.03
家庭平均年龄(年)	29.35	9.61	30.68	7.50	37.33	8.20	39.71	8.44
已婚家庭成员占比(%)	72.51	21.90	73.31	22.19	69.99	21.46	77.83	17.21
劳动力占比(%)	53.87	24.76	53.81	21.23	55.71	25.01	56.92	27.30
男性农业劳动力占比(%)	50.18	16.25	49.92	16.97	50.14	16.94	49.31	17.31
土地面积(亩)	6.22	9.78	6.34	7.55	6.31	14.88	5.61	6.89
农村 - 城市收入比(%)	0.62	2.02	0.63	1.71	0.40	2.01	0.31	1.17
样本数	35079		1063		1063		1063	

资料来源：作者根据 CCAP 调查数据计算得到。

四　实证结果：户籍政策对非农就业的影响

我们要回答的基本问题是，户籍政策对农村劳动力非农就业有何影响？为了回答这个问题，我们应用面板数据来估计公式 5.6 和公式 5.7，分别以就业政策和定居政策对农村劳动力非农就业的影响进行定量研究。表 5.2 给出了使用 OLS 回归和固定效应面板回归得到的估计结果。

表 5.2　回归结果

变量	非农就业		全职非农就业		兼职非农就业	
	(1) OLS	(2) 固定效应	(3) OLS	(4) 固定效应	(5) OLS	(6) 固定效应
HP_{hrt}	0.378 ***	0.440 ***	0.305 ***	0.393 ***	0.050 ***	0.011
	(0.015)	(0.006)	(0.013)	(0.005)	(0.014)	(0.017)

续表

变量	非农就业		全职非农就业		兼职非农就业	
	（1）OLS	（2）固定效应	（3）OLS	（4）固定效应	（5）OLS	（6）固定效应
HS_{hrt}/HP_{hrt}	0.254 ***	0.276 ***	0.157 ***	0.188 ***	0.084 ***	0.060 **
	（0.022）	（0.009）	（0.019）	（0.007）	（0.024）	（0.025）
age_{hrt}	− 0.000 *	− 0.000	− 0.000	− 0.000 ***	0.000 ***	0.005 ***
	（0.000）	（0.000）	（0.000）	（0.000）	（0.000）	（0.001）
$Marry_{hrt}$	− 0.003 ***	− 0.002 ***	− 0.001 **	− 0.000 ***	− 0.002 ***	− 0.002 ***
	（0.000）	（0.000）	（0.000）	（0.00C）	（0.000）	（0.000）
Ibr_{hrt}	0.002 ***	0.001 ***	0.001 ***	0.001 ***	0.000	− 0.000
	（0.000）	（0.000）	（0.000）	（0.000）	（0.000）	（0.000）
man_{hrt}	0.000	0.001 ***	0.000	0.001 ***	− 0.000	− 0.000
	（0.000）	（0.000）	（0.000）	（0.000）	（0.000）	（0.000）
$lnWageGap_{hrt}$	0.002	0.003 ***	0.002 ***	0.004 ***	0.005 ***	0.005 ***
	（0.002）	（0.001）	（0.001）	（0.000）	（0.001）	（0.001）
$area_{hrt}$	0.000	0.000	− 0.000	− 0.000 *	0.001 *	0.001 **
	（0.000）	（0.000）	（0.000）	（0.000）	（0.000）	（0.000）
Constant	1.634 ***	1.878 ***	1.167 ***	1.508 ***	0.407 ***	0.187 **
	（0.132）	（0.093）	（0.065）	（0.024）	（0.065）	（0.087）
Observations	33355	33355	33355	33355	33355	33355
Number of hhcode	1011	1011	1011	1011	1011	1011
R-squared		0.275		0.275		0.049

注：＊＊＊$p<0.01$，10% 水平上统计显著；＊＊$p<0.05$，5% 水平上统计显著；＊$p<0.1$，1% 水平上统计显著。括号内为标准差。

第一，利用农户层面的非农就业占总劳动的平均比例，考察了与就业相关的限制政策和与定居相关的限制政策对农村劳动力选择非农就业的影响。在控制家庭特征的情况下，基于与家庭固定效应的面板回归的就业相关限制政策的估计系数在 1% 的水平上显著为正。这意味着，放宽与就业有关的限制政策，有助于提高农村劳动力选择非农就业的比例。此外，与定居有关的限制政策和与就业有关的限制政策的估计系数在 1% 的水平上也显著为正，这意味着放宽与定居相关的限制政策，与放宽与就业相关的限制政策相比，可能会产生更大的影响。

第二，进一步以全职非农就业占农户总劳动的平均比例作为因变量，重新估计。如表 5.2（第 3 栏和第 4 栏）所示，与就业有关的限制政策和与定居有关的限制政策对农村劳动力非农就业的影响接近于非农就业总量的影响。与就业有关的限制政策和与定居有关的限制政策的估计系数在 1% 的水平上显著为正。此外，当因变量为兼职非农就业占总劳动力的比例时，估计的结果似乎有所增加。这意味着，家庭限制政策对农村劳动力的全职非农就业选择的影响，可能远大于对其兼职非农就业选择的影响。

第三，虽然放宽与就业有关的限制政策和与定居相关的限制政策将有助于提高非农就业的平均水平，定居限制的影响与增加非农就业的关系更为密切。根据表 5.2 给出的估计值，在以非农就业总体为观察对象时（第 1 列和第 2 列），HS_{hrt}/HP_{hrt} 变量显著为正的参数估计值表明，定居相关的政策限制的效应要比就业相关限制高出 25.4% ~ 27.6%。而对于全职非农就业分组数据（第 3 列和第 4 列），HS_{hrt}/HP_{hrt} 变量显著为正的参数估计值表明，定居相关的政策限制的效应要比就业相关限制高出 15.7% ~ 18.8%。

在控制变量方面，农村－城市工资差距的参数估计值显著为正，说明工资差距是影响非农就业选择的重要因素之一。比较基于公式 5.6 和公式 5.7 的估计，当因变量为全职非农就业的平均比重时，工资差距的系数大于当非农就业占总劳动力的平均比例为因变量时的系数。这表明工资差距可能对全职非农就业产生更大的影响。家庭平均年龄的参数显著为负，这表明农户家庭平均年龄对非农就业负相关。根据表 5.2 的第 1 ~ 4 列，已婚者在农户人口中的比例对非农就业的影响显著为负。此外，劳动力在农户人口中所占比例的参数显著为负，这意味着随着劳动力所占比例的增加，非农就业的平均比例也将增加。另外如表 5.2 所示，在农户层面，男性在总人口中的平均比例的系数显著为正，表明男性比例较高的家庭更有可能参与非农就业。

五 结束语

本章利用 1981 ~ 2013 年的家庭层面数据，研究了户籍政策对农村劳动力非农就业的影响。本研究有三个主要贡献。一是我们构建了 1981 ~ 2013 年家庭层面的非农就业面板数据集，该数据集使我们能够研究户籍制度对农村劳动力非农就业的长期影响。二是编制了综合指标，反映改革开放后户籍制度的跨时期、跨地区变化和政策改革的潜在影响。三是我们没有从城市的角度进行分析，而是集中在农村方面，试图调查户籍改革下农户的行为。

研究表明，改革开放后，在不考虑城乡工资差距、农户层面特征等因素影响的情况下，随着户籍政策的放松，农村劳动力的非农就业是呈上升趋势的。特别是在将全职非农就业与兼职非农就业分开的情况下，我们发现全职非农就业更容易受到定居相关政策的限制。这意味着与户籍制度有关的制度障碍仍然是阻碍城乡劳动力市场一体化的重要阻碍。为促进人口的城镇化，仍需要进一步的改革。

参考文献

Afridi, F. Li, S. and Ren, Y. (2015), Social identify and inequality: The impact of China's hukou system, *Journal of Public Economics* 123(3): 17–29.

Bazzi, S., Gaduh, A., Rothenberg, A.D. and Wong, M. (2016), Skill transferability, migration, and development: Evidence from population resettlement in Indonesia, *American Economic Review* 106(9): 2658–98. doi.org/10.1257/aer.20141781.

Beegle, K., De Weerdt, J. and Dercon, S. (2011), Migration and economic mobility in Tanzania: Evidence from a tracking survey, *Review of Economics and Statistics* 93(3): 1010–33. doi.org/10.1162/REST_a_00105.

Bergmann, B.R. (1971), The effect on white incomes of discrimination in employment, *Journal of Political Economy* 79(2): 294–313. doi.org/10.1086/259744.

Bernstein, M. and Olsen, K.A. (2009), Identity deployment and social change: Understanding identity as a social movement and organizational strategy, *Sociology Compass* 3(6): 871–83.

Bonnin, M. (2014), The lost generation: The rustication of China's educated youth (1968–1980), *The China Quarterly* 218: 551–89.

Bosker, M., Brakman, S., Garretsen, H. and Schramm, M. (2012), Relaxing hukou: Increased labor mobility and China's economic geography, *Journal of Urban Economics* 72(2): 252–66. doi.org/10.1016/j.jue.2012.06.002.

Brauw A., Huang J. and Rozelle S. (2002), *The evolution of China's rural labor markets during the reforms*, Department of Agricultural and Resource Economics, UC Davis Working Paper (02-003).

Brown, R.S., Moon, M. and Zoloth, B.S. (1980), Incorporating occupational attainment in studies of male–female earnings differentials, *Journal of Human Resources* 28: 3–28. doi.org/10.2307/145344.

Bryan, G., Chowdhury, S. and Mobarak, A.M. (2014), Underinvestment in a profitable technology: The case of seasonal migration in Bangladesh, *Econometrica* 82(5): 1671–748. doi.org/10.3982/ECTA10489.

Cai, F. (2018), Perceiving truth and ceasing doubts: What can we learn from 40 years of China's reform and opening up?, *China & World Economy* 26(2): 1–22. doi.org/10.1111/cwe.12234.

Cai, F., Wang, D. and Du, Y. (2002), Regional disparity and economic growth in China: The impact of labor market distortions, *China Economic Review* 13(2): 197–212. doi.org/10.1016/S1043-951X(02)00072-X.

Cai, H., Chen, Y., Fang, H. and Zhou, L.-A. (2015), The effect of microinsurance on economic activities: Evidence from a randomized field experiment, *Review of Economics and Statistics* 97(2): 287–300. doi.org/10.1162/REST_a_00476.

Chan, K.W. and Zhang, L. (1999), The hukou system and rural–urban migration in China: Processes and changes, *The China Quarterly* 160: 818–55. doi.org/10.1017/S0305741000001351.

Chen, Y.P. and Yuan, Z. (2018), A decomposition method on employment and wage discrimination and its application in urban China (2002–2013), *World Development* 110: 1–12.

de Brauw, A.D. and Giles, J.T. (2006), *Migrant labor markets and the welfare of rural households in the developing world: Evidence from China*, IZA Discussion Papers No. 6765, Frankfurt am Main: Institute of Labor Economics.

Démurger, S., Gurgand, M., Li, S. and Yue, X. (2009), Migrants as second-class workers in urban China? A decomposition analysis, *Journal of Comparative Economics* 37(4): 610–28. doi.org/10.1016/j.jce.2009.04.008.

Démurger, S., Li, S. and Yang, J. (2012), Earnings differentials between the public and private sectors in China: Exploring changes for urban local residents in the 2000s, *China Economic Review* 23(1): 138–53. doi.org/10.1016/j.chieco.2011.08.007.

Dong, X. and Bowles, P. (2002), Segmentation and discrimination in China's emerging industrial labour market, *Chinese Economic Review* 13(2–3): 170–196.

Fan, Y. (2015), *Does adversity affect long-term consumption and financial behaviour? Evidence from China's rustication programme*, LSE Working Paper, London: London School of Economics.

Garriga, C., Tang, Y. and Wang, P. (2017), *Rural–urban migration, structural transformation, and housing markets in China*. CCAP Working Paper No. 2014-028.

Golley, J. (2002), Regional patterns of industrial development during China's economic transition, *Economics of Transition* 10(3): 761–801. doi.org/10.1111/1468-0351.t01-1-00133.

Greenwood, D.T. and Holt, R.P.F. (2010), Growth, inequality and negative trickle down, *Journal of Economic Issues* 44(2): 403–10. doi.org/10.2753/JEI0021-3624440212.

Hertel, T.W. and Zhai, F. (2006), Labor market distortions, rural–urban inequality and the opening of China's economy, *Economic Modelling* 23: 76–109.

Karlan, D., Osei, R., Osei-Akoto, I. and Udry, C. (2014), Agricultural decisions after relaxing credit and risk constraints, *The Quarterly Journal of Economics* 129(2): 597–652. doi.org/10.1093/qje/qju002.

Kinnan, C., Wang, S.Y. and Wang, Y. (2015), *Relaxing migration constraints for rural households*, NBER Working Papers No. 21314, Cambridge, MA: National Bureau of Economic Research. doi.org/10.3386/w21314.

Knight, J., Song, L. and Jia, H. (1999), Chinese rural migrants in urban enterprises: Three perspectives, *Journal of Development Studies* 35(3): 73–104.

Knight, J. and Yueh, L. (2004), Job mobility of residents and migrants in urban China, *Journal of Comparative Economics* 32(4): 637–60.

Krugman, P. and Venables, A.J. (1995), Globalization and the inequality of nations, *The Quarterly Journal of Economics* 110(4): 857–80. doi.org/10.2307/2946642.

Lewis, W.A. (1954), Economic development with unlimited supplies of labor, *The Manchester School* 22(2): 139–91. doi.org/10.1111/j.1467-9957.1954.tb00021.x.

Li, J. and Gu, Y. (2011), Hukou-based stratification in China's urban labour market, *Sociological Studies* 2011(2): 52–81.

Liu, Y. (2011), An econometric model of disequilibrium unemployment in urban China, *Econometrics* 101(9): 17–29.

Lu, J. (2002), Social development coming into a new stage: Analysis of societal situation 2001–2002, in X. Ru, X. Lu and P. Li (eds), *Blue Book of Chinese Society* (Analysis and Predictions of Chinese Society). Beijing: Social Science Publishing House.

Lu, M. and Chen, Z. (2004), Urban-biased economic policies and urban-rural inequality, *Economic Research Journal* 2004(6): 50–8.

Meng, X. (1998), Male–female wage determination and gender wage discrimination in China's rural industrial sector, *Labour Economics* 5(1): 67–89. doi.org/10.1016/S0927-5371(97)00028-6.

Meng, X. (2000), *Labour market reform in China*, Cambridge: Cambridge University Press.

Meng, X. (2012), Labour market outcomes and reforms in China, *Journal of Economic Perspectives* 26(4): 75–101. doi.org/10.1257/jep.26.4.75.

Meng, X., Gregory, R. and Wang, Y. (2005), Poverty, inequality, and growth in urban China, 1986–2000, *Journal of Comparative Economics* 33(4): 710–29. doi.org/10.1016/j.jce.2005.08.006.

Meng, X. and Kidd, M.P. (1997), Labour market reform and the changing structure of wage determination in China's state sector during the 1980s, *Journal of Comparative Economics* 25(3): 403–21. doi.org/10.1006/jcec.1997.1481.

Meng, X. and Zhang, D. (2010), Labour market impact of large-scale internal migration on Chinese urban 'native' workers, *IZA Discussion Paper* No. 5288.

Meng, X. and Zhang, J. (2001), The two-tier labour market in urban China: Occupational segregation and wage differentials between urban residents and rural migrants in Shanghai, *Journal of Comparative Economics* 29(3): 485–504. doi.org/10.1006/jcec.2001.1730.

National Bureau of Statistics (2018), Migrant workers monitoring survey report, available from: www.stats.gov.cn/tjsj/zxfb/201904/t20190429_1662268.html.

National Bureau of Statistics of China (NBS) (various years[a]), *China Statistics Yearbook*, Beijing: China Statistics Press.

National Bureau of Statistics of China (NBS) (various years[b]), *China Rural Statistical Yearbook*, Beijing: China Statistics Press.

Seeborg, M.C., Jin, Z. and Zhu, Y. (2000), The new rural–urban labour mobility in China: Causes and implications, *The Journal of Socio-Economics* 29(1): 39–56.

Song, J. and Li, S. (2014), Hukou's impact on labor occupation segmentation, *China Agricultural Economic Review* 6(3): 506–22. doi.org/10.1108/CAER-05-2013-0081.

Song, Y. (2014), What should economists know about the current Chinese *hukou* system?, *China Economic Review* 29: 200–12.

Sun W., Bai, C. and Xie, P. (2011), The effect on rural labor mobility from registration system reform in China, *Economic Research Journal* 2011(1): 28–41.

Todaro, M.P. (1969), A model of labor migration and urban unemployment in less developed countries, *American Economic Review* 59(1): 138–48.

Tombe T. and Zhu X. (2019), Trade, migration, and productivity: A quantitative analysis of China, *American Economic Review* 109(5): 1843–72.

Wan, H. and Li, S. (2013), The effects of household registration system discrimination on urban–rural income inequality in China, *Economic Research Journal* 9: 43–55.

Wang, M. and Cai, F. (2005), Gender wage differentials in China's urban labour market, *Economic Research Journal* 146: 1–25.

Wang, X.B., Huang, J.K. and Rozelle, S. (2017), Off-farm employment and agricultural specialization in China, *China Economic Review* 42: 155–65. doi.org/10.1016/j.chieco.2016.09.004.

Whalley, J. and Zhang, S. (2004), *Inequality change in China and (hukou) labor mobility restrictions*, NBER Working Papers No. 10683, Cambridge, MA: National Bureau of Economic Research. doi.org/10.3386/w10683.

Yang, X. (2017), The impact of household registration system reform on population immigration of big cities in China: An empirical study based on urban panel data from 2000 to 2014, *Urban Problems* 2017(1): 70–77.

附录 5.1　户籍政策分类和评分方法

从 1958 年以来户籍制度改革的历史沿革出发（不包括西藏、新疆、甘肃、香港、澳门、台湾），梳理了 28 个省区市的所有相关政策，我们发现，与就业相关和与定居相关的限制政策是非农就业的重要行政相关因素。本章所指的户籍制度分为两类：与就业相关的限制政策和与定居相关的限制政策。根据限制程度，每一类又分为三组。每一组的得分为 1 ~ 3 分，其中 1 分表示限制最严格，3 分表示限制最不严格。当年户籍制度属于 A 类的得 1 分；属于 B 类的得 2 分；属于 C 类的得 3 分。我们根据户籍制度随时间演变的量化指标来定义不同分组的分数，因此我们可以进行量化比较（尽管方法很简单）。表 A5.1 提供了 1981 ~ 2013 年 28 个省区市的就业限制和定居限制户籍政策的详细定义和得分。

表 A5.1　户籍政策分类和评分方法

政策分类	就业相关	定居相关	政策效应评分
A	允许农村劳动力外出务工,但是对就业类型有限制,要求提供"流动人员就业证"或"流动人员就业卡"	外来人口在具备以下条件下可申请转定居:在城市生活一段时间后、具有合法工作并缴纳 6 个月社保、投靠当地户籍亲戚、连续学习超过 6 个月以上等	1
B	允许农村劳动力外出务工,对就业类型无限制,但要求提供临时居住证,办理临时居住证需要提供常驻地址(可以是租赁房屋)与合法的工作证明,一般来说外来人口无法享受城市当地居民的福利	在定居后如果有稳定的工作和连续缴纳社保超过 5 年,子女可享受学前教育和义务教育	2
C	办理临时居住证只需要提供身份证信息或其他有效身份证明,外来人口可享受当地部分福利	在一些中小城市,在定居并连续缴纳一定年限社保后,农村劳动者及其配偶、未婚子女、父母都可转入当地户籍	3

注：梳理自 1958 年以来的相关政策，以及 1981 ~ 2018 年各省区市的做法，未将西藏、新疆、甘肃、香港、澳门、台湾相关材料纳入讨论。

附录 5.2　2008 年、2013 年调查样本农户的分布

表 A5.2 总结了 CCAP 第 2、3 次调查的农户分布情况。

表 A5.2　2008 年、2013 年调查样本农户的分布

省份	样本农户数	2008 年		2013 年	
		现场访谈	电话访谈	现场访谈	电话访谈
全国	1063	999	64	972	91
河北	177	173	4	173	4
陕西	192	175	17	180	12
辽宁	192	184	8	168	24
浙江	180	177	13	153	27
四川	150	147	3	143	7
湖北	172	153	19	155	17

资料来源：作者根据 CCAP 数据整理。

附录 5.3　对 2000 年、2008 年数据断崖处的稳健性检验

表 A5.3　对 2000 年、2008 年数据的纳入虚拟变量的回归结果

变量	非农就业		全职非农就业	
	（1）OLS	（2）固定效应	（3）OLS	（4）固定效应
HP_{hrt}	0.356 ***	0.420 ***	0.292 ***	0.382 ***
	（0.031）	（0.024）	（0.033）	（0.028）
HS_{hrt}/HP_{hrt}	0.250 ***	0.270 ***	0.164 ***	0.192 ***
	（0.033）	（0.031）	（0.030）	（0.030）
age_{hrt}	0.000	− 0.000	− 0.000	− 0.000 ***
	（0.000）	（0.000）	（0.000）	（0.000）
$Marry_{hrt}$	− 0.003 ***	− 0.003 ***	− 0.000 **	− 0.000
	（0.000）	（0.000）	（0.000）	（0.000）
lbr_{hrt}	0.002 ***	0.001 ***	0.001 ***	0.001 ***
	（0.000）	（0.000）	（0.000）	（0.000）
man_{hrt}	0.000	0.001	0.000	0.001 *
	（0.000）	（0.001）	（0.000）	（0.000）

续表

变量	非农就业		全职非农就业	
	（1） OLS	（2） 固定效应	（3） OLS	（4） 固定效应
$lnWageGap_{hrt}$	0.002	0.003	− 0.004 **	− 0.002
	（0.002）	（0.002）	（0.002）	（0.002）
$area_{hrt}$	0.000	0.000	− 0.000	− 0.000
	（0.000）	（0.001）	（0.000）	（0.001）
dum_2000_2008	0.036 ***	0.039 ***	0.005	0.009
	（0.009）	（0.009）	（0.008）	（0.008）
dum_2008_2013	0.066 ***	0.046 ***	0.072 ***	0.047 ***
	（0.009）	（0.009）	（0.010）	（0.008）
Constant	1.568 ***	1.821 ***	1.103 ***	1.456 ***
	（0.131）	（0.096）	（0.150）	（0.115）
Observations	33355	33355	33355	33355
Number of hhcode	1011	1011	1011	1011
R-squared		0.278		0.277

注：　*** $p < 0.01$，10% 水平上统计显著；** $p < 0.05$，5% 水平上统计显著；* $p < 0.1$，1% 水平上统计显著。括号内为标准差。

第6章　非标准就业：全球视角与中国城市劳动力市场的证据

王永洁

非标准就业（Nonstandard Employment，NSE）已成为当今世界劳动力市场的一个特点（ILO，2016）。早在 20 世纪 70 年代，欧洲、美国和澳大利亚等发达经济体就出现了非标准就业的增长（Allan，2000；Kalleberg，2000；Adams & Deakin，2014）。在亚洲也有证据表明非标准就业的发展，日本的非标准就业的比例在 1986～2008 年从 17% 上升到 34%，韩国的非标准就业的比例在 2002～2011 年从 27.4% 上升到 34.3%（转引自 Cookew & Brown，2015）。近年来，新的就业岗位和新的就业形式趋向于更加灵活和非标准化。例如，在经济合作与发展组织（OECD）国家中，1995 年以来的新增就业机会中，有一半以上是非标准就业；2013 年，这些国家中的非标准就业人数约占总就业人数的 1/3（OECD，2015）。在欧洲，2000 年以来产生的大多数新的就业岗位的形式都是非标准就业，如雇员分享、临时工作、基于信息和通信技术的在线工作、协作工作和群体就业等（Eurofound，2015）。在研究非标准就业的文献中，被解释为企业为节约成本、获得灵活性和筛选固定岗位员工所采取的策略；在经济结构层面上，这种趋势被归因于服务业的扩张、新技术的应用和对劳动力市场管制放松（Allan，2000；Houseman，2001；Bosch，2004；George & Chattopadhyay，2015）。一些研究将非标准就业的增长解释为对严格的劳动法和劳动力市场管制的回应（Schömann et al.，1998；Adams & Deakin，2014；Cooke & Brown，2015；Aleksynska & Berg，2016）。

非标准就业也已成为中国劳动力市场的一个重要特征，以电子商务、虚拟平台和任务为基础的非标准就业形式在中国已经普遍存在，成为就业增长的重要来源。2017 年，共享经济（涉及在线服务和交易的经济活动）就业人数近 720 万人，占中国城市劳动力市场新增就业人数的 9.7%。[①] 在民生政策框架中，中国政府对就业形势和积极的就业政策给予了高度重视，支持了灵活就业等新就业方式的发展。[②]

　　然而，非标准就业在我国学术界和政策界都是一个比较新的话题。迄今为止，中国国内对非标准就业的研究还很少。一些研究调查了新的就业形式（Yang & Wang，2018；Yang et al.，2018；Zhang，2018），或在概念层面描述了中国劳动关系的非标准化特征（Dong，2008；Li，2011；Ma et al.，2011；Yang & Ma，2014；Qian，2018）。目前对中国非标准就业的比重和特点的认识还很有限。本章旨在引起学术界对非标准就业在中国发展情况的更多关注。特别是在就业形式日趋多样化、灵活多变的时代，中国为促进就业增长而支持新就业形式的发展。如何适应和规范非标准就业、构建更具包容性和综合性的劳动力市场，这是非标准就业发展面临的一个重大难题，也是一个全球性挑战，因为标准就业是过去几十年的常态，也是劳动力市场管控的基础（Kalleberg，2000）。标准就业中，在法律层面上，劳动者不仅可以获得正常工资，还可以获得就业保护和社会保险，而非标准就业的保障机制往往更不稳定（Kalleberg，2003；Eichhorst & Tobsch，2014；Adams & Deakin，2014）。

　　由于非标准就业的重要性、复杂性和不稳定性，重点是要将其作为一个独立的就业类别，从而制定有针对性的政策，以适应其规模的扩大。本章将探讨非标准就业在中国的发展：从全球的角度和中国的实际情况来看，非标准就业是什么？中国非标准就业的规模和特点是什么？哪些人群更有可能涉入非标准就业？本章利用了 2016 年中国城市劳动力调查（CULS）的数据，相关政策含义将在本章结尾论述。

[①]　www. gov. cn/premier/2019 – 03/16/content_ 5374314. htm。

[②]　www. gov. cn/zhuanti/2017 – 10/27/content_ 5234876. htm。

一　什么是非标准就业

在讨论中国的非标准就业之前，有必要从概念层面对非标准就业进行界定。"非标准就业"一词可与"非传统就业""非常规就业""非典型就业""非标准就业"基本同义。当用来强调其不稳定和不利的一面时，非标准就业也常被称为"不稳定就业""边际就业""另类就业"等，但非标准就业是比这些术语更广的范畴。本节是关于学术界和国际机构对非标准就业定义的综述。

根据一个较早被广泛引用的非标准就业的定义，非标准就业的雇员对其雇主机构在时间、人身和管理方面的隶属相对有限，这与标准就业的雇员不同。标准就业的雇员有固定的工作时间、无限期的劳动合同和固定的工作地点，在雇主的直接监督和管理下工作（Pfeffer & Baron，1988）。标准雇佣关系是指：

> 一份稳定的、有社会保障的、独立的、全职的工作……其基本条件（工作时间、工资和社会转移支付）受集体协议、劳动和/或社会保障法规定的最低限度的保障。（转引自 Bosch，2004）

Kalleberg（2009）认为，在标准的雇佣关系中，如果员工在雇主的工作场所为其全职工作，通常会在内部劳动力市场的职级阶梯上得到不断提升。Adams 和 Deakin（2014）强调了区分标准和非标准就业的经济和法律角度，标准的雇佣关系不仅为劳动者提供了获得收入的途径，还为他们提供了劳动力市场风险的保险，而非标准就业则更不稳定（Adams & Deakin，2014）。

在国际机构的非标准就业研究报告中，通常将非标准就业定义为兼职就业、多方关系就业和临时就业，以区别于全职、雇主－雇员双边关系就业和无限期劳动合同用工形式（Eurofound，2015；OECD，2015；ILO，2016）。国际劳工组织（ILO）将非标准就业定义为不属于标准劳动关系的工作，标准就业是全职的、无限期的、在雇主和员工之间内含隶属关系的（ILO，2016）。如果将标准就业定义为在家之外的一个固定工作地点进行的工作，则非标准就业的涉及面就更广了，还包括在线工作和远程工作（ILO，2016年）。根据 Eurofound（2015），非标准就业满足以下一个或多个特征：不同于传统的一对一的雇佣关系；在时间上具有非连续性、间歇性，或只持续非常有限的时间，而不是连续或有规律的；自雇的个人之间的团队协作或协议合作。

非标准就业在不同的语境中有着共同的本质和特征，主要体现在时间、经济、法律和就业关系这四个维度。在综述非标准就业定义的基础上，以下着重介绍非标准就业的特点。第一，在时间维度上，非标准就业有其工作时间、雇佣关系或劳动合同长度方面的特征。标准就业是指在常规、稳定和持续的时间基础上从事全职工作，而非标准就业是指在临时或间歇安排时间基础上从事兼职或全职工作。第二，在经济维度上，标准就业人员通常每两周或每月定期领取工资，并有权领取最低工资，但非标准就业人员是根据工作量或任务领取工资的，可能会面临市场风险。第三，在法律维度上，标准就业建立在订立书面或口头的劳动合同的基础上，这取决于不同国家的劳动合同相关法律。标准就业在法律和社会层面的权益上都受到就业保障、社会保险和雇员保护政策的保护。第四，在就业关系维度上，标准就业基于雇主和雇员之间的直接的、双边的劳动关系，涉及三方或三方以上的多方就业关系，如劳务派遣和雇员分享就不属于标准就业。除了时间、经济、法律和劳动关系方面的特征外，非标准就业还包括人身方面的特征，有时还依赖移动电话和个人电脑等信息和通信技术的支持，这可能改变工作模式和劳动关系的性质（Adams & Deakin 2014；Eurofound，2015）。

二　中国非标准就业的界定

尽管如上所述，非标准就业有一些一般性原则，但在实际中，非标准就业有多种形式。对于多种多样的非标准就业，没有一种定义能够囊括所有。非标准就业在不同的经济环境、法律框架和劳动力市场上存在不少差异。正如 Bosch（2004）所指出的，不同的法律和福利制度下，对标准和非标准就业的定义会有所不同。本章结合中国的就业特点和劳动力市场规则，将中国的标准就业定义为基于合法、书面和稳定的劳动合同的全职工作，包括固定期限合同用工以及无限期合同用工，而且雇主和雇员之间是直接的双边劳动关系。这一定义与国际劳工组织定义的根本区别在于，我们将固定期限的全职就业划为标准就业。根据 ILO 的分类，固定期限就业被归类为临时就业，因此被视为非标准就业。[①] 这种分类不适用于中国的情况。在中国，基于固定期限劳动合同（不包括劳务派遣）的全职就业应被视为标准就业，原因有以下两点。

第一，固定期限劳动合同就业是中国就业的主流和规范形式。国际劳工组织将固定期限就业归类为非标准就业，主要是因为无限期合同就业是发达经济体普遍的就业安排。在 OECD 国家中，无限期合同就业的比例非常高。2011 年和 2012 年，一些 OECD 国家（包括澳大利亚、英国、挪威、丹麦和其他 9 个国家）的非标准就业比例超过 90%，而其中主要就是本应是另类的固定期限就业（OECD，2014）。在中国，固定期限就业更为普遍，Wang（2013）根据 CULS 在 2010 年的数据发现，在中国城市，农民工和本地城市劳动力的非固定期限（无限期）就业比例分别为 19.93% 和 44.58%，而固定期限就业比例分别为 75.36% 和 53.48%（Wang，2013）这意味着，固定期限就业在中国是一种普遍而规范的就业安排。

第二，根据中国现行的劳动力市场法规，固定期限就业和无限期就业的劳动者都受到同样严格的保护，享有平等的劳动权利。根据 2008 年 1 月 1 日起施行的《中华人民共和国劳动合同法》，用人单位与劳动者建立劳动关系随订立书面劳动合同生效。[②] 以固定期限合同和无限期合同为基础建立劳动关系有多重目的，包括提供社会保护、就业和收入保障、安全健康的工作场所、平等的就业机会等（Rubery，2015；ILO，2016）。《中华人民共和国劳动合同法》规定了三种特殊的就业安排，即集体合同、劳务派遣和兼职，固定期限就业和非固定期限就业都被认为是标准就业形式。有关订立劳动合同、限制解雇员工、保护劳动者权利和确定相关责任的严格的劳动力市场法规，主要针对的也是固定期限和非固定期限就业的劳动者群体。Du（2014）借鉴了 OECD 的框架，研究了劳动市场法规的保护程度和严格程度，研究了有关订立劳动合同的法规、劳动合同的必要条款和内容，以及有关解雇员工和终止劳动合同的法规。Du（2014）发现，中国目前的劳动力市场监管框架提供了高水平的就业和社会保障，得分为 3.3 分，高于 OECD 国家的平均水平（2.3 分）。这意味着，与发达

---

① 根据 ILO（2016），非标准就业主要有四种类型：临时就业、兼职和"随叫随到式"就业、多方关系就业、变相就业/依赖性个体就业。临时就业类别包括固定期限合同、项目或任务合同以及季节性和临时性工作，包括日常工作。

② 《中华人民共和国劳动合同法》，网址：www. npc. gov. cn/englishnpc/law/2009 – 02/20/content_. htm。

经济体相比，中国的劳动力市场法规提供了更加严格的就业和法律保护。基于这一事实及其对劳动力市场的规制，中国的固定期限就业应被归类为标准就业。

基于上述论点，本章根据中国劳动合同的现状，对标准就业和非标准就业进行了界定。标准就业是指在无固定期限和固定期限劳动合同（不包括劳务派遣）基础上的全职就业，以及在中央和地方政府和其他公共部门的就业。上述领域以外的就业归类为非标准就业，如兼职、多方就业关系、临时就业（项目或任务型合同、季节性和临时性工作）、平台或虚拟就业和个体就业。

三　数据和样本

本研究利用了中国社会科学院人口与劳动经济研究所的 CULS 数据，该项目已经进行了四轮调查。本研究利用的是其 2016 年进行的最新一次调查。调查的地点是上海、广州、福州、武汉、沈阳、西安共 6 个直辖市和省会城市。这是一项住户级调查，涵盖了劳动者的教育水平、就业状况、以往经验、社会保障状况、技能、培训和其他个人信息。抽样时采用了按规模大小成比例概率抽样方法（PPS 方法）。

本章重点介绍适龄劳动者，即目前已就业且年龄在 16 岁以上的劳动者。选取了 7439 人作为调查对象，其中沈阳 1044 人，上海 1335 人，福州 1229 人，武汉 1254 人，广州 1478 人，西安 1099 人。在有效的回收结果中，男性占 57.59%，女性占 42.41%；在居住状况方面，63.15% 的受访者是当地城镇居民，36.85% 的是农村移民；从户籍状况看，25.83% 的受访者是农村户籍，74.17% 的受访者是城镇户籍；受访对象的平均年龄为 39.04 岁，受访者的平均受教育年限为 12.88 年；已婚者占 82.88%，未婚者占 17.12%。

四　主要发现

（一）中国非标准就业的主要指标

本研究以非固定期限合同用工与固定期限合同用工（不包括劳务派遣）为标准，首先对全职就业中的标准就业做出限定，这一范围中包括中央与地方政府的公务员及其他公共部门和企业部门的就业人员。在上述领域之外的就业被视为非标准就业。

根据 CULS 数据，本研究发现，在 2016 年调查的 6 个城市中，非标准就业的平均占比为 34.95%，表明非标准就业已经成为中国劳动力市场的一个重要特征（Wang，2018）。数据还反映了巨大的区域间差距。武汉市非标准就业所占比例最高为 43.9%，沈阳市为 43.29%，广州市为 40.39%，西安市为 38.18%，福州市为 34.39%，非标准就业占比最低的是上海，为 22.73%。

（二）中国非标准就业的特点

正如研究非标准就业相关文献所指出的，这种就业形式往往不稳定。非标准就业人员往往面临工资处罚、工作条件差、工作时间长、培训机会少以及缺乏劳动权利和社会保障等（Allan，2000；Cooke & Brown，2015）。由于员工对受雇机构在时间、人身和管理方面的隶属性有限，非标准就业员工对雇主的隶属性较弱，这可能影响他们的行为和表现，并可能损害雇主机构的目标（Allan，2000；George & Chattopadhyay，2015）。根据 CLUS 的数据，非标准就业在中国表现出以下特点：工作满意度低、工资水平低、加班率高、社会保险覆盖率低、收入保障不足（Wang，2018）。

第一，非标准就业员工的工作满意度往往较低。如表 6.1 所示，当被问及对当前工作的满意度时，非标准就业受访者中，对自己的工作非常不满意或不满意的比例分别为 0.91% 和 11.02%，远高于标准就业劳动者给出的 0.42% 和 5.8%。对就业表示满意或非常满意的受访非标准就业劳动者的比例分别为 44.22% 和 4.41%，低于受访标准就业劳动者给出的 57.01% 和 6.74%。

第二，非标准就业劳动者的收入较低。非标准就业员工的月平均收入为 4806.76 元人民币（约 716 美元），比标准就业员工的月平均收入低 1492.16 元人民币（约 222 美元）。非标准就业员工月平均收入为标准就业员工的 76.31%，非标准就业员工的平均小时收入为 23.34 元人民币（约 16 美元），为标准就业员工的 65.71%（见表 6.1）。

第三，非标准就业的劳动者普遍加班。调查数据显示，城镇劳动者平均每周工作时间为 47.29 小时，远高于中国政府规定的每周 40 小时的标准。①

---

① 根据 1994 年国务院对工作时间的规定，全职职工的正常工作时间为每天 8 小时、每周 40 小时（MoHRSS，1994）。

非标准就业员工每周工作时间更长，为 54.95 小时，比标准就业员工高出 11.74 小时。按照中国政府制定的每周 40 小时的标准，非标准就业员工加班的比例为 71.32%，而标准就业员工的加班比例仅为 29.52%（见表 6.1）。

表 6.1　标准就业与非标准就业比较

	总体（1）	标准就业（2）	非标准就业（3）	（3）-（2）
工作满意度				
非常不满意(%)	0.59	0.42	0.91	0.49
不满意(%)	7.65	5.80	11.02	5.22
不好也不坏(%)	33.36	30.04	39.43	9.39
满意(%)	52.49	57.01	44.22	-12.79
非常满意(%)	5.92	6.74	4.41	-2.33
工作报酬和工时				
月收入（元）	5781.04	6298.92	4806.76	-1492.16
小时收入（元）	31.29	35.52	23.34	-12.18
平均每周工作时间（小时）	47.29	43.21	54.95	11.74
加班比例（%）	45.57	29.52	71.32	41.80
社会保险覆盖率				
养老保险(%)	71.43	90.41	36.09	-54.32
基本医疗保险(%)	69.46	88.77	33.50	-55.27
失业保险(%)	59.15	79.45	21.38	-58.07
工伤保险(%)	58.87	78.87	21.66	-57.21
生育保险(%)	52.32	71.02	17.52	-53.50

资料来源：中国社会科学院人口与劳动经济研究所（2016）。

第四，非标准就业员工的社会保险覆盖率低于标准就业员工。基本养老保险对标准就业人员的覆盖比例为 90.41%，非标准就业员工仅为 36.09%。非标准就业员工基本医疗保险、失业保险、工伤保险和生育保险的覆盖率分别比标准就业员工低 55.27 个、58.07 个、57.21 个和 53.50 个百分点（见表 6.1）。改善非标准就业员工的社会保障覆盖率应是一个重点方向。

第五，非标准就业员工中工会成员比例较低。在标准就业员工中工会成员的比例为 33%，而在非标准就业员工中工会成员的比例仅为 3.68%，这意味着非标准就业员工在此类组织中的代表性很弱。各城市标准就业员工中工会会员占比不等，沈阳最高，为 58.03%，广州最低，为 21.19%（见表

6.2），非标准就业员工中工会成员的占比要低得多。尽管各城市之间存在差异，但非标准就业员工中，工会成员的平均比例仅为 3.68%。即使在全国工会会员占非标准就业员工比例最高的武汉，这一数字也只有 6.15%。非标准就业员工在工会中人数较少，不利于提高这些劳动者的谈判能力。应采取措施增加非标准就业员工中工会成员的比例，增加工会的多样性，并将兼职和派遣员工的代表纳入工会。

表 6.2　标准就业和非标准就业中工会成员的比例

单位：%

城市	标准就业	非标准就业	总体
沈阳	58.03	5.17	35.15
上海	32.97	4.24	26.44
福州	33.66	5.40	23.95
武汉	31.63	6.15	20.45
广州	21.19	0.47	12.82
西安	35.43	3.85	23.37
总体	33.00	3.68	22.75

资料来源：中国社会科学院人口与劳动经济研究所（2016）。

第六，在调查的 6 个城市中，非标准就业劳动者工资低于当地最低工资标准的劳动者比例（7.25%）高于标准就业的这一比例（2.42%）（见表 6.3）。

表 6.3　劳动者工资低于当地最低工资标准的劳动者比例

单位：%

城市	标准就业	非标准就业	总体
沈阳	5.26	8.20	6.53
上海	2.41	6.14	3.25
福州	0.61	2.23	1.17
武汉	3.63	11.83	7.20
广州	1.07	5.96	3.02
西安	1.74	5.46	3.17
总体	2.42	7.25	4.10

资料来源：中国社会科学院人口与劳动经济研究所（2016）。

五　在中国，哪些群体较多地参与非标准就业？

根据 ILO（2016）和 OECD（2015）的研究，妇女、年轻人、移民和受教育程度较低的人最有可能从事非标准就业。这背后的原因有多种。例如，妇女选择非标准就业来适应她们的家庭角色，而移民劳动者选择非标准就业主要是因为较低的人力资本、较差的语言能力、较差的社会关系或较弱的谈判能力（OECD，2015；ILO，2016）。

本研究发现，在中国的城市劳动力市场中，非标准就业劳动力中，高龄劳动力、男性劳动力、农民工和受教育程度较低的劳动力所占比例较高。第一，非标准就业中高龄劳动力的比例高于标准工人。根据 CULS（IPLE - CASS，2016），标准就业劳动力的平均年龄为 38.35 岁，非标准就业劳动力的平均年龄为 40.33 岁。如表 6.4 所示，从年龄分布来看，35 岁以上的非标准就业劳动力所占比例高于标准就业劳动力。特别是 45～54 岁的人，在标准就业中所占比例为 21.86%，而在非标准就业中所占比例为 28.03%。

第二，非标准就业中男性的比例高于女性。调查数据显示，57.22% 的非标准就业劳动力为男性，42.78% 为女性。不过，非标准就业中的性别分布与标准就业中的性别分布是类似的。男性在标准就业中的比例（57.78%）也高于女性（42.22%）。回归分析显示性别对参与非标准就业的可能性没有显著影响（见表 6.6）。

表 6.4　标准就业和非标准就业中的劳动力年龄分布

单位：%

年龄	标准就业	非标准就业	总体
16～24 岁	5.13	5.98	5.43
25～34 岁	36.24	26.44	32.81
35～44 岁	29.90	30.96	30.27
45～54 岁	21.86	28.03	24.02
55 岁及以上	6.88	8.59	7.47
合计	100.00	100.00	100.00

资料来源：中国社会科学院人口与劳动经济研究所（2016）。

第三，受教育程度低的劳动者占全国劳动力比重较高。数据分析显示，所有工人的平均受教育年限为 12.88 年。标准就业员工的平均受教育年限为 13.97 年，非标准就业员工的平均受教育年限仅为 10.85 年。如表 6.5 所示，77.87% 的非标准就业人员受过高中及以下教育，远远高于标准就业人员的比例（37.24%）。受过高等教育（大专及以上）的劳动者在非标准就业人员中的比例仅为 22.14%，而在标准就业劳动者中的比例为 62.75%（见表 6.5）。

表 6.5　标准就业和非标准就业劳动力的受教育情况

单位：%

受教育程度	标准就业	非标准就业	总体
小学	1.73	9.07	4.29
初中	11.96	39.71	21.65
高中或中专	23.55	29.09	25.48
专科	23.02	12.52	19.36
本科	33.66	9.31	25.16
硕士及以上学历	6.07	0.31	4.06
总体	100.00	100.00	100.00

资料来源：中国社会科学院人口与劳动经济研究所（2016）。

第四，农村户籍的非标准就业人员比例高于城市户籍的非标准就业人员。调查数据显示，农村户籍的劳动者在标准就业中所占比例为 16.17%，而在非标准就业中，这一比例为 43.81%。从表 6.6 所示的回归分析结果来看，在其他条件相同的情况下，控制雇主类型、行业和城市变量后，则可观察到以下趋势。其一，受教育程度越低，劳动者参与非标准就业的可能性就越大。受教育年限每减少 1 年，参与非标准就业的概率就增加 4.52%。其二，劳动者年龄增加 1 岁，参与非标准就业的可能性增加 0.21%。其三，未婚劳动者参与非标准就业的可能性比已婚劳动者高 8.38%。其四，性别对参与非标准就业的概率没有明显影响。

其五，户籍状况也会影响劳动力参与非标准就业的可能性，在其他条件相同的情况下，农村户籍劳动者从事非标准就业的概率比城市户籍劳动者高 8.85%。

考虑到更可能参与非标准就业的劳动者特点，需要有针对性地采取政策和行动，拓宽受教育程度较低者、高龄劳动者、未婚者、农村户籍劳动者的就业渠道，提高这类劳动者的就业质量。

表 6.6 影响劳动者参与非标准就业的因素（probit 模型）

	因变量:是否参与非标准就业(是 =1)(边际效应)	
	系数	标准差
性别(男 =1)	− 0.0053	0.0166
受教育年限	− 0.0452 ***	0.0030
年龄	0.0021 **	0.0010
婚姻状况(已婚 =1)	− 0.0838 ***	0.0232
户籍(农村户口 =1)	0.0885 ***	0.0216
雇主类型	控制变量	
行业	控制变量	
城市	控制变量	
样本数	7367	

注：***1% 显著，**5% 显著，*10% 显著。

资料来源：中国社会科学院人口与劳动经济研究所（2016）。

六 结论

本研究有三个主要发现，一定程度上填补了对中国非标准就业研究的缺口，并为决策者制定适应和调节非标准就业的发展的政策提供了进一步参考。首先，非标准就业在中国城市劳动力市场的比重为 34.95% ，显示了这种就业形式在中国的重要性，在这方面区域之间也存在巨大的差距。在上海等经济发达地区，非标准就业所占比例低于其他城市。其次，非标准就业在中国表现出以下特点：工作满意度低、工资低、加班多、社会保障覆盖率低，工资权益保障差。最后，在中国城市劳动力市场中，高龄、男性、外来务工和受教育程度较低的劳动者更容易参与非标准就业。

在此基础上，我们提出了应对中国非标准就业发展的三个关键问题。首先，在制定就业政策和劳动力市场法规时，应将非标准就业视为一个单独的就业类别。尽管近年来相关政策法规不断完善，但现行的就业政策和保护主要针对标准就业中的劳动者，而对非标准就业的管理和对非标准就业劳动者权利的保护还缺乏法律依据。

其次，重视就业质量评估和提升。与标准就业相比，非标准就业的质量往往较低，主要表现为工作满意度低、工资低、加班多、社会保障覆盖率低、工资权益保障差等。需要采取措施，从工作时间、工资和社会保障范围等方面定期检测和评估就业质量，以确定非标准就业的变化趋势。需要采取多种措施，包括立法、司法、劳动监察等措施。然而，由于非标准就业的规模巨大、形式多样，这类措施将产生较高的管理成本。如何在提高就业质量和促进就业增长之间取得平衡，也需要认真考虑。

最后，需要有针对性的政策和措施，以扩大那些最有可能从事非标准就业的人的就业渠道。还应采取措施，通过增加各级工会成员、提高组织的代表性和吸收非标准就业劳动力加入工会，来加强非标准就业劳动者的集体谈判能力。

本研究尚有缺陷。由于非标准就业的复杂性和异质性，以及随着新技术的发展而出现的新形式，使得对非标准就业的观察、监测变得困难。非标准就业的定义可能因不同的背景而不同，在不同国家的法律框架内也有所区别。非标准就业相关数据的缺失（Barrientos，2011）是对非标准就业趋势研究的全球性挑战。本章基于中国城市劳动力市场的证据对中国的非标准就业情况进行了概述，为了观察非标准就业在中国的发展趋势，进一步的研究需要更多的数据来源。

参考文献

Adams, Z. and Deakin, S. (2014), Institutional solutions to precariousness and inequality in labour markets, *British Journal of Industrial Relations* 52(4): 779–809. doi.org/10.1111/bjir.12108.

Aleksynska, M. and Berg, J. (2016), *Firms' demand for temporary labour in developing countries: Necessity or strategy?*, Conditions of Work and Employment Series No. 77, Geneva: International Labour Organization.

Allan, C. (2000), The hidden organisational costs of using non-standard employment, *Personnel Review* 29(2): 188–206. doi.org/10.1108/00483480010295989.

Barrientos, S. (2011), *'Labour chains': Analysing the role of labour contractors in global production networks*, BWPI Working Paper No. 153, Manchester: Brooks World Poverty Institute. doi.org/10.2139/ssrn.1895292.

Bosch, G. (2004), Towards a new standard employment relationship in Western Europe, *British Journal of Industrial Relations* 42(4): 617–36. doi.org/10.1111/j.1467-8543.2004.00333.x.

Cooke, F. and Brown, R. (2015), *The regulation of non-standard forms of employment in China, Japan and the Republic of Korea*, Conditions of Work and Employment Series No. 64, Geneva: International Labour Organization.

Dong, B. (2008), Nonstandard labor relations, *Academic Research* 7(July): 50–7.

Du, Y. (2014), International comparison of labor market institutions and its implications for China, *Studies in Labor Economics* 4(August): 161–92.

Eichhorst, W. and Tobsch, V. (2014), *Not so standard anymore? Employment duality in Germany*, IZA Discussion Paper No. 8155, Bonn: Institute of Labor Economics.

Eurofound (2015), *New Forms of Employment*, Luxembourg: Publications Office of the European Union.

George, E. and Chattopadhyay, P. (2015), *Non-standard work and workers: Organizational implications*, Conditions of Work and Employment Series No. 61, Geneva: International Labour Organization.

Houseman, S. (2001), Why employers use flexible staffing arrangements: Evidence from an establishment survey, *Industrial and Labor Relations Review* 55(1): 149–70. doi.org/ 10.1177/001979390105500109.

Information Centre of the State Council and Internet Society of China (2018), *Annual Report of the Development of Share Economy in China 2018*, available from: www.sic. gov.cn/archiver/SIC/UpFile/Files/Default/20180320144901005637.pdf.

Institute of Population and Labor Economics, Chinese Academy of Social Sciences (IPLE-CASS) (2016), *The China Urban Labour Survey (CULS) 2016*, Beijing: IPLE-CASS.

International Labour Organization (ILO) (2016), *Non-Standard Employment around the World: Understanding challenges, shaping prospects, Geneva*: ILO.

Kalleberg, A. (2000), Nonstandard employment relations: Part-time, temporary and contract work, *Annual Review of Sociology* 26(1): 341–65. doi.org/10.1146/annurev. soc.26.1.341.

Kalleberg, A. (2003), Flexible firms and labor market segmentation: Effects of workplace restructuring on jobs and workers, *Work and Occupations* 30(2): 154–75. doi.org/ 10.1177/0730888403251683.

Kalleberg, A. (2009), Precarious work, insecure workers: Employment relations in transition, *American Sociological Review* 74(1): 1–22. doi.org/10.1177/000312240907400101.

Li, P. (2011), Explorations of nonstandard labor relations in China, *Human Resource Development of China* (March): 84–6.

Ma, Y., Chen, M. and Yang L. (2011), Investigation and analysis of nonstandard labor relations against circumstances of new law, *Human Resource Development of China* 8(August): 88–93.

Ministry of Human Resources and Social Security (MoHRSS) (1994), *State Council Regulations on Working Hours of Employees*, Beijing: MoHRSS, available from: www.mohrss.gov.cn/SYrlzyhshbzb/zcfg/flfg/xzfg/201604/t20160412_237909.html.

Organisation for Economic Co-operation and Development (OECD) (2014), *OECD Employment Outlook 2014*, Paris: OECD Publishing.

Organisation for Economic Co-operation and Development (OECD) (2015), *In It Together: Why less inequality benefits all*, Paris: OECD Publishing.

Pfeffer, J. and Baron, J. (1988), Taking the workers back out: Recent trends in the structuring of employment, in B. Staw and L. Cummings (eds), *Research in Organizational Behavior. Volume 10*, Greenwich: JAI Press.

Qian, Y. (2018), Nonstandard employment and informal employment: Distinction, overlapping and adjustment, *China Labor* 4(April): 57–62.

Rubery, J. (2015), *Re-regulating for inclusive labor markets*, Conditions of Work and Employment Series No. 65, Geneva: International Labour Organization.

Schömann, K., Rogowski, R. and Kruppe, T. (1998), *Labour Market Efficiency in the European Union: Employment protection and fixed-term contracts*, London: Routledge.

State Council of the People's Republic of China (2019), *Annual Government Work Report 2019*, 5 March, Beijing, available from: www.gov.cn/premier/2019-03/16/content_5374314.htm.

Wang, M. (2013), The implementation of China's Labor Contract Law: Problems and policy suggestions, *Journal of Guizhou University of Finance and Economics* 1(January): 23–31.

Wang, Y. (2018), Non-standard employment in international perspective and China's interpretation: Scale and characteristics of non-standard employment in China, *Studies in Labor Economics* 6(December): 95–115.

Xi, J. (2017), *Report to the 19th National Congress of the Communist Party of China*, 18 October, Beijing, available from: www.gov.cn/zhuanti/2017-10/27/content_5234876.htm.

Yang, H. and Ma, Y. (2014), On the defects of workers' rights protection system and its improvement under non-standard labor relations, *Journal of Hunan University of Science & Technology* (Social Science Edition) 1(January): 74–9.

Yang, W. and Wang, Q. (2018), Patterns and determinants of labor supply of digital platform workers: An analysis based on U car-hailing platform drivers, *Population Research* 4(July): 78–90.

Yang, W., Zhang, C. and Xin, X. (2018), A study on the digital economy paradigm and working relations revolution, *Journal of China University of Labor Relations* 5(October): 56–60.

Zhang, C. (2018), A study on the current situation of employment and labor relations of the sharing-economy platform: A survey based on platforms in Beijing, *Journal of China University of Labor Relations* (June): 61–70.

第7章 中国农村电子商务的发展

孔 涛

一 中国电子商务概述

在中国经济取得显著发展的背景下，信息通信技术得到了快速发展。随着大规模电信基础设施的普及，中国迅速实现了数字化。由于数字网络的扩张，中国的互联网普及率一直在稳步上升，目前已接近中国总人口的60%。鉴于中国的人口规模，这意味着一个巨大的消费者市场，其中许多人准备以热情和创新的方式拥抱数字世界。因此，中国为数字商业模式的试验和商业化提供了独特的沃土。

过去的10年，数字经济有了显著的增长。2007～2016年，中国互联网普及率总体上从16%上升至53.2%，城市从26%飙升至69.1%，农村从7.4%上升至33.1%（中国互联网络信息中心，2017）。随着中国互联网普及率的提高，2006年后的10年内，中国网民数量以年均近20%的速度增长。到2018年，中国网民总数达到8.285亿人，宽带网络已连接3.78亿户家庭，其中87.5%的家庭使用光纤。伴随着这一非凡的数字化进程，中国互联网用户的一个显著特点是对移动设备的使用。截至2018年，中国有7.88亿人使用移动设备上网，占网民总数的98.3%。

随着互联网基础设施的快速扩张和升级，以及庞大互联网用户群体的形成，数字经济已成为中国经济格局中越来越重要的组成部分。根据《2018年中国互联网产业发展报告》（iResearch Global，2018），2017年数字经济总量达到 27.2 万亿元人民币，占 GDP 的 32.9%，比上年提高 2.6 个百分点。①

电子商务是数字经济的重要组成部分。诚然，与其他国家相比，中国并不是电子商务发展的先行者。中国第一笔在线交易于 1998 年 4 月完成，随后的 10 年增长缓慢（Cao & Zhang，2009）。中国电子商务的腾飞始于 2008 年，随后中国电子商务呈指数增长。在随后的 10 年中，电子商务交易总额实现了 10 倍增长，从 3.14 万亿元人民币增长到 31.63 万亿元人民币（新华社，2019）。如今，中国已成为全球数字经济的主导力量。中国的电子商务总交易额占全球的 42%，其年度电子商务交易额超过了法国、德国、日本、英国和美国的总和（Wang et al.，2017）。

同期，在线零售的年成交额大幅增长。2008 年，中国的在线销售额仅占全国零售总额的 1.3%。这一比例大大低于美国（3.72%）和英国（4.5%）。然而，这种状态很快成为历史。2013 年，中国在线销售总额达到 1.89 万亿元人民币，较 2008 年的 1300 亿元人民币增长逾 10 倍。中国首次超过美国，成为世界上最大的电子商务市场（中国电子商务研究中心，2016），此后这一地位进一步巩固。2016 年，中国在线销售总额达到 5.33 万亿元人民币，占全国零售总额的 14.9%，到 2018 年，全年在线零售额达到惊人的 9 万亿元人民币。与此同时，在线商户数从 2008 年的 790 万户增长到 2016 年的 5000 万户。不管用什么方法衡量，中国是迄今为止世界上最大的在线零售市场。

不仅仅是惊人的经济价值或惊人的增长率，使中国的电子商务发展成为一个值得讨论的话题。更重要的是，电子商务作为一种商业活动形式，为创造就业、增加家庭收入和形成技能提供了令人兴奋的机会。尤其是电子商务、网上零售，引发了人们对其在更具包容性的农村发展方面发挥潜在优势的期待。

---

① 中国在 2016 年担任二十国集团轮值主席国期间，参与了对数字经济的界定，参与发起了"二十国集团数字经济发展与合作倡议"。该倡议将数字经济定义为"一系列广泛的活动，其中包括将数字信息和知识作为生产的关键要素，将现代信息网络作为重要的活动空间，以及有效利用信息和通信技术作为生产力增长和经济结构优化的重要驱动力"。

二 中国农村电子商务的发展

传统上，零售企业非常重视实体设施，这是发展的先决条件。例如，店面需要展示出售的商品和提供广告，银行分支或自动柜员机需要启用付款和处理金融交易等。这种发展先决条件通常使农村地区与城市相比处于不利地位。然而，在电子商务的背景下，情况有所改变。与传统的线下商业模式相比，电子商务可以说是位置中立的，只要有互联网接入和物流系统，农村地区就不会因为总体发展水平较低而处于不利地位。正因为如此，电子商务似乎能够为农村地区赶上城市发展水平提供一个更公平的竞争环境。因此，人们非常希望，数字经济特别是电子商务，能够成为中国农村地区实现增长、减少贫困、减少不平等和改善社会发展的有效工具。

然而，虽然电子商务在中国农村有着巨大的发展潜力，但在实践中，与城市相比，农村电子商务的实际发展水平仍然严重滞后。在过去的 10 年里，尽管中国农村的互联网用户数量从 2006 年的 2311 万人增加到 2016 年的 2.01 亿人，但中国农村的在线销售额仅略有增长，2015 年为 3.53 亿元，2016 年为 4.82 亿元。根据商务部的数据，2017 年农村网络零售增长 39.1%。农产品网上销售总额 2437 亿元，增长 53.3%。截至 2017 年底，来自农村的网店数量为 986 万家，增长 20.7%。

然而，农村电子商务能否以及会在多大程度上实现其带来繁荣和减少不平等的潜力，还有待研究。本章以我国电子商务的总体发展为背景，重点论述了农村电子商务发展的重要领域尤其是"淘宝村"（电子商务总交易额和在村注册的网商总数都达到一定门槛的行政村）。此外，结合相关研究成果和国家及地方层面的政策，我们对农村电子商务发展的影响以及释放数字经济潜力所需的政策提出了初步的思考。

三 中国农村电子商务发展的相关研究

农村电子商务实质上是指利用互联网从农村地区购买商品和向农村销售商品。农村人口参与生产和消费的可能性带来巨大的发展潜力。事实上，早在 1984 年，国际电信联盟就提议通过发展电信基础设施消除贫困。一些学术研究还表明，信息和通信技术的应用对教育、减贫和就业机会产生了重大影响（Sumanjeet，2009）。

就中国而言，人们普遍认为，农村电子商务的发展正在改善当地经济和家庭生计，特别是通过为生活在农村和边远地区的人们提供经济发展的机会（Lin et al. ，2016）。在中国政府和世界银行等组织积极推动农村电子商务发展的情况下，人们普遍认为通过发展农村电子商务可以实现扶贫。与此同时，虽然农村在线销售的价值在中国只占很小的一部分，但农村地区被普遍视为一个巨大的未开发市场。此外，在城市网络市场逐渐饱和的预期下，大量电子商务企业开始将业务拓展到农村市场。因此，农村电子商务发展的机遇已经出现，并受到私营部门和政府的热忱关注。最近如 Liu 等（2018）的研究，对农村电子商务发展提供了有价值的概述和分析。

虽然从商业角度来看，农村电子商务的重要性已经再明显不过了，但对农村电子商务实际影响的研究仍然不多。此外，现有的研究往往依赖于传闻或基于行业内的企业进行的分析。

相比之下，基于可靠微观层面数据的正式研究并不多见，只有少数例外，尤其是 Couture 等（2018）和 Fan 等（2018）。这可能与以下事实有很大关系：在线销售数据通常只能从交易发生的平台获得。因此，尽管学者和评论者已经提出了大量的案例研究，但在学术上对中国农村电子商务的严谨研究仍然很少。

在评估农村电子商务发展的实际影响时，相关研究结果很有启发性。作为研究这一课题的少数学者之一，Couture 等（2018）发现，由于电子商务终端提供更低的价格、更强的便利性和更多的产品种类，农村电子商务带来了更强的消费侧效应。对家庭而言，对耐用产品的家庭购买力增长最为强劲。然而，研究发现，农村电子商务对当地经济没有显著影响，对当地零售价格的竞争影响较小。此外，供给侧的作用也不那么直接：在缺乏诸如商业培训、信贷支持或有针对性的在线促销等补充措施的情况下，在中短期内，农村市场在一般情况下很少会出现供给侧效应。

上述结果表明，实现农村电子商务发展的潜力并不是自然而然的。可靠的互联网接入、可靠的数字交易方式、便捷的包裹递送和物流服务是欠发达地区实现电子商务潜力的必要条件，但不是充分条件。农村电子商务的发展需要基层有机增长和政府扶持政策相结合。

总之，当企业家精神与有利条件结合起来时，农村电子商务才能蓬勃发展。

四　农村电子商务发展的重要领域：淘宝村

"淘宝村"是中国农村电子商务发展的一个典型。淘宝村的官方定义是在一个行政村，电子商务总成交额（GMV）的年价值不低于 1000 万元人民币（约 200 万美元），至少有 100 家活跃的在线商店，或至少有 10% 的本地家庭经营网上商店（AliResearch，2016）。简而言之，淘宝村是一个在农村经营的电子商务商户集群。

这些村庄之所以被称为"淘宝村"，是因为用于计算在线零售 GMV 的统计数据来自淘宝网。阿里巴巴集团控股有限公司（Alibaba Group Holding Limited）建立的淘宝网和天猫商城是中国最大的电子商务平台，可以在网上买卖产品。2014 年，淘宝和天猫占中国 GMV 总额的 81.5%。随着电子商务市场以惊人的速度扩张，各种网络平台之间的竞争日趋激烈。尽管来自京东和其他网站的竞争非常激烈，但阿里巴巴仍然保持着最大电子商务平台提供商的领先地位，2018 年占 58.2% 的市场份额，是紧随其后的竞争对手京东的三倍多。因此，淘宝村的发展可代表农村电子商务发展的一般模式。

2009 年，阿里巴巴正式命名了第一个淘宝村，到 2013 年，淘宝村的数量慢慢攀升到 20 个。随后发生的事情令人难以置信：一年之内，淘宝村的总数增加到 212 个，增长了 10 倍。此外，淘宝网首次出现 17 个乡镇，这些都是由至少 3 个淘宝村聚集而成的乡镇，如表 7.1 所示。2014~2018 年，随着中国电子商务的全面快速扩张，淘宝村镇数量急剧增长。在这些淘宝村，活跃的网店数量也有所增加，从 2014 年的 7 万家增加到 2018 年的 66 万家。

表 7.1　淘宝村和淘宝乡数量

单位：个，%

		2014 年	2015 年	2016 年	2017 年	2018 年
淘宝村	总数	212	778	1311	2118	3202
	增长率		267	69	62	51
淘宝乡镇	总数	17	71	135	242	363
	增长率		318	90	79	50

资料来源：南京大学空间规划研究中心和阿里新村研究中心（2018）。

虽然这些数字很容易让人印象深刻，但重要的是要把它们放在正确的角度来观察。2016 年，中国共有 671729 个行政村，其中只有 0.2% 符合淘宝村的条件。淘宝村仅占全国农村的一小部分，农村电子商务仍有进一步发展的空间。考虑到这一点，我们现在有必要将研究范围扩大到淘宝村令人印象深刻的增长率之外，并提炼出一些特别是在过去五年中出现的独特模式。

第一，有淘宝村的省份从 2012 年的 7 个（浙江、广东、江苏、山东、福建、河北和江西）扩大到 24 个，包括经济相对落后的省区，如贵州、陕西、宁夏、新疆和广西。这在一定程度上显示了电子商务的生命力和广度。与此同时，淘宝村的增长最快的地区是它们最初扎根的地区，如浙江、广东、江苏和山东。与此形成鲜明对比的是，其他省份的淘宝村数量增长缓慢，有些地方甚至出现了负增长。

第二，与中国经济发展的其他方面没有不同，淘宝村的分布呈现明显的地区差异。淘宝村高度集中在东部沿海地区，而只有少数分布在其他地区。事实上，90% 以上的淘宝村位于东部，与中国其他地区相比，东部也是增长最快的地区。相比之下，其他地区的淘宝村则远远落后，中部地区以微弱优势领先西部和东北部，东部地区内部省级分布也不均衡。浙江省淘宝村总数为 1172 个，占全国淘宝村总数的 1/3 强。

尽管分布和增长模式显示出明显的地区差异并不奇怪，但从这个角度来评估数字经济发展与传统经济发展之间的关系是一个特别有趣的角度。从理论上讲，电子商务应该不受地域限制，因为它在互联网上运作，不像传统的实体企业那样依赖实体设施。不过，淘宝村显然集中在沿海地区，与全国其他地区相比，沿海地区的经济普遍较为发达，这似乎意味着电子商务的发展并没有脱离实体经济或传统行业。

第三，淘宝村的形成和成长过程可以揭示制约农村电子商务发展的重要法律的影响。第一代淘宝村都有着相当艰难的早期。它们最初出现在城市周边，这里社会经济地位相对较低的居民较为集中。这些淘宝店主富于才智、敢于冒险，但销售的产品类型主要是针对低收入消费者的低成本制造商品。

许多案例研究表明，一两个消费者对大众产品的认可，会带动其社区内网购业务的快速增长。在城市附近的乡村，在这些"熟人社会"中，信息和知识的传播尤其有效和迅速。在成功案例的启发下，更多的人找到了利用现有条件推动在线销售的方法。例如，一些人发现附近地区现有的工业生产提供了低成本的产品；有些人发现，通过深入农村地区，他们可以以更低的成本获得更多的劳动力和更大的生产和仓储空间。被电子商务向农村地区扩张所吸引的物流业的进入，有效地解决了包裹递送的"最后一公里"问题。通过与强大的市场整合手段相结合，卖家能够在全国范围找到市场，可靠的运输服务反过来又进一步推动了农村电子商务的发展。

综上所述，从淘宝村发展的视角，可以看到传统农村经济正在经历数字化变革。作为商业集群，淘宝村能够利用现有的实体产业资源，如加工和制造业，刺激升级和进一步发展新的部门，如物流和电子商务服务。在这一过程中，创造了就业机会，提高了收入水平，使当地社区受益。然而，尽管淘宝村起源于互联网，但淘宝村的形成和随后的发展并不完全独立于传统行业和特定的社会经济条件。和其他情况一样，有外部条件影响其发展。尽管如此，农村电子商务显然贡献了创新的和经过验证的商业模式，使第三方在线商务平台能够在农村环境中卓有成效地工作，为农村经济升级和更好地融入更广阔的市场创造新的机会。

五　政府政策

中国农村电子商务的超速发展，原因是电子商务作为一种商业模式具有强大生命力、国内需求巨大且服务不足、数字技术特别是数字金融发展迅速等。然而，如果没有政府所提供的重要支持和促进，这种非凡的发展就不可能会发生。本部分的其余内容简要回顾了国家和各级地方政府的政策。

（一）　国家政策

在国家层面，与农村电子商务发展相关的政策可以追溯到 2001 年国务院发布《农业技术发展框架（2001～2010）》，其中强调了发展农业信息技术的必要性。对此，农业部发布了《全国农业和农村经济发展第十个五年计划（2001～2005）》，提出了农业和农村经济发展的国家政策。该计划与国务院的框架一样，强调加快农村经济信息系统建设，进一步扩大和完善农产品销售信息网络。同年，科技部和财政部都出台了推进农村信息网络建设的计划。这些政策为以后许多侧重于促进农业信息网络发展的政策奠定了基础。许多其他国家级组织也采取了具体政策，通过信息化促进农业发展。

2006 年，概述国家年度政策重点的"中央 1 号文件"明确了农村信息化发展的议程。紧接着中共中央办公厅、国务院办公厅印发《2006～2020 年国家信息化发展战略》，其中宣布了发展互联网覆盖、信息服务和系统以服务农村人口和农业的具体目标。可以说，中央政府高度重视农村信息化建设，各部委和机构为此制定了一系列政策。

2006～2013 年，国家制定了一系列政策，以促使农村电子商务在中国扎根，包括建立和完善物流业，鼓励传统企业从事网上经营，改善电子商务环境，发展相关服务业。2007 年，国家发改委、国务院信息化工作办公室发布了第一个国家电子商务发展规划——《电子商务发展"十一五"规划》。该规划确定了两个发展重点：促进电子商务的覆盖面和深度，加强电子商务服务业的发展。此外，支持性环境、技术创新、有效的规章制度以及教育和公众宣传被确定为从根本上支持电子商务发展的四个重要领域。还有 2013 年国务院公布的"宽带中国"战略和实施方案，制定了明确的技术路线、时间表和里程碑以及支持措施，并与旨在改进电子商务信贷系统和电子支付流程以及交易安全的一系列其他政策相结合，为农村电子商务的发展进一步聚集动力。

过去五年中，农村电子商务的地位日益重要。2014 年，电子商务下乡成为促进农村经济发展、缓解农村贫困、缩小城乡经济差距的政策重点之一。2015 年初，国务院扶贫办将"电子商务扶贫"列为重点扶贫项目之一。鉴于中国将到 2020 年消除贫困作为国家目标，很明显，中央对农村电子商务作为经济落后地区创收的手段寄予厚望。2017 年，中央 1 号文件第一次以大量篇幅提出加快农村电子商务发展，更加凸显了对农村电子商务政策的重视程度。随后，2018 年中共中央、国务院发布的《关于实施乡村振兴战略的意见》中，中央明确提出了农村电子商务发展的实施方案，指出电子商务有望在促进农村社会经济发展、消除农村贫困，振兴农村经济中发挥重要作用。

（二）地方政策

过去五年，大多数积极促进农村电子商务发展的政策都是精心制定和实施的。这与中央政府越来越重视农村电子商务是一致的。国务院《关于大力发展电子商务加快培育经济新动力的意见》为国家以下特别是县级政府制定促进地方电子商务发展的具体政策提供了明确的指导。

虽然县级政府推出的政策各不相同，但其核心要素是根据现有条件，因地制宜，明确对发展农村电子商务的重视。我们以武义县为例来说明县政府可以制定的政策范围。武义县是浙江省中部一个典型的农村小县城，传统上依靠农业。由于地处山区，交通基础设施不发达，经济落后。然而，农村电子商务的发展使武义县成为农村转型的成功范例。2018 年，武义县共有淘宝新村 6 个，淘宝新乡 1 个，全县在线销售 GMV 突破 116 亿元，增长 30%。

多年来，武义县政府出台了一系列政策，可以概括为以下四个方面。第一，成立了一个指定的组织，有专职工作人员和明确的权责，可制定和执行电子商务相关政策。第二，县政府邀请第三方顾问起草了《武义县电子商务发展五年规划》，专业人员的知识为电子商务发展的战略和方向提供了宝贵的指导。第三，县政府为电子商务创业企业提供了一系列支持。例如，每年拨款 1500 万元资助电子商务活动，同时成立电子商务服务中心、协会和产业园，来为电子商务提供支持。第四，县政府动员媒体，组织公共活动，普及电子商务理念，促进创业，为相关创新活动营造良好环境。

此外，武义县政府还建立了包括乡镇政府、村级组织在内的协同服务机制，使电子商务企业在发展的各个阶段都能得到支持。例如，武义县有一个县级物流中心，另有 18 个乡镇分支机构和 398 个村级服务站，遍布全县各个角落，形成了电子商务运营网络。

武义县为利用正溢出效应和规模经济优势，大力培育淘宝村。县政府首先在特定村庄确定可行的项目，并提供孵化器等设施，帮助这些项目成功，这会激励其他人效仿。例如，楼王村是武义县第一个淘宝村，当时由一个人发起，在网上销售电子产品。在当地电子商务办公室的支持下，企业规模扩大了，大批村民和返乡移民开始参与其他电子商务活动，获得了真正的回报。2018 年，楼王村网络零售总额达 2 亿元，村民年平均收入 3 万元。此后，楼王村被认定为浙江省十大淘宝专业村之一。

六　启示

2006 年前后，中国农村电子商务经历了超速增长，形成了丰富的数字生态系统，这个生态中不只是少数几家大公司。农村电子商务通过在线平台进入高度一体化的市场，预计将为农村地区带来显著的经济效益，尤其是实现包容性增长、减贫和减少不平等。在这种良好潜力的推动下，中国政府不仅为数字企业提供了试验空间，还出台了一系列政策，以改善中国的互联网基础设施，促进电子商务的发展。如今，中国已成为数字技术的重要投资者和消费者。

对其他发展中国家具有重要政策影响的一个领域，是农村电子商务作为消除贫穷的有效工具的作用。2014 年以来，全国已有 756 个县被政府认定为电子商务下乡示范县。其中，有 60%（499 个）是贫困县。到 2017 年，全国有 832 家申报贫困县开展电子商务，交易额增长 52.1%，累计 1208 亿元人民币。尽管电子商务在中国农村取得了令人振奋的发展，但在充分发挥其解决农村贫困问题的潜力之前，仍然存在许多挑战。

首先，造成贫穷的原因是不同的，例如不利的地理条件、不发达的基础设施或缺乏劳动力和人力资本。这些领域的一个共同特点是商业基础设施薄弱，表现在许多方面，所有这些都成为发展电子商务的具体障碍。例如，这些地区有许多优质农产品，但由于天气等因素，农产品生产往往难以协调、产量不确定。由于地处偏远，这些贫困地区面临着极高的运输和仓储成本以及较低质量的互联网服务。统计显示，中国西部农村的物流成本至少是沿海地区农村的 4 倍。另一个重要因素是人力资本，大多数人才被吸引到经济发达地区，在那里可以获得更高的收入。因此，较贫穷地区通常缺乏熟练劳动力来经营在线业务和提供相关服务。这些地区教育资源相对较差，因而培训效果也较差。缺乏品牌、营销和零售方面的专业知识也限制了销售。因此，电子商务的收入效应和正外部性不会自动导致减贫。

为了更好地发挥电子商务的潜力，可以从迄今为止的发展经验中汲取一些经验。首先，领导力和责任感很重要。武义县的经验表明，组建一个专门的政府机构，如电子商务发展办公室，配备专职人员，并有适当的权力和资金支持，是制定和发展电子商务政策的关键。其次，先行效应对电子商务的发展至关重要，成功者的榜样力量是强大的，可以激励他人。因此，有必要确定少数优质项目，先将有限的资源集中在促进这些项目上，以带动他人。再次，物流、仓储、运输和互联网覆盖，对欠发达农村地区尤为重要。只有有效降低贸易成本，才能实现通过在线交易平台接入整个国内市场的好处。最后，上述三个方面的工作需要培训、教育和资金支持。在这方面，各级政府需要创新制定政策，解决农村电子商务发展的人才和资金短缺问题。

参考文献

AliResearch (2016), *China Taobao Village Research Report (2016)*, [Online], Alibaba Group, available from: www.aliresearch.com/Blog/Article/detail/id/21242.html.

Cao, L. and Zhang, Z. (2009), *The research report of the twelve years of China's e-commerce: 1997–2009*, available from: tech.qq.com/2009921e/ebaogao.doc.

China E-commerce Research Centre (2016), The annual monitoring report of Online retail sales of China, available from: www.100ec.cn/zt/upload_data/wllsbg/wllsbg.pdf.

China Internet Network Information Center (2017), *China statistical report on internet development*.

Couture, V., Faber, B., Gu, Y. and Liu, L. (2018), *E-commerce integration and economic development: Evidence from China*, NBER Working Paper No. 24384, Cambridge, MA: National Bureau of Economic Research. doi.org/10.3386/w24384.

Fan, J., Tang, L., Zhu, W. and Zou, B. (2018), The Alibaba Effect: Spatial consumption inequality and the welfare gains from e-commerce. *Journal of International Economics* 114: 203–20. doi.org/10.1016/j.jinteco.2018.07.002.

iResearch Global (2018), *2018 China's internet industry report (the full edition)*, available from: www.iresearchchina.com/content/details8_40769.html.

Lin, G., Xie, X. and Lv, Z. (2016), Taobao practices, everyday life and emerging hybrid rurality in contemporary China, *Journal of Rural Studies* 47: 514–23. doi.org/10.1016/j.jrurstud.2016.05.012.

Liu, M., Huang, J., Zhang, Q. and Gao, S. (2018), What drives the development of e-commerce in rural China—the empirical evidence from the emergence of Taobao Villages. International Association of Agricultural Economists 2018 Conference, 28 July – 2 August. Vancouver, British Columbia.

Nanjing University Space Planning Research Centre and Ali New Village Research Centre (2018), *China Taobao Village Development Report (2014–2018)*, [Online], available from: dy.163.com/v2/article/detail/E4MPSS3H0511B3FV.html.

Sumanjeet (2009), Social implications of electronic commerce, *Journal of the Social Sciences* 21(2): 91–7. doi.org/10.1080/09718923.2009.11892757.

Wang, K.W., Woetzel, J., Seong, J., Manyika, J., Chui, M. and Wong, W. (2017), Digital China: Powering the economy to global competitiveness, *McKinsey Global Institute*, December, available from: www.mckinsey.com/featured-insights/china/digital-china-powering-the-economy-to-global-competitiveness.

Xinhua News Agency (2019), China's total e-commerce transactions increased 10 times in 10 years, *CCTV News*, 12 April, available from: jingji.cctv.com/2019/04/12/ARTIW9XjnXSiq2QxKCUPA4MC190412.shtml.

第8章 中国企业创新前景向好：基于2017年中国境内上市企业创新能力指数的评价分析[*]

马忠玉　高辉清　尹伟华　温志超

一　引言

2012年底，党的十八大报告提出实施创新驱动发展战略，到2020年中国要进入创新型国家行列。强调建立创新型国家在中国改革开放以来是第一次。

这年来，中国政府推动了"放管服"改革，推动了"双创"运动，推动了文化与教育创新。社会创新氛围迅速形成，创新体制机制不断完善，创新主体不断增长，新业态、新模式不断涌现。根据联合国世界知识产权组织（WIPO）和美国康奈尔大学机构等联合发布的全球创新指数排行榜，中国内地2018年较上年上升5位，位列第17名，成为唯一进入前20名的发展中国家。2019年，中国内地排名进一步提升至第14名，意味着中国内地已经进入创新先进列。

中国创新能力快速提升的背后是中国企业创新能力的提升，而上市企业是企业创新发展的主力军。借助于新兴的大数据技术，我们构建了国内外首个"技术创新+模式创新"型的企业创新能力的指数评价体系。指数评价结果显示，尽管中国国家创新能力已经列世界前20位，但中国上市企业总

---

* 本章研究基于中国上市公司2017年数据。

体上处于创新发展的前期阶段，未来创新发展潜力还很大。

可以预见，随着创新驱动战略持续深入实施，中国企业的创新主体地位将逐步确认，国家科技创新体系将日趋完善，在 2030 年跻身创新型国家前列、2050 年建成世界重要创新中心的目标应该可以实现。

二　理论与方法

本报告充分借鉴已有的理论成果，结合时代创新特点，构建了国内外首个"技术创新型 + 模式创新型"上市企业创新能力评价指数。

（一）上市企业创新评价相关理论

1. 两种基础理论

（1）创新生态理论

根据创新生态理论，一个良好的创新生态主要包括以下构件：一是具有广泛的社会创新意识、弘扬创新的社会文化、严格的产权和知识产权保护制度、透明的商业规则、公平竞争的市场秩序、完善的人才流动机制；二是教育、科研、人才和资金等资源高度集聚，能够满足创新企业全方位的各类资源需求；三是形成有效的政、产、学、研等融合发展机制，政府和市场的资源配置作用有机结合，科技成果能够快速实现产业化，最大限度地实现经济效益和社会效益；四是政府高度关注创新经济发展，能够根据不同阶段创新发展的需要，出台有效推进创新的发展政策与战略规划。

（2）创新能力理论

企业创新能力就是企业在生产经营各个环节实现创新、改进和提高的综合能力，主要由以下六项能力构成。一是创新投入能力。创新投入能力是指企业创新活动中投入资源的数量和质量，是企业创新活动的基础。按照国际通行的方法，企业创新投入分为 R&D 投入和非 R&D 投入。二是创新研发能力。创新研发能力是影响企业创新的关键因素，包括新技术研发能力和新产品研发能力。三是创新市场能力。企业的任何创新活动最终必须得到市场的认可，最终实现商业化，才能使所有创新投入转化为现实的经济效益和社会效益。企业创新市场的能力包括让新产品实现市场化能力和采用新技术改变已有市场的能力。四是创新组织能力。企业组织创新能力主要包括组织体系的创新能力、组织功能的创新能力、组织管理体制的创新能力和组织管理规章制度的创新能力。五是创新激励能力。创新激励能力就是使企业产生创新愿望，鼓励将愿望变成现实的能力，是使员工具有创新主动性和前瞻性的能力。六是创新产出能力。创新产出能力是指技术创新使企业降低成本、创造市场、产生收益的能力，反映企业技术创新给企业带来的经济效益和技术进步。

2. 二种基本创新形式

本报告所说的"技术创新"是指研发获得新技术以及直接应用新技术建立新工艺和生产新产品的创新活动；"模式创新"是指研发新的生产模式（不包括建立新工艺）、组织模式和商业模式的创新活动。依据这一定义，通过对国际各种创新分类方法进行对比研究，本报告认为，从本质上讲几乎所有类型的创新都可以归纳为三类：第一类是技术创新；第二类是模式创新；第三类是技术创新和模式创新的混合型创新。

（二）中国境内上市企业创新能力评价指标体系构建方法

借鉴上述理论研究和国内类似项目研究的成果，结合推动中国境内上市企业创新发展的需要，并基于大数据技术支持下的数据可获得性，本文构建了"技术创新+模式创新"型上市企业创新能力评价指标体系（见表8.1）。

1. 指标体系构成

上市企业创新能力评价指标体系由五大板块构成，分别是创新环境、创新投入、技术创新、模式创新、创新产出。需要说明的是，在这一框架设计中，技术创新和模式创新被视为创新投入和创新产出之间的中间环节。

表 8.1　"技术创新+模式创新"型上市企业创新能力评价指标体系构成

一级指标	二级指标
创新环境	产学研创新联盟
	创新文化氛围
	创新激励机制
创新投入	研发投入强度
	研发人员占比
	政府对创新的资金支持力度
技术创新	创新专利
	技术创新获奖
	新产品和新技术

续表

一级指标	二级指标
模式创新	创新组织设置
	新营销和新业态
创新产出	全员劳动生产率
	企业价值收益比
	营业利润率

2. 指数体系合成方法

上市企业创新能力评价体系由创新环境、创新投入、技术创新、模式创新和创新产出等五个一级指标组成。先将一级指标的所有二级指标无量纲化后的数值与其权重按加权平均公式计算得到该一级指标得分；然后将一级指标的得分再次加权平均，得到总指数的得分。

三 中国境内上市企业创新能力评估

中国绝大部分行业中创新最活跃、实力最强劲的企业都是境内上市企业。对中国境内上市企业创新能力进行评估能够在较大程度上把握中国创新能力的结构分布和总体趋向。

（一）创新能力总体分析

1. 上市企业创新能力总体偏低

中国证券市场功能定位长期以来以融资为主，缺乏有效的企业创新发展激励机制，证券市场制度改革滞后导致以 BAT[①] 为代表的互联网创新企业纷纷绕道境外上市，中国境内上市企业创新能力总体较弱，创新能力总指数仅为 43.94。

2. 中国境内上市企业大多处于创新发展的前期阶段

中国境内上市企业创新发展表现出相对明显的"投入相对高，产出相对低"的发展态势。

中国境内上市企业的技术创新能力指数、模式创新指数、创新产出指数、

---

① B = 百度、A = 阿里巴巴、T = 腾讯。

创新投入指数均明显小于创新环境指数，说明了两点：一是中国上市企业大多数还处于高投入的创新前期阶段，只有少数企业进入了高收益的创新后期阶段；二是表明中国上市企业创新投入的转化效率总体不高，未来在持续提高创新投入的同时需要更加注重创新投入转化效率的提升（见表8.2）。

表 8.2　2017 年中国上市企业创新能力指数

创新指数	综合指标 创新能力	一级指标 创新环境	一级指标 创新投入	一级指标 技术创新	一级指标 模式创新	一级指标 创新产出
总体	43.94	53.42	45.8	40.77	39.09	40.61

（二）创新能力区域维度分析

1. 中国上市企业创新活动高度集中于东部地区，中国企业创新能力 500 强的区域分布呈现"东多西少"的格局

在创新能力 500 强企业中，东部地区企业数量（402 家）遥遥领先，超过上榜企业的 80.4%。中部地区（57 家）、西部地区（31 家）、东北地区（10 家）上榜企业数量分别占上榜企业的比重为 11.4%、6.2%、2.0%（见图 8.1）。

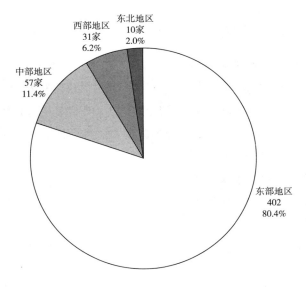

图 8.1　2017 年中国上市企业创新能力 500 强地区分布

2. 各省区市创新能力呈现"东中西"由强至弱梯度下降的空间分布特征

创新能力总指数值为 63 以上的为"第一梯队"，其创新能力强，包括北京市、广东省、浙江省、上海市、江苏省、福建省和山东省等 7 个省区市。

创新能力总指数值在 50～63 的省区市为"第二梯队"，其创新能力较强，包括四川省、湖北省、安徽省、河南省、湖南省、辽宁省、天津市、河北省、重庆市、陕西省、江西省、贵州省、吉林省和云南省 14 个省区市。

创新能力总指数值在 50 以下的为"第三梯队"，其创新能力较弱，包括新疆维吾尔自治区、广西壮族自治区、黑龙江省、甘肃省、山西省、海南省、内蒙古自治区、西藏自治区、青海省、宁夏回族自治区 10 个省区市。

从梯度分布情况看，"东中西"由强到弱排序格局明显。在第一梯队中，所有省区市无一例外都属于东部；第二梯队中，绝大多数省区市属于中部；第三梯队中，除了海南与黑龙江之外，其他省区市都属于西部（见表 8.3）。

表 8.3　2017 年中国上市企业创新能力的区域创新优势与短板

区域	综合指标（X） 创新能力	一级指标（X1） 创新环境	一级指标（X2） 创新投入	一级指标（X3） 技术创新	一级指标（X4） 模式创新	一级指标（X5） 创新产出
北京市	68.88	66.79（4）	84.90（1）	69.02（3）	76.26（2）	47.41（5）
广东省	68.40	65.48（4）	83.19（1）	76.18（2）	71.08（3）	46.09（5）
浙江省	66.50	54.61（4）	81.24（1）	69.53（3）	78.33（2）	48.72（5）
上海市	66.20	58.89（4）	82.67（1）	67.48（3）	74.39（2）	47.57（5）
江苏省	66.04	64.84（4）	71.95（2）	71.71（3）	75.88（1）	45.82（5）
福建省	64.64	65.42（3）	78.23（1）	61.89（4）	73.38（2）	44.28（5）
山东省	63.59	61.95（4）	77.13（1）	66.59（3）	70.32（2）	41.95（5）
四川省	62.49	65.41（1）	73.49（1）	62.75（4）	66.41（2）	44.37（5）
湖北省	61.58	61.12（4）	76.36（1）	62.21（3）	66.31（2）	41.89（5）
安徽省	61.50	60.53（4）	68.01（2）	63.43（3）	70.37（1）	45.16（5）
河南省	60.73	59.41（4）	70.18（1）	63.61（2）	63.02（3）	47.45（5）
湖南省	60.13	63.96（1）	70.59（1）	58.23（4）	60.32（3）	47.53（5）
辽宁省	58.79	58.09（3）	74.36（1）	56.56（4）	59.05（2）	45.87（5）
天津市	57.86	57.35（4）	67.77（1）	62.96（2）	60.68（3）	40.57（5）
河北省	56.28	58.98（2）	57.39（4）	64.50（1）	56.93（3）	43.61（5）
重庆市	55.72	59.52（2）	59.26（3）	60.76（1）	58.78（4）	40.27（5）
陕西省	54.03	61.46（2）	62.35（1）	49.71（4）	57.72（3）	38.93（5）
江西省	53.14	61.53（2）	51.52（4）	62.37（1）	53.42（3）	36.84（5）

续表

区域	综合指标 （X） 创新能力	一级指标 （X1） 创新环境	一级指标 （X2） 创新投入	一级指标 （X3） 技术创新	一级指标 （X4） 模式创新	一级指标 （X5） 创新产出
贵州省	52.45	65.14（1）	49.83（4）	55.65（2）	51.66（3）	39.98（5）
吉林省	52.16	58.40（2）	63.13（1）	45.12（5）	47.36（3）	46.80（4）
云南省	51.35	65.11（1）	55.21（2）	50.11（3）	48.82（4）	37.52（5）
新疆维吾尔自治区	49.96	58.26（1）	48.37（4）	50.50（3）	52.04（2）	40.61（5）
广西壮族自治区	48.83	57.43（1）	50.84（2）	45.56（3）	45.42（4）	44.92（5）
黑龙江省	48.77	51.61（2）	54.21（1）	49.49（3）	48.39（4）	40.15（5）
甘肃省	48.14	54.79（1）	44.12（4）	52.44（2）	51.07（3）	38.26（5）
山西省	47.39	57.45（1）	47.41（3）	52.30（2）	44.70（4）	35.08（5）
海南省	46.75	51.71（2）	57.33（1）	42.68（4）	43.27（3）	38.74（5）
内蒙古自治区	45.37	48.58（1）	42.64（4）	46.17（3）	46.81（2）	53.10（5）
西藏自治区	44.02	55.06（1）	45.13（3）	33.63（4）	33.19（5）	53.10（2）
青海省	39.44	52.34（1）	34.23（5）	37.92（2）	35.93（4）	36.75（3）
宁夏回族自治区	38.57	51.84	34.35	38.02	38.12	30.52

注：括号内数据表示分项指标排名（下同）。

（三）创新能力行业维度分析

1. 高技术制造业、现代服务业创新能力较强，传统行业创新能力普遍较弱

根据创新能力总指数比较分析发现，创新能力总指数较高的行业主要为高技术制造业和现代服务业，较低的行业主要为传统制造业和传统服务业。高技术制造业和现代服务业的创新能力总指数值分别为48.52和48.56。

传统制造业和传统服务业创新能力总指数值分别为41.96和37.07，较高技术制造业和现代服务业创新能力总指数值分别低6.56和11.49（见表8.4）。

表8.4　2017年中国上市企业创新能力的行业得分

行业	综合 指标 （X） 创新 能力	一级 指标 （X1） 创新 环境	一级 指标 （X2） 创新 投入	一级 指标 （X3） 技术 创新	一级 指标 （X4） 模式 创新	一级 指标 （X5） 创新 产出
仪器仪表制造业	54.48	58.09 （2）	67.66 （1）	46.65 （4）	53.44 （3）	46.56 （5）

行业	综合指标（X） 创新能力	一级指标（X1） 创新环境	一级指标（X2） 创新投入	一级指标（X3） 技术创新	一级指标（X4） 模式创新	一级指标（X5） 创新产出
信息传输、软件和信息技术服务业	53.36	53.76（2）	70.34（1）	43.40（5）	55.26（3）	44.01（4）
计算机、通信和其他电子设备制造业	50.20	55.72（2）	61.29（1）	48.36（3）	46.11（4）	39.51（5）
专用设备制造业	48.71	54.88（2）	57.44（1）	47.16（3）	44.07（4）	40.01（5）
电气机械及器材制造业	48.29	52.38（2）	53.42（1）	50.28（3）	46.19（4）	39.16（5）
医药制造业	46.59	55.35（1）	50.80（2）	42.34（4）	37.95（5）	46.49（3）
科学研究和技术服务业	45.93	55.09（1）	54.64（2）	37.98（4）	37.10（5）	44.85（3）
通用设备制造业	45.55	55.14（1）	52.32（2）	42.87（3）	39.32（4）	38.12（5）
印刷和记录媒介复制业	45.37	54.54（1）	45.40（3）	43.18（4）	37.97（5）	45.74（2）
废弃资源综合利用业	45.23	53.98（1）	48.34（2）	47.93（3）	30.68（5）	45.20（4）
文教、工美、体育和娱乐用品制造业	44.48	58.72（1）	49.09（2）	38.23（4）	34.68（5）	41.65（3）
家具制造业	44.45	56.76（1）	43.20（3）	43.67（2）	38.91（5）	39.71（4）
汽车制造业	44.34	53.50（1）	49.91（2）	43.57（3）	37.03（5）	37.71（4）
橡胶和塑料制品业	44.28	53.96（1）	46.81（2）	43.57（3）	38.27（5）	38.78（4）
铁路、船舶、航空航天和其他运输设备制造业	44.09	53.05（1）	52.34（2）	42.38（3）	34.41（5）	38.26（4）
金属制品业	43.81	54.12（1）	45.44（2）	44.70（3）	36.48（5）	38.33（4）
卫生和社会工作	43.17	59.65（1）	40.61（3）	36.29（5）	37.93（4）	41.38（2）

续表

行业	综合指标（X）创新能力	一级指标（X1）创新环境	一级指标（X2）创新投入	一级指标（X3）技术创新	一级指标（X4）模式创新	一级指标（X5）创新产出
文化、体育和娱乐业	42.91	55.94 (1)	39.51 (4)	31.89 (5)	39.96 (3)	47.26 (2)
建筑业	42.43	52.81 (1)	41.60 (3)	42.25 (2)	36.29 (5)	39.19 (4)
化学原料及化学制品制造业	42.27	51.29 (1)	46.12 (2)	39.59 (4)	34.73 (5)	39.60 (3)
非金属矿物制品业	42.25	52.15 (1)	42.69 (2)	41.46 (3)	36.83 (5)	38.14 (4)
纺织服装、服饰业	42.09	52.41 (1)	37.16 (4)	40.22 (3)	44.00 (2)	36.64 (5)
食品制造业	41.85	55.01 (1)	36.46 (4)	42.23 (2)	35.12 (5)	40.40 (3)
水利、环境和公共设施管理业	41.36	53.00 (1)	38.68 (3)	37.12 (4)	33.16 (5)	44.82 (2)
租赁和商务服务业	41.15	54.13 (1)	33.90 (4)	33.41 (5)	40.28 (3)	44.03 (2)
造纸及纸制品业	40.69	52.95 (1)	41.38 (2)	39.53 (3)	35.25 (4)	34.34 (5)
木材加工及木、竹、藤、棕、草制品业	40.32	44.33 (2)	34.90 (4)	48.88 (1)	34.24 (5)	39.26 (3)
有色金属冶炼及压延加工	39.92	49.74 (1)	41.72 (3)	42.15 (2)	30.42 (5)	35.57 (4)
其他制造业	39.64	49.04 (1)	37.41 (4)	38.05 (3)	32.03 (5)	41.66 (2)
纺织业	39.53	50.17 (1)	39.34 (2)	37.25 (3)	36.25 (4)	34.61 (5)
酒、饮料和精制茶制造业	39.33	53.58 (1)	30.71 (5)	35.32 (3)	34.76 (4)	42.26 (2)
农副食品加工业	38.92	55.10 (1)	32.33 (5)	36.85 (2)	35.08 (4)	35.24 (3)
皮革、毛皮、羽毛及其制品和制鞋业	38.88	56.26 (1)	31.58 (5)	34.77 (4)	36.56 (2)	35.22 (3)

续表

行业	综合指标（X） 创新能力	一级指标（X1） 创新环境	一级指标（X2） 创新投入	一级指标（X3） 技术创新	一级指标（X4） 模式创新	一级指标（X5） 创新产出
黑色金属冶炼及压延加工	38.83	49.87 （1）	39.08 （3）	44.33 （2）	31.19 （4）	29.65 （5）
综合	38.63	49.34 （1）	33.21 （4）	36.90 （3）	32.69 （5）	41.00 （2）
化学纤维制造业	38.40	52.60 （1）	39.50 （2）	36.34 （3）	27.68 （5）	35.91 （4）
金融业	38.32	52.18 （2）	23.03 （5）	27.36 （4）	34.08 （3）	54.95 （1）
采矿业	37.58	50.91 （1）	33.52 （4）	37.92 （2）	30.12 （5）	35.43 （3）
农、林、牧、渔业	37.28	48.27 （1）	33.59 （5）	33.60 （4）	36.70 （2）	34.22 （3）
电力、热力、燃气及水生产和供应业	37.20	53.06 （1）	28.22 （5）	34.13 （3）	28.62 （4）	41.97 （2）
交通运输、仓储和邮政业	37.02	52.72 （1）	27.50 （5）	30.17 （4）	32.46 （3）	42.27 （2）
房地产业	36.83	51.78 （1）	23.05 （5）	32.08 （3）	31.05 （4）	46.17 （2）
批发和零售业	36.75	52.85 （1）	27.14 （5）	31.20 （4）	36.24 （3）	36.33 （2）
石油加工、炼焦及核燃料加工业	35.77	49.85 （1）	33.16 （4）	35.03 （2）	27.28 （5）	33.54 （3）
住宿和餐饮业	34.65	52.46 （1）	19.96 （5）	30.66 （4）	37.19 （2）	32.97 （3）
教育	31.22	50.53 （1）	30.92 （3）	18.78 （5）	20.47 （4）	35.42 （2）
平均值	43.94	53.42	45.80	40.77	39.09	40.61

2. 服务业长于模式创新，制造业重于技术创新

服务业创新以模式创新为主导。服务业模式创新指数值高出技术创新指数值 3.74。信息传输、软件和信息技术服务业，文化、体育和娱乐业、租赁和商务服务业、金融业、住宿和餐饮业的模式创新指数高出其技术创新指数值 6 以上。

制造业创新以技术创新为主导。制造业技术创新指数高出模式创新值为 5.17。废弃资源综合利用业，木材加工及木、竹、藤、棕、草制品业，黑色金属冶炼及压延加工，有色金属冶炼及压延加工的技术创新指数高出模式创新指数值为 10 以上。

四　评估结论

（一）　中国企业创新总体还处于前期发展阶段

企业创新发展过程由高投入的前期和高收益的后期两阶段构成。从 2012 年到 2017 年，中国实施创新驱动发展战略只有 5 年时间，中国企业创新发展还处于前期发展阶段，上市企业创新能力总体偏低，在较大程度上符合客观创新发展的一般规律。评估结果显示，实施创新驱动战略以来，随着政府"放管服"改革与"双创"运动的持续推进，中国企业创新发展的外部环境明显改善，为企业创新持续健康发展奠定了良好的基础。

需要注意的是，当下中国企业创新发展主要依靠小部分龙头型企业带动，大部分上市企业创新能力亟待提高，进而形成"以大带小，协同发展"的良好格局。

（二）　中国上市企业创新能力呈现由东到西梯度递减的分布格局

相比传统要素驱动型经济，创新驱动型经济的资源聚集效应更加明显。东部地区在创新发展方面具有人才、资金、文化、国际化、改革开放等诸多领域的优势资源，成为中国企业创新发展的汇聚地。在创新 500 强企业中，东部地区占八成，其中广东省和北京市 2 个省份企业占比高达 44.6%，处于遥遥领先的地位。

与此同时，中部地区作为东部产业转移的主要承接地，受到较强的东部地区创新活动辐射，加之在人才、资金与文化等方面拥有相对较好的资源，企业创新能力仅次于东部地区，在各区域中排第二名。相比之下，中西部及东北地区拥有的创新资源相对较少，企业创新能力总体较弱。

（三）高技术制造业和现代服务业是中国企业创新活跃地带

企业创新活动往往围绕新技术与新模式展开。近年来，中央为了加速中国产业结构的升级与转型，先后出台多项支持政策，切实推动了中国高技术制造业和现代服务业的创新发展。其中，信息传输、软件和信息技术服务业，计算机、通信和其他电子设备制造业，电气机械及器材制造业，通用设备制造业、医药制造业成为五大主要创新行业。

五　中国企业创新政策评析

中国早在宋代就已经出现了资本主义的萌芽，到明代已拥有了规模较大的煤炭工业，能够开采并使用天然气，还有较为发达的钢铁工业，很早就解决了欧洲人 19 世纪才弄明白的钢铁铸造技术问题。但是，工业革命最终没有在中国出现，可能最关键的原因是中国企业家创新精神在历史上被长期压制。

2017 年 9 月，中共中央、国务院发布《关于营造企业家健康成长环境、弘扬优秀企业家精神、更好发挥企业家作用的意见》。正如阿里巴巴集团董事局主席马云所说，该意见标志着"2000 年来，中国在思想领域的一大进步"。该意见及其相关配套政策陆续出台无疑将影响中国的未来发展趋势。

为了鼓励企业创新发展，中央和地方政府近年来出台了大量相关政策，这些政策概括起来可分为以下几大类。

一是中国正在不断加大知识产权保护力度，建立和完善知识产权法律体系。

二是推动政府"放管服"改革，营造企业公平竞争的市场环境。推进市场准入负面清单制度，保障各类市场主体依法平等进入负面清单以外的行业、领域和业务。反对地方保护主义，清理妨碍公平竞争的各种地方法规，建立要素自由流动的统一市场。

三是鼓励各地方大胆探索，建立容错免责机制，积极倡导敢于冒险、宽容失败的创新文化。

四是促进高校、研究机构和企业建立密切合作机制，整合三方资源，提升创新能力，提高科技成果转化效率。

五是建立和完善支持企业创新的服务平台体系。全国众创空间数量已经达到5500多家，科技企业孵化器超过了4000家，中央企业搭建的创新创业平台达到970多个。

六是在全国建立了120家创新创业示范基地，通过这些示范基地的探索与实践，总结出一批企业创新发展的成功经验，在全社会范围进行推广。

七是推动建立大中小企业协同创新机制。大中小企业以产业链为纽带共建创新平台，开放创新资源，通过合作方式进行创新活动。

八是加大创新型企业的财税政策支持力度，从多方面对创新型企业给予财税优惠。

九是拓宽创新企业直接融资渠道，优先支持科技型中小企业发债融资以及上市融资。

综上所述，为了有效促进企业创新发展，中国政府不仅在财税、金融方面对创新企业给予支持，而且在法律体系、社会文化、政府管理体制等领域出台了一系列配套改革政策，为企业创新发展提供了前所未有的动力，并取得了明显成效。

从各地反映的情况来看，当前中国鼓励企业创新的政策主要存在以下两方面的不足：一是一些政策还有待不断完善，比如知识产权保护制度还不是很完善；二是一些政策在实施过程中受各种各样因素影响难以落实到位。显然，这些问题是一个转型国家在发展中必定会遇到的问题。随着创新驱动战略的持续深入实施，相信这些问题会逐步得到有效解决或缓解。

总体判断，在支持企业创新政策体系趋于完善的过程中，中国企业的创新总体上也将迈过高投入的前期发展阶段，逐步进入高收益的后期阶段。这是未来看好中国企业创新前景的主要原因。

参考文献

Breschi, S., Malerba, F. and Orsenigo, L. (2010), Technological regimes and Schumpeterian patterns of innovation, *Economic Journal* 110(463): 388–410. dci.org/10.1111/1468-0297.00530.

Cao, H.J., Zhao, X. and Huang, S.J. (2009), Research on assessment systems of enterprises' independent innovation, [in Chinese], *China Industrial Economies* 9: 105–14.

Chen, K. and Guan, J. (2011), Mapping the functionality of China's regional innovation systems: A structural approach, *China Economic Review* 22(1): 10–27. doi.org/10.1016/j.chieco.2010.08.002.

Chung, S. (2002), Building a national innovation system through regional innovation systems, *Technovation* 22(8): 485–91. doi.org/10.1016/S0166-4972(01)00035-9.

Cooke, P. (1997), Regional innovation systems: Institutional and organizational dimensions, *Research Policy* 26(4–5): 475–91. doi.org/10.1016/S0048-7333(97)00025-5.

Cooke, P. (2011), Transition regions: Regional–national eco-innovation systems and strategies, *Progress in Planning* 76(3): 105–46. doi.org/10.1016/j.progress.2011.08.002.

Dang, W.J., Zhang, Z.Y. and Kang, J.J. (2008), The impact of the regional innovation environment on regional innovation capability, [in Chinese], *China Soft Science* 3: 52–7.

Edwards, G. (2013), Regions and innovation: A reflection, in S. Kinnear, K. Charters and P. Vitartas (eds), *Regional Advantage and Innovation: Achieving Australia's national outcomes*, Heidelberg: Springer-Verlag.

Fagerberg, J.E. and Verspagen, B. (2009), Innovation studies: The emerging structure of a new scientific field, *Research Policy* 38(2): 218–33. doi.org/10.1016/j.respol.2008.12.006.

Godoe, H. (2012), Innovation theory, aesthetics, and science of the artificial after Herbert Simon, *Journal of the Knowledge Economy* 3(4): 372–88. doi.org/10.1007/s13132-011-0055-6.

Gössling, T. and Rutten, R. (2007), Innovation in regions, *European Planning Studies* 15(2): 253–70. doi.org/10.1080/09654310601078788.

Guan, J. and Chen, K. (2012), Modeling the relative efficiency of national innovation systems, *Research Policy* 41(1): 102–15. doi.org/10.1016/j.respol.2011.07.001.

Guan, J. and Ma, N. (2003), Innovative capability and export performance of Chinese firms, *Technovation* 23(9): 737–47. doi.org/10.1016/S0166-4972(02)00013-5.

Huang, L. (2000), Approach to the main content of regional innovation systems, *Science Research Management* 21(2): 43–8.

Jacobsson, S. and Bergek, A. (2011), Innovation system analyses and sustainability transitions: Contributions and suggestions for research, *Environmental Innovation & Societal Transitions* 1(1): 41–57. doi.org/10.1016/j.eist.2011.04.006.

Jia, Y.N. (2001), Theory and analysis of regional creative milieus, [in Chinese], *Areal Research and Development* 20(1): 5–8.

Li, W., Chang, J., Wang, M.J., Zhu, X.Y. and Jin, A.M. (2014), Innovation 3.0 and innovation ecosystems, [in Chinese], *Studies in Science of Science* 13(1): 39–63.

Martin, R. and Simmie, J. (2008), Path dependence and local innovation systems in city-regions, *Innovation* 10(2–3): 183–96. doi.org/10.5172/impp.453.10.2-3.183.

Motohashi, K. and Yun, X. (2007), China's innovation system reform and growing industry and science linkages, *Research Policy* 36(8): 1251–60. doi.org/10.1016/j.respol.2007.02.023.

Pekkarinen, S. and Harmaakorpi, V. (2006), Building regional innovation networks: The definition of an age business core process in a regional innovation system, *Regional Studies* 40: 401–13. doi.org/10.1080/00343400600725228.

Phan, P., Zhou, J. and Abrahamson, E. (2010), Creativity, innovation, and entrepreneurship in China, *Social Science Electronic Publishing* 6(2): 175–94. doi.org/10.1111/j.1740-8784.2010.00181.x.

Ronde, P. (2005), Innovations in regions: What does really matter?, *Research Policy* 34(8): 1150–72. doi.org/10.1016/j.respol.2005.03.011.

Simmie, J. (2003), Innovation and urban regions as national and international nodes for the transfer and sharing of knowledge, *Regional Studies* 37(6–7): 607–20. doi.org/10.1080/0034340032000108714.

Sina Technology (2017), This document from the central government makes entrepreneurs very excited! Wang Jianlin says he is reassured, [in Chinese], *China Business News*, 30 September, available from: cj.sina.com.cn/article/detail/1650111241/424211?column=china&ch=9.

Tian, Z.K., Zhao, X.J. and Tong H.Q. (2008), Comparison and assessment of China's technology innovation ability, [in Chinese], *China Soft Science* 7: 155–60.

Tong, J.S. (2003), The cooperative innovation system of industry, universities and research institutes and independent intellectual property, [in Chinese], *China Soft Science* (1): 113–16.

Wang, H.Q. and Hou, Y. (2017), Evaluation study on technological ability of high-tech industry in China, [in Chinese], *Forum on Science and Technology in China* 3: 58–63.

Wang, Z.H. and Liu, L. (2015), A comparative analysis of the national innovative evaluation indexes, [in Chinese], *Science Research Management* 1: 162–8.

Yin, W.H. and Zhang, Y.X. (2016), Analysis of independent innovation capability of industrial enterprises in China, [in Chinese], *The World of Survey and Research* 2: 36–47.

Zeng, G.P., Gou, Y.Z. and Liu, L. (2013), From innovation system to innovation ecosystem, [in Chinese], *Studies in Science of Science* 31(1): 4–12.

Zhou, B.X., Ding, Y.B. and Ren, C.M. (2007), Study on regional innovation systems structure model and operation mechanism, [in Chinese], *China Soft Science* (3): 135–8.

第9章 中国金融服务业开放与企业融资约束

张礼卿　张　艳　董支晓

随着中美贸易摩擦升级，中国在金融领域加速开放，促进了中国金融自由化的发展。[①] 2018 年 4 月，习近平主席在第十七届博鳌论坛的讲话中提到要加大中国金融市场的开放，中国人民银行行长易纲也宣布了中国金融开放的具体措施，包括取消银行和金融资产管理公司的外资持股比例限制等。中国政府已下定决心推进国内金融自由化的改革，继续全面深化改革，扩大开放。

一系列的文章表明，融资约束会阻碍企业的投资与发展（Stein，2003；Li & Huang，2015）。在以中国为代表的发展中国家中，由于金融市场发展的不完善，这种现象尤为严重。融资约束的形成原因多种多样，大量文献表明，借贷双方的信息不对称以及"委托代理"问题的存在是造成融资约束的主要原因。本章内容主要关注中国金融自由化与企业融资约束的关系，重点研究中国金融服务业开放是否缓解了中国企业的融资约束，以及金融自由化会以何种渠道改善企业的融资约束问题。

目前关于金融开放对发展中国家影响的实证研究尚未形成统一结论，无法形成有效的政策建议，中国作为一个转型经济体，由过去的中央计划经济体制向市场化转型，中国金融市场的金融抑制现象较为明显，大型国

---

① 金融自由化包括两个方面——金融服务部门开放以及金融市场的自由化，本章内容主要关注金融部门的开放，包括银行、保险及证券公司。

有企业的融资行为会享受到国家的补贴，而金融服务业的开放以及外资金融机构的进入会改善这种情况，促进金融市场资源分配的有效性，提高融资效率。

本章首先梳理了中国金融服务业开放的相关政策；其次，通过使用"外国直接投资限制指数"（FDI restrictiveness index）作为衡量中国金融服务业开放程度的指标，利用中国省际投入产出表，计算得出中国分行业分区域的金融部门开放指数；再次基于中国 2010～2015 年上市公司财务数据，计算得出 4 个指标，分别从内源融资和外源融资渠道对中国企业层面的融资约束状况进行衡量；最后，我们实证研究中国金融服务业开放如何影响中国企业的融资约束。研究发现，金融服务业开放能够显著降低企业的融资约束，且主要通过促进外源融资的形式，特别是增加银行信贷以缓解自身的融资约束。同时，随着金融服务业的开放，企业在融资的过程中会更多使用银行信用以替代商业信用，进一步优化了融资结构；我们进一步根据企业的所有制差异以及资本回报率的差异，分析企业的异质性效应，我们发现中国金融业开放有利于缓解金融机构的"所有制歧视"，促进金融资源更加有效地分配。中国金融开放更有利于缓解民营企业以及盈利能力较高的企业的融资约束；中国金融服务业开放主要通过抵押品渠道以及降低上市公司与金融机构之间信息不对称的渠道，降低企业的融资约束。

本章第一部分为文献综述；第二部分为政策梳理；第三部分包括融资约束指标的测算；第四部分与第五部分为对实证结果的分析与讨论，第六部分总结全文并提出相应的政策建议。

一　文献综述

金融自由化的含义通常是指一个国家的金融部门运行和金融资源的分配逐步摆脱政府管制，转由市场力量决定的过程。Williamson（1998）将金融自由化的范围定义为放松金融管制、消除贷款控制、金融服务业的自由进入、尊重金融机构自主权、银行私有化和国际资本流动的自由化六个方面。在理想的市场环境中，不存在市场摩擦，企业在进行融资的过程中，可以无差异地选择内部融资或者外部融资，企业的投资行为不会受到财务状况的限制，只与企业的投资需求有关。

　　然而在现实经济运行中，信息不对称以及委托代理问题的存在，使得金融市场并不是完全有效的，企业在进行融资过程中通过内部融资还是外部融资，会使融资成本产生较大的差异，Fazzari 等（1988）将企业外部融资成本与内部融资成本之间的差异定义为企业的融资约束。金融自由化的发展对缓解该国企业的融资约束具有积极意义，能够减少市场中的信息不对称，提高资金分配效率。金融部门的改革与金融自由化会促进金融机构的市场化运营，提升融资效率，缓解融资约束。

　　尽管大量的文献对金融自由化对融资约束的影响做了相关研究，但仍未形成统一的结论，有些文章认为金融自由化对缓解金融约束具有正面影响（Harris et al.，1994；Love，2003；Beck et al.，2005；Naeem & Li，2019；Zhang & Zheng，2019）。早在 1994 年，Harris 等选取印度尼西亚 218 个工业企业在 1981~1988 年的数据，对金融自由化与融资约束的关系进行实证研究，在金融自由化之前，公司面临着严重的金融约束，外部融资成本高；金融自由化以后，外部融资成本降低，公司对内部现金流的敏感性降低，融资抑制的情况有所改善。Love（2003）基于欧拉等式构建了结构方程，选用了 40 个国家企业层面的数据，在考虑了规模效应、商业周期以及法律环境等可能影响企业融资行为的因素后，得出结论认为，金融自由化会减少企业的融资约束。Bekaert 等（2005）认为股票市场的自由化，每年会促进实际经济增长 1%；Beck 等（2005）在选取了 45 个国家企业层面的数据做研究后发现，规模越小的企业所遭受的融资约束程度越大，金融自由化的发展可以减缓企业因法律、腐败等环境所造成的融资约束问题，并且越是小规模企业，金融自由化对其所带来的福利越大。Naeem 和 Li（2019）认为金融深化可以缓解企业的融资约束问题，有利于企业投资效率的提高。Zhang 和 Zheng（2019）认为融资约束对企业的创新投资有重要影响，非国有企业以及外资企业的创新投入受融资约束的影响较大，而国有企业在创新投资中所受到的融资约束影响较小。

　　有一部分研究主要集中在发展中国家，发现金融自由化对企业的融资约束具有异质性效果，甚至负面作用。Haramillo 等（1996）采用厄瓜多尔 420 个制造企业 1983~1988 年的面板数据研究证明，厄瓜多尔的金融改革并没有解决本国企业面临的金融约束问题，资本市场发展的不完善对中小企业影响较大，对大型企业的影响较小；Laeven（2003）对 13 个发展中国家的企业数据研究表明，总体而言，金融自由化并没有降低企业的融资约束，但对不同规模的企业影响是不同的，对发展中国家中小规模的企业，金融自由化降低了它们的融资约束，但对规模较大的企业而言，金融自由化反而加重了它们的融资约束；Dell'Aficcia 等（2004）认为，金融自由化的发展加剧了银行的竞争，使其不断降低贷款利率，企业更加容易融到资金，但这样也增加了整个经济的系统性风险。一项对韩国企业的研究表明，虽然金融自由化可以缓解韩国企业的融资约束问题，但主要是针对中小企业，金融自由化并没有给大企业的融资约束问题带来很大的改善。

通过大量对中国金融市场的研究发现，银行渠道是外源融资（间接融资）的主要资金来源，从中国银行业的发展过程来看，早期中国的银行全部为国有银行，信贷投放更加偏重于国有企业，非国有企业面临较严重的融资约束问题。Batra（2003）主编的调查报告指出，虽然中国拥有全球最大的银行系统，但与中国的国有企业相比，私营企业面临更大的融资约束问题。Huang（2005）也发现，在中国，私有企业认为融资约束是阻碍其发展的最大的约束。2001 年中国加入 WTO 之后，加快了金融自由化的进程，在银行、保险、证券方面都加大了对外开放力度，尤其在银行方面，中国在2001 年以后逐步放开了内地外资银行的本币业务，对国内经济产生了一定影响。Lin（2011）细致研究了外资银行进入中国后企业的融资情况，他选取 2001~2005 年中国沪深两地上市公司的财务数据作为研究样本，通过实证研究表明，在外资银行进入中国以后，对全国企业的长期融资不会有显著的影响，但对企业进行异质性的分类后发现，不同种类的企业会受到不同的影响，盈利能力较强、资产回报率（ROA）较高的企业更容易得到贷款；与外资银行进入之前相比，私营企业得到银行贷款的概率得到了提升。

另外一部分文献专注于研究金融开放对企业与银行的影响，Berger（2009）通过收集 1994~2003 年中国的银行数据，发现中国国有银行的经营效率最低，而外资银行的经营效率最高，外资银行进入中国以后对于提升中国国有银行的经营效率有较为稳健的正面影响；Huang（2015）通过双重差分的实证方法，处理了 2002~2007 年近 190000 个企业的数据，研究了外资银行开放后，分别对国有企业、集体企业、私有企业、外资企业以及全部整体企业全要素生产率的影响，最终的回归结果表明，外资银行的进入可以提高全体企业全要素生产率 2.03 个百分点，然而会降低国有企业与集体企业的全要素生产率；Lai 等（2016）的研究也表明，平均来看，某区域开放外资银行的进入，对提高该地区的生产率并没有显著的影响，当外资银行进入后，该地区生产过程中依赖金融支持的企业将会得到更好的发展，外资银行对于国内企业的冲击影响更多的是通过技术提升效应的改善，而并非提升了在该地区资源再分配效率的能力。

二　中国金融服务业的开放政策

中国金融服务业的开放对于促进国内经济的发展，优化生产要素的分配意义重大。2001 年中国加入 WTO、2013 年中国（上海）自由贸易试验区的设立，是中国金融服务业开放的两个里程碑。本文以 2013 年为界，分两个阶段综述中国入世以后金融服务业开放政策。

（一）初步发展阶段（2001～2013 年）

2001 年 11 月 10 日，中国加入 WTO，是中国参与全球经济，扩大对外开放的标志性事件，结合当时中国金融市场的发展水平，经 WTO 成员同意，中国采取循序渐进、逐步开放的方式，对银行、保险、证券等金融机构的开放也做出了相应的入世承诺。

1. 入世承诺

（1）银行部门

中国政府承诺在加入 WTO 后，立刻允许外国银行开展外汇业务，无客户限制；在中国入世 2 年内，在地域范围具有一定限制的情况下，开放外资银行与企业之间的人民币业务。2001 年中国加入 WTO 以后，承诺 5 年内逐步放开外资银行人民币业务的地域限制，2001 年开放上海、深圳、天津以及大连 4 个城市的外资银行人民币业务；入世后 1 年内，开放广州、珠海、青岛、南京和武汉；入世后 2 年内，开放济南、福州、成都和重庆；入世后 3 年内，开放昆明、北京和厦门；入世后 4 年内，开放汕头、宁波、沈阳和西安；入世后 5 年内，取消所有地域限制，具体内容见表 9.1、表 9.2。

表 9.1　中国银行业入世承诺 I

	跨境交付	跨境消费	商业存在	自然人流动
市场准入的限制	除以下内容外,不做承诺	无	a. 地域限制 b. 客户 c. 营业执照	除水平承诺中的内容外,不作其他承诺
国民待遇的限制	无		除人民币业务的地域限制和客户限制之外,没有其他限制	除水平承诺中的内容外,不作其他承诺
其他承诺	允许外资金融租赁公司与中国公司在相同的时间提供金融租赁服务			

注: 提供转让金融信息、金融数据处理以及与其他金融服务提供者有关的软件;就银行服务、提供转让金融信息、金融数据处理以及与其他金融服务提供者有关的软件和服务进行的咨询、中介和其附属服务,包括信用调查和分析、投资和有价证券的研究和咨询、为公司收购、重组和制定战略提供建议。

资料来源:WTO。

表 9.2　中国银行业入世承诺 II (2001~2006 年)

	2001 年	2002 年	2003 年	2004 年	2005 年	2006 年
外资客户	无限制	无限制	无限制	无限制	无限制	无限制
人民币客户	中国企业	中国企业	中国企业	所有中国客户	所有中国客户	所有中国客户
外币业务的地域限制	无限制	无限制	无限制	无限制	无限制	无限制
人民币业务的地域限制	上海、深圳、天津、大连(4 个城市允许)	广州、珠海、青岛、南京、武汉等(9 个城市允许)	昆明、北京、厦门等(12 个城市允许)	汕头、宁波、沈阳、西安等(16 个城市允许)	无限制	无限制
从事人民币业务的资格	在中国营业 3 年,且在申请前连续 2 年盈利。其他没有限制					
设立外国独资银行或外国独资财务公司的要求	提出申请前一年年末总资产超过 100 亿美元					
设立外国分行的要求	提出申请前一年年末总资产超过 200 亿美元					
设立中外合资银行或中外合资财务公司的要求	提出申请前一年年末总资产超过 100 亿美元					

资料来源:WTO。

（2）保险部门

保险领域的开放也是渐进性的。根据中国的入世承诺中关于保险部门的规定，允许外国非寿险公司设立分公司或合资公司，且外资占比可达 51%；中国入世 2 年内，允许外国非寿险公司设立外资独资子公司；对于大型商业险经纪、再保险经纪、国际海运、空运和运输保险和再保险经纪，自加入起，将允许设立外资股比不超过 50% 的合资企业；中国入世 3 年内，外资股比应增至 51%；中国入世 5 年内，将允许设立外资独资子公司。

在地域范围上，外资保险公司的地域限制也是逐步放开的，与银行业相比，保险公司地域限制的放开相对较快，自加入时起，将允许外国寿险和非寿险公司及保险经纪公司在上海、广州、大连、深圳和佛山提供服务，入世 2 年内，城市范围再增加 10 个（北京、成都、重庆、福州、苏州、厦门、宁波、沈阳、武汉和天津），入世 3 年内，地域限制全部取消（见表 9.3、表 9.4）。

表 9.3　中国保险行业入世承诺 I

	跨境支付	跨境消费	商业存在	自然人流动
市场准入的限制	除大型商业险经济、再保险以及国际运输保险以外，不再做其他承诺	经纪人不受限制	a. 设立形式 b. 地域限制 c. 经营范围 d. 营业执照	除水平承诺中的内容外，不作其他承诺
国民待遇的限制	无	无	除以下内容外，不做承诺	除水平承诺中的内容外，不作其他承诺

注：中外直接保险公司目前向中国再保险公司进行 20% 分保的比例（非寿险、人身意外险和健康险），在中国加入 WTO 时不变，入世后 1 年降至 15%；入世后 2 年降至 10%；入世后 3 年降至 5%，入世后 4 年取消比例法定保险。

资料来源：WTO（n. d）。

（3）证券行业

中国政府在 WTO 入世承诺中关于证券行业的规定，主要集中于市场进入限制，入世后从事国内证券投资基金业务的合资公司中，外资股比最高为 33%，入世 3 年后外资股比可提升至不超过 49%（见表 9.5）。

表 9.4　中国保险行业入世承诺 Ⅱ

		2001～2003 年	2004～2006 年	
企业形式	非寿险	允许外国非寿险公司设立分公司或合资公司,外资股比占 51%	允许外国非寿险公司设立外资独资子公司,取消企业形式限制	
	寿险	允许外国寿险公司设立外资股比占 50% 的合资企业,并可自行选择合资伙伴		
	保险经纪	允许设立外资股比不超过 50% 的合资企业	外资股比增至 51%	
地域范围		开放上海、广州、大连、深圳和佛山	2004 年开放北京、成都、重庆、福州、苏州、厦门、宁波、沈阳、武汉和天津	2005 年全部开放,没有地域限制
业务范围	非寿险	允许外国非寿险公司提供无地域限制的"统括保单"大型商业险保险	允许提供全部非寿险业务	
	寿险	允许外国保险公司向外国人和中国公民提供个人(非团队)险业务	允许外国保险公司向外国人和中国人提供健康险、团体险和养老金/年金险	
	再保险	允许外国保险公司以分公司、合资企业或外资独资子公司的形式提供寿险和非寿险的再保险服务,无地域限制或发放营业许可的数量限制		
营业许可证		投资者应在 WTO 成员中有 30 年以上设立商业机构经验的外国保险公司;应连续两年在中国设代表处;在提出申请前一年年末,总资产应超过 50 亿美元(保险经纪公司除外)		
总资产要求		2002 年:总资产超过 4 亿美元	2003 年:总资产超过 3 亿美元	2005 年:总资产超过 2 亿美元

资料来源:WTO。

表 9.5　中国证券行业入世承诺

市场进入限制	
跨境支付	除以下内容外,不做承诺:外资金融机构可以不通过中方中介直接从事 B 股交易
跨境消费	无
商业存在	除下述内容外,不作其他承诺:中国加入 WTO 时,外国证券机构驻华代表处可以成为所有中国证券交易所的特别会员
	自加入时起,允许外国服务提供者设立合资公司,从事国内证券投资基金管理业务,外资股比最高为 33%
	中国入世 3 年内,外资股比可增至 49%

市场进入限制	
商业存在	中国入世 3 年内,将允许外国证券公司设立合资公司,外资拥有不超过 1/3 的少数股权,合资公司可从事(不通过中方中介)A 股的承销、B 股和 H 股及政府和公司债券的承销和交易、基金的发起
	中国金融服务部门进行经营的批准标准仅为审慎性的
自然人流动	除水平承诺中的内容外,不作其他承诺

2. 中国入世后的相关政策

中国在做出入世承诺以后,加快了国内金融部门的改革与开放步伐,遵守了 WTO 的入世承诺,继续在银行、保险、证券等领域积极推行改革开放的相关政策,且中国内资和外资金融机构在数量与资产规模方面都取得了较快的发展。

(1) 银行部门

为配合中国在入世承诺中有关银行业的开放标准,中国于 2001 年 12 月颁布《中华人民共和国外资金融机构管理条例》(修订版),同时取消外资银行办理外汇业务的地域和客户限制,允许外资银行经营对中国企业和中国居民的外汇业务;在上海、深圳、天津和大连 4 个城市向外资银行开放人民币业务。

2002 年 1 月,中国银监会公布了《中华人民共和国外资金融机构管理条例实施细则》(修订版),同年 12 月在广州、青岛、珠海、南京、武汉 5 个城市向外资银行开放人民币业务;2003 年 12 月,中国银监会发布《境外金融机构投资入股中资金融机构管理办法》,并在济南、福州、成都和重庆 4 个城市向外资银行开放人民币业务;允许外资银行在已开放人民币业务的地域经营对中资企业的人民币业务,同年国内的国有商业银行也开始了股份制改革的推进。

随后的 2004 年与 2005 年先后在昆明、北京、厦门、沈阳和西安 5 个城市以及汕头、宁波、哈尔滨、长春、兰州、银川、南宁 7 个城市向外资银行开放人民币业务;2005 年 10 月 27 日,中国建设银行股份有限公司在香港联合交易所挂牌上市,开启了中国国有商业银行在国际资本市场的发展道路,随后中国银行、中国工商银行等也陆续挂牌上市。2006 年 11 月,国务院发布《中华人民共和国外资银行管理条例》,最终在 2006 年,以《中华人民共和国外资银行管理条例实施细则》发布为标志,外资进入中国的地域、客户限制以及业务上的非审慎限制基本不存在了，银行业实现了全面的开放，完成了入世时的开放承诺。

中国完成入世承诺后，继续保持开放的态度，对外资银行的业务范围不断扩大，2007年6月，允许具有经营人民币零售业务资格的外资法人银行发行符合中国银行卡业务、技术标准的银行卡，享受与中资银行同等待遇。2008年12月，允许外资独资银行在银行间债券市场交易及承销金融债券和非金融企业债务融资工具，但事后需向所在地银监局报告。2010年6月，中国银监会办公厅发布《关于外资银行在所在城市辖区内外向型企业密集市县设立支行有关事项的通知》，允许外资银行在总行或其分行所在城市辖内外向型企业密集市县设立支行。2001年中国加入WTO实行全面开放以后，我国外资银行的发展速度有了显著提升，但受2008年金融危机的影响，发展势头有所减缓。总体来看，外资银行在华数量不断增加，具体见表9.6。

表9.6 外资银行在中国的发展情况（2003~2012年）

	2003年	2004年	2005年	2006年	2007年	2008年	2009年	2010年	2011年	2012年
外资银行数量（家）	192	211	254	312	274	311	338	360	387	412
外资银行总资产（亿元）	4159	5823	7155	9279	12525	13448	13492	17423	21535	23804

注：2003年中国银监会开始公布外资银行详细数据。
资料来源：中国银监会（各年年报）。

（2）保险部门

在中国加入WTO做出的入世承诺中，保险业的过渡期短于银行业的过渡期，仅为3年，我国保险业开放力度在金融机构中是最大的，2001年12月，中国正式加入世贸组织，随后国务院公布《中华人民共和国外资保险公司管理条例》，中国保险业对外开放从试点阶段进入全面对外开放的新时期。

2004年12月11日，我国全面取消外资保险公司的业务和地域限制，允许外资寿险公司提供健康险、团体险和养老金/年金险业务，取消对设立外资保险机构的地域限制，设立合资保险经纪公司的外资股权比例可达51%。

寿险仅保留外资比例不超过50%及设立条件限制；非寿险除设立条件外，地域与业务范围限制也逐步取消，对外资没有其他限制；法定再保险比例降为5%。至此，保险业结束入世过渡期，率先在金融领域实现全面开放。2005年后，除合资寿险公司中外资股比不得超过50%，外资财险公司不得经营法定保险以外，外资保险公司在业务方面已享受国民待遇。2012
年中美双方签订《关于加强中美经济关系的联合情况说明》，对外资开放交
强险，已经超越了中国加入 WTO 时的入世承诺。

　　在中国加入 WTO 以后，外资保险公司在中国保持了较为稳定持续的扩
张，在中国保险机构的资本中，外资比例保持在 5% 左右，外资保险公司的
发展情况见表 9.7。

表 9.7　外资保险机构在中国发展情况（2005～2012 年）

单位：家

	2005 年	2006 年	2007 年	2008 年	2009 年	2010 年	2011 年	2012 年
总公司数量	40	41	43	48	52	53	51	52
省分行数量	47	67	90	117	150	168	360	212

资料来源：国家统计局。

（3）证券部门

　　中国在加入 WTO 以后，中国政府遵照相应承诺，允许外国证券机构驻
华代表处可申请成为中国证券交易所的特别会员，允许外资机构设立合资证
券投资基金公司，外国证券机构可直接从事 B 股交易。

　　2002 年 7 月，中国证监会公布的《外资参股证券公司设立规则》（以下简称
《设立规则》）明确了外资参股证券公司的设立条件及程序，规定了外资参股证
券公司的业务范围，当时规定"关于境外股东持股比例或在外资参股证券公司
中拥有的权益比例累计不得超过 1/3"，2012 年，中国证监会对《设立规则》进
行修改，将外资在合资证券公司的持股比例上限进一步提高到 49%。

　　2002 年 10 月，中国证监会颁布《上市公司收购管理办法》和《上市公
司股东持股变动信息披露管理办法》，外资收购并参股上市公司全面启动。
2002 年 11 月，中国证监会与中国人民银行联合发布了《合格境外机构投资
者境内证券投资管理暂行办法》，合格境外机构投资者（QFII）被引入中国
证券市场；2003 年 7 月，QFII 正式运行。首批获得 QFII 资格的瑞银证券亚洲
有限公司下单买进了 4 只 A 股，标志着外资迈开了进入中国 A 股市场的第一
步。2007 年 6 月，中国证监会发布《合格境内机构投资者境外证券投资管理
试行办法》和相关通知，合格境内机构投资者（QDII）制度开始实施。随后
2011 年在 QFII 的基础上推出了人民币合格境外投资者（RQFII）制度。

（二）加速发展阶段（2013年至今）

2013年中国（上海）自由贸易试验区的创建不仅对推动金融业改革开放意义重大，也标志着我国服务业开放进入了一个新的阶段。

1. 银行部门

2014年9月，中国银监会公布《外资银行行政许可事项实施办法》，统一中外资银行市场准入标准，取消外资银行在一个城市一次只能申请设立1家支行的规定，取消支行营运资金的最低限额要求。2014年11月，国务院修订《外资银行管理条例》，允许外资银行、中外合资银行和外国银行分行按照中国银监会批准的业务范围，在银行间市场从事"债券买卖"业务。

2017年3月，中国银监会发布《关于外资银行开展部分业务有关事项的通知》，允许外商独资银行、中外合资银行在风险可控前提下，可以依法投资境内银行业金融机构，并允许外资银行与境外母行或联行开展跨境协作。2017年7月，中国银监会修订《中资商业银行行政许可事项实施办法》，进一步放宽了外资银行投资中资银行的门槛。2018年2月24日，中国银监会发文对《外资银行行政许可事项实施办法》进行修改，包括"合并支行筹建和开业审批程序，仅保留支行开业审批"，2018年中国银监会废除了2003年的《境外金融机构投资入股中资金融机构管理办法》中"设立支行要先提交筹建申请、再提交开业申请"的规定。2013年以后，外资银行在华数量仍旧保持增长，具体见表9.8。

表 9.8　2013～2017 年外资银行发展情况

	2013 年	2014 年	2015 年	2016 年	2017 年
外资银行数量（家）	419	437	464	475	483
外资银行总资产（亿元）	25577	27921	26820	29286	32438

资料来源：中国银监会（历年年报）。

2. 保险部门

2013年9月，中国（上海）自由贸易试验区正式挂牌，太保财险、大众保险成为首批入驻自由贸易试验区的企业。2014年9月，经中国保监会批复，上海人寿保险股份有限公司获准筹集，未来拟结合自贸试验区"先行先试"的政策环境试点拓展外币保单等业务。

上海人寿保险股份有限公司是《国务院关于加快发展现代保险服务业的若干意见》颁布后第一家获批筹建的全国性保险公司，也是在上海自由贸易试验区内注册设立的首家大型法人金融机构；2018 年 5 月 30 日，《中华人民共和国外资保险公司管理条例细则（征求意见稿)》，拟规定外资入股保险公司时"将合资寿险公司中外资股比放宽至 51%（预计 3 年后不设限)"，相对于 2004 年《中华人民共和国外资保险公司管理条例细则》规定的"合资寿险公司中外资持股比例不得超过 50%"，进一步放宽了政策。

2013 年以后，外资保险公司的总资产与公司数量持续增长，但始终与国内保险公司保持了相对稳定的规模比例（见表 9.9)。

表 9.9　2013～2017 年中外合资保险机构发展情况

	2013 年	2014 年	2015 年	2016 年	2017 年
总公司数量(家)	55	57	57	57	57
省级分公司(家)	224	276	304	327	354
国内外资保险公司总资产(百万元)	82886.95	101591.47	123597.76	153764.66	169377.32

资料来源：国家统计局（历年统计数据)。

3. 证券部门

2014 年 5 月，国务院印发《关于进一步促进资本市场健康发展的若干意见》（即新"国九条")，对跨境投融资、提高证券期货行业对外开放水平、加强跨境监管协作等方面作了统筹规划和总体部署；2018 年 4 月 28 日，《外商投资证券公司管理办法》对于外资入股证券公司出台新规定，删除股东要求，外资持股比例不得超过我国证券业对外开放所作承诺，规定更改后放款外资持股比例为 51%，3 年后不设限。

三　金融服务业开放指标的测量

（一）外国直接投资限制指数

外国直接投资限制指数（FDIR 指数）是衡量一个国家投资限制性情况的指数，通过 4 个主要指标对一国的限制性规则进行判断：（1）外国股权限制；（2）歧视性条款或审批机制；（3）外国人作为企业关键人的限制；（4）其他运营限制，比如分支机构设置的限制、营业利润汇回母国的限制、外资企业土地所有权的限制等。评估分数范围从 0（最开放）到 1（最封闭）。金融部门的评估也基于这个评价体系，金融部门主要包括三大类，即银行、保险与证券。FDIR 指数的数据来源于经济组织合作与发展组织（OECD）数据库。

如图 9.1 所示，中国总体的 FDIR 指数与金融的限制指数都呈现持续下降的趋势，说明中国始终在推进对外开放和金融开放的改革。在 2001 年中国加入 WTO 以后，开放的速度明显变快，2013 年以后，中国总体的 FDIR 指数得分仍旧在加速下降，而金融部门的降低相对缓慢。这说明对金融部门的开放，中国政府保持了更为审慎的态度。尽管中国始终保持对外开放的步伐，但与 OECD 国家的平均开放水平相比，仍有较大差距（见图 9.2）。

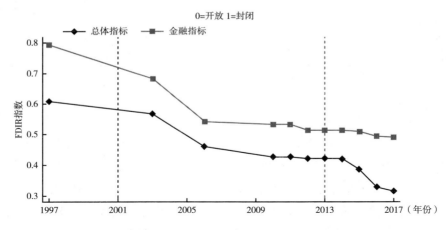

图 9.1　1997～2017 年中国的 FDIR 指数

资料来源：OECD 数据库。

（二）中国金融服务业开放指数

FDIR 指数可以衡量中国金融部门跨时间的变化，然而金融开放对不同地区不同行业的企业影响是不同的，借助于中国地区间投入产出表（国家统计局公布的 2012 年中国投入产出表），首先计算得出金融服务在 31 个省份 42 个行业分别的投入占比（α_{cr}），金融服务投入占比的计算方法等于金

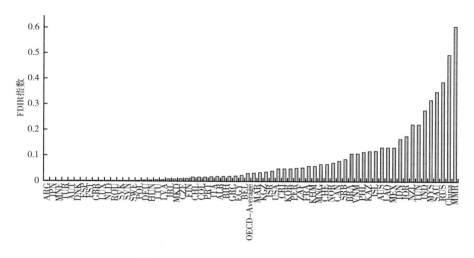

图 9.2　2017 年金融部门的 FDIR 指数

资料来源：OECD 数据库。

融要素投入量除以总的中间要素投入量，随后计算出中国分区域行业的金融开放指标，公式如下：

$$FL_{crt} = \alpha_{cr}(1 - FDIR_t) \qquad （公式 9.1）$$

FL 就是本文构造的衡量金融服务业开放的指标，*FL* 数值越大，金融开放程度越高。

四　中国的融资约束状况

（一）融资约束的衡量

首先从公司运营的角度，运营状况好地公司会得到更多的现金流，从而公司很大一部分的资金需求可以通过公司自身的资金解决，与此同时，运营较好的公司也会有更低的信用风险与违约意愿。Wang 和 Lu（2018）选用企业现金流指标来衡量企业的融资约束情况，企业现金流指标的计算方法为（企业营业利润＋企业当年折旧额）/企业总资产，企业现金流越大，表明企业可以更多地通过自身的经营获取内部融资，企业所遭受的融资约束程度越小。Han 和 Wang（2012）将企业的净利润与总资产之比作为衡量企业内源融资约束的指标，企业净利润越高，内源融资能力越强，受到的融资约束越小。

除了企业的内源融资，外源融资也是企业资金来源的重要渠道，企业的利息支出可以很好地反映企业外源融资的情况。Altman 等（1977）认为，利息保障倍数可以反映企业流动性与企业财务信息之间的情况，用来衡量企业的融资约束问题，其中，利息保障倍数 = 企业息税前利润（EBIT）/利息费用，息税前利润等于企业的未扣除利息支付与税赋之前的利润，利息保障倍数越高，企业的融资约束越小；Li 和 Yu（2013）选用企业利息支付的对数作为衡量企业融资约束的指标，利息支出越多，融资约束越低。

除了银行渠道对于企业的资金支持，非正式的融资渠道也可以给企业的运营带来资金支持，比如商业信用，对于相当数量的企业，商业信用是重要的融资渠道之一，处于经营产业链上游的企业运用其强势的市场地位，可以增加企业的应付账款及预收账款，为企业的发展运营提供资金支持，Wang（2012）认为，商业信用是中国出口企业获得外部融资的重要渠道，使用商业信用指标来衡量企业受到的融资约束情况（应付账款/当年销售额）比较有效，指标越高说明企业遭受的融资约束越低。

许多学者选择通过构建一个综合指标来衡量企业的融资约束情况，Kaplan 和 Zingales（1997）、Cleary（1999）以及 Whited 和 Wu（2006）分别构建了 *KZ*、*ZFC* 以及 *WW* 指标。与单一指标相比，综合指标包含了更多的企业财务信息，构造过程也更加复杂。然而很多综合指标的构造过程涉及对企业财务状况主观的打分判断，容易受到打分者的主观影响，从而产生偏差。Hadlock 和 Pierce（2010）对 *KZ* 指数能否反映企业的融资约束持质疑态度，随后他们提出企业的规模与存续时间是衡量企业融资约束的优良指标，进而构造 *SA* 指数来衡量企业的融资约束。

（二）中国企业融资约束的衡量

根据上述文献，本文选用 4 个指标对中国上市公司的融资约束情况进行衡量。

1. 融资约束指标 1：内源融资

内源融资来源企业自身经营积累的资金，长期来看，企业可以通过提高自身的运营效率来增加内源融资金额，这是使其能够获得资金支持的最基本来源，本文选用净经营现金流（NOCF）与总资产（TA）的比率来衡量企业的内源融资，结果如图 9.3 所示，企业的内源融资情况受企业经营状况影响较大，2010～2015 年波动较大。

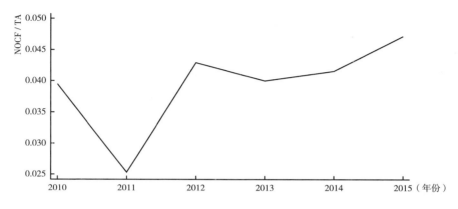

图 9.3　2010～2015 年中国上市公司内源融资情况

资料来源：作者根据数据计算所得。

2. 融资约束指标 2：外源融资

本文借鉴 Li 和 Yu（2013）的研究，采用利息支出的对数作为衡量企业外源融资的指标，企业利息支出越大，表明其外源融资规模越大，中国上市公司的利息支出自 2010 年以后持续上涨，表明中国上市公司通过外源融资的方式获取资金支持的规模在扩大（见图 9.4）。

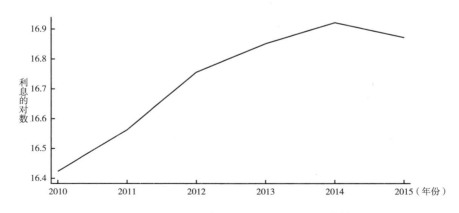

图 9.4　2010～2015 年中国上市公司外源融资情况

资料来源：作者根据数据计算所得。

3. 融资约束指标3：商业信用

本文使用商业信用（应付账款/营业收入）作为另一个衡量企业外源融资约束的指标，企业应付账款代表企业在获取原材料与支付产品资金在时间上的不一致而产生的负债。企业的应付账款越多，则代表其能从商业伙伴中得到更多的资金占款，以此来缓解自身的融资约束问题，为了消除因企业规模不同带来的差异，本文将商业信用指数设定为应付账款除以企业的营业收入。

如图9.5所示，2010～2015年中国商业信用的平均指数值为0.25，2011年最高，为0.415，2012年最低，为0.19，表现出显著的下降趋势。一方面表明随着中国金融开放的发展，企业之间拖欠货款的现象逐渐降低；另一方面也表明，通过商业信用降低企业融资约束的比重在降低。

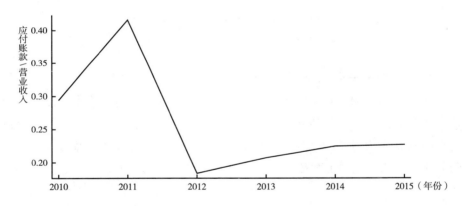

图9.5　2010～2015年中国上市公司的商业信用指数

资料来源：作者根据数据计算所得。

4. 融资约束指标4：SA指数

参考Wu和Huang（2017）研究，本文最终选取SA指数作为衡量企业融资约束的综合指标。与单一指标相比，综合指标在反映企业融资约束时包含了更多的企业信息，公式如下：

$$SA = -0.737size + 0.043size^2 - 0.04age \qquad \text{（公式9.2）}$$

其中，$size = \ln$（总资产/1000000），age代表公司的上市时间，SA指标计算结果为负数，取其绝对值，SA的绝对值越大，公司面临的融资约束越严重。

五　实证结果分析

（一）　实证模型设定

在这一部分，我们实证检验中国金融服务业开放对中国上市公司融资约束的影响，采用的实证方程如下：

$$Y_{icjt} = \beta_0 + \beta_1 FL_{cjt} + \theta X'_{icjt} + \alpha_i + \delta_t + \varepsilon_{i\cdot jt} \qquad （公式 9.3）$$

公式 9.3 中的 i、c、j 与 t 角标分别代表企业、地区、行业以及年份，方程左边的因变量为企业层面的融资约束指标，FL 是前文计算得出的中国金融开放指数，我们想要分析金融开放对企业融资约束的直接影响，设定企业的个体固定效应 α_i，用来控制随个体变化但不随时间变化的企业信息；同时，我们设定时间固定效应 δ_t，以及控制变量 X_{icjt} 来控制随时间变化企业层面的变量，比如公司规模以及盈利能力。中国金融服务业开放对融资约束的平均效应反映在系数 β_1 中。

（二）　数据描述

中国上海与深圳两家证券交易市场上市公司的股票信息数据来源于中国股票市场研究数据库（CSRC）。结合现有文献的处理方法，我们将数据中金融类企业进行了排除，同时对数据在 1% 与 99% 分位数上进行了缩尾处理，以剔除掉极端值对于结果的影响。样本时间为 2010～2015 年，企业的数量由 2010 年的 1838 家扩展到 2015 年的 2601 家。数据信息涵盖了企业的详细财务信息，以及企业类型、地理位置、行业代码等，FDI 限制指数来源于 OECD 数据库。本文将 CSRC 中 2 位行业代码分类与中国 2012 年投入产出表中的行业做了相应匹配，表 9.10 提供了上市公司所选数据更详细的指标描述。

表 9.10　上市公司指标描述

变量	样本数量	均值	标准差	最小值	最大值
Account/operating income	14000.00	0.25	3.90	0.00	419.95
Log of fixed assets	14000.00	19.98	1.79	7.59	27.32
Ownership	14000.00	0.73	0.44	0.00	1.00

变量	样本数量	均值	标准差	最小值	最大值
SA index	13000.00	3.44	0.28	2.74	4.16
NOCF/TA	13000.00	0.04	0.08	−1.28	0.88
ln(*interest*)	12000.00	16.75	2.26	2.37	21.65
ln-size	13000.00	21.88	1.20	19.24	25.81
ROA	13000.00	0.04	0.10	−2.07	8.44
Survey	14000.00	0.64	0.48	0.00	1.00
FL	14000.00	0.03	0.05	0.00	0.30

（三）实证结果

本文想要研究中国金融服务业开放对企业融资约束的影响，实证结果表明，金融服务业开放可以改善企业的融资约束状况，通过公式（9.3）进行回归得到的结果如表9.11所示，金融开放显著降低了企业的 *SA* 指数，但企业的内源融资状况并没有得到显著的改善；第二列表明，金融开放可以显著改善企业的外源融资状况，主要是增加了银行渠道的融资；第四列的结果表明，金融开放降低了企业的商业信用融资，意味着随着金融开放的不断深入，企业会用更多的银行渠道资金来替换商业信用的资金。

表9.11 基本回归结果

变量	（1） 内部融资 FC1	（2） 银行信贷 FC2	（3） 商业信用 FC3	（4） SA 指数 FC4
FL	−0.3275 (0.6391)	18.2239 ** (9.0205)	−15.8121 * (8.8590)	−6.2624 *** (0.3044)
ln_size	−0.0044 ** (0.0020)	1.1307 *** (0.0302)	0.0015 (0.0288)	0.0517 *** (0.0010)
ROA	0.0540 *** (0.0074)	−0.6218 *** (0.1183)	0.5961 *** (0.1074)	0.0097 *** (0.0037)
Constant	0.1391 *** (0.0467)	−8.7081 *** (0.6878)	0.5711 (0.6570)	2.3880 *** (0.0226)
Firm fixed effect	YES	YES	YES	YES
Year fixed effect	YES	YES	YES	YES
Observations	12739	11763	13179	13181
R − squared	0.4647	0.8743	0.4094	0.9898

注：FC = financial constraint（融资约束）；$*** p < 0.01$，$** p < 0.05$，$* p < 0.1$；括号中为标准差。

（四）　稳健性检验

在稳健性检验部分，首先基于企业的所有制与盈利能力，进行企业的异质性检验。金融服务开放有利于减少企业与金融机构之间的信息不对称，提高金融机构的市场化水平，消除企业的融资约束。进而，从信息不对称与抵押品两个角度，对金融开放降低融资约束的机制进行分析。

首先，我们对金融服务业开放是否基于不同所有制企业有异质性的影响，生成一个哑变量（*Ownership*），当企业为民营企业时，取值为 1，国有企业取值为 0。进而将 *Ownership* 与 *FL* 变量的交乘项引入基础回归方程（9.3），回归结果如表 9.12 所示。与国有企业相比，金融服务业开放会显著改善民营企业的外源融资状况，增加其银行渠道的融资。同时，也会促进民营企业融资结构的改善，用银行渠道的融资替代商业信用的融资。金融开放程度的提升加剧了国内金融机构的竞争，会弱化国内金融机构对企业所有制的歧视，同时提高其信贷水平，而与国有企业相比，民营企业普遍具有相对较高的生产力水平，国内银行为提升盈利水平也会加大对它们的放款力度。

表 9.12　不同所有制企业的回归结果

变量	（1）内部融资 FC1	（2）银行信贷 FC2	（3）商业信用 FC3
*Ownership * FL*	1.4413	40.4255 ***	− 54.9765 ***
	(0.9457)	(13.4688)	(12.9541)
ln_size	− 0.0046 **	1.1276 ***	0.0070
	(0.0020)	(0.0302)	(0.0288)
ROA	0.0539 ***	− 0.6231 ***	0.5957 ***
	(0.0074)	(0.1183)	(0.1073)
Constant	0.1159 ***	− 8.6411 ***	0.7353
	(0.0449)	(0.6630)	(0.6325)
Firm fixed effect	YES	YES	YES
Year fixed effect	YES	YES	YES
Observations	12739	11763	13179
R − squared	0.4648	0.8744	0.4102

注：FC = financial constraint（融资约束）；*** $p < 0.01$，** $p < 0.05$，* $p < 0.1$；括号中为标准差。

随后，我们按照企业 ROA 的差异，进行异质性分析，资产收益率（ROA）是衡量企业投资收益的重要指标，本文使用 ROA 来代表企业的盈利能力，ROA 越高的企业，其资金的运作效率越高，盈利能力越强，我们将 ROA 与 FL 的交乘项加入基准模型进行回归，结果如表 9.13 所示，对经营状况较好的企业而言，金融开放对其融资约束的改善效果越好，主要通过银行信用与商业信用的增加降低其融资约束，随着中国金融市场的开放，市场信息愈加透明，经营状况好、盈利能力强的企业，更有利于吸引外源融资。

表 9.13　不同 ROA 企业的回归结果

变量	（1）内部融资	（2）银行信贷	（3）商业信用
ROA * FL	0.4681	8.4049 *	51.7222 ***
	(0.2910)	(4.4884)	(4.1156)
ln_size	− 0.0045 **	1.1352 ***	0.0003
	(0.0020)	(0.0302)	(0.0286)
ROA	0.0359 ***	− 0.9095 ***	− 1.3590 ***
	(0.0135)	(0.1959)	(0.1885)
Constant	0.1316 ***	− 8.2808 ***	0.1854
	(0.0438)	(0.6510)	(0.6147)
Firm fixed effect	YES	YES	YES
Year fixed effect	YES	YES	YES
Observations	12739	11763	13179
R − squared	0.4648	0.8743	0.4179

注：FC = financial constraint（融资约束）；*** $p < 0.01$，** $p < 0.05$，* $p < 0.1$；括号中为标准差。

我们进一步通过分析抵押品的价值考察金融开放对缓解融资约束的机制，公司的固定资产投资在企业的发展中起到至关重要的作用。一方面，固定资产标志着企业更新机器设备，提升生产率，有利于企业进一步增强盈利能力，增强企业内源融资能力；另一方面，固定资产在企业进行融资行为时，方便作为抵押品进行融资，降低其违约风险的概率，提高融资成功率。我们采用固定资产价值的对数作为衡量企业抵押品的指标，与金融开放指标相乘生成交乘项进行回归，回归结果如表 9.14 所示，抵押品价值更高的公司，既有利于外源融资的提高，也有利于内源融资的提高。

表 9.14　抵押品不同企业的回归结果

变量	（1） 内部融资	（2） 银行信贷	（3） 商业信用
*Collateral * FL*	0.0522 ***	0.9257 ***	- 1.1998 ***
	（0.0150）	（0.2188）	（0.2076）
ROA	0.0537 ***	0.6081 ***	0.5989 ***
	（0.0074）	（0.1182）	（0.1073）
ln_size	- 0.0059 ***	1.1066 ***	0.0339
	（0.0021）	（0.0309）	（0.0295）
Constant	0.1335 ***	- 8.1821 ***	0.0835
	（0.0440）	（0.6540）	（0.6214）
Firm fixed effect	YES	YES	YES
Year fixed effect	YES	YES	YES
Observations	12737	11761	13177
R - squared	0.4653	0.8745	0.4111

注：FC = financial constraint（融资约束）；*** $p < 0.01$，** $p < 0.05$，* $p < 0.1$；括号中为标准差。

造成企业融资约束最重要的问题源于信息不对称，我们从信息不对称的角度，对金融服务业开放与融资约束的影响进行分析。当金融机构无法清楚了解到资金需求方（企业）的经营情况时，就会造成企业进行内源融资与外源融资之间的巨大成本差距。金融机构通过对上市公司的调研，降低信息不对称至关重要，通过对上市公司的调研，不仅有利于核实上市公司的公开信息，也可以有机会直接与公司的经营人员进行沟通，缩小信息鸿沟，根据现有数据，我们生成虚拟变量指标 *Survey*，当金融机构（银行、保险、证券）对上市公司产生调研行为取值为 1，没有调研行为取值为 0，同样与金融服务业开放指标 *FL* 生成交乘项，回归结果如表 9.15 所示，被金融机构调查的上市公司，所在的行业与区域的金融开放程度越高，越有利于其获取银行渠道的融资，降低其商业信用的融资，通过外源融资渠道降低其融资约束，对内源融资渠道的提升没有显著作用。

表 9.15　上市公司被调研的回归结果

变量	（1） 内部融资	（2） 银行信贷	（3） 商业信用
Survey ∗ FL	0.0242	0.1067 **	− 2.3075 ***
	(0.0459)	(0.0468)	(0.6348)
ln_size	− 0.0046 **	− 0.0306 ***	0.0087
	(0.0020)	(0.0021)	(0.0289)
ROA	0.0539 ***	− 0.0587 ***	0.5965 ***
	(0.0074)	(0.0079)	(0.1073)
Constant	0.1329 ***	0.8758 ***	− 0.0135
	(0.0440)	(0.0458)	(0.6211)
Firm fixed effect	YES	YES	YES
Year fixed effect	YES	YES	YES
Observations	12739	13181	13179
R − squared	0.4647	0.8658	0.4100

注：FC = financial constraint（融资约束）；*** $p < 0.01$，** $p < 0.05$，* $p < 0.1$；括号中为标准差。

最后，我们更换衡量金融服务开放程度的指标，进行回归结果的稳健性检验。根据前文的政策梳理，中国在 2001 年加入 WTO 时，承诺对银行业开放实行渐进的政策，2001～2006 年，逐步分城市、分年份放开外资银行人民币业务。这种逐步放开的政策特点，为我们研究金融开放对融资约束的影响提供了一个合适的政策环境，参考 Lin（2011）的研究，我们构造虚拟变量 FBL_{ct} 用来衡量 c 城市在 t 年是否受到了政策的影响。例如，根据中国入世承诺，北京市 2004 年外资银行的人民币业务得以放开，则 $FBL_{c2004} = 0$，而随后年份 $FBL_{c2005} = FBL_{c2006} = 1$。利用这种方法我们构建的计量模型如下：

$$Y_{icjt} = \beta_0 + \beta_1 FBL_{ct} * Ownership + \theta X'_{icjt} + \alpha_i + \delta_t + \varepsilon_{icjt} \qquad （公式 9.4）$$

在进行稳健性检验时，我们采用由中国国家统计局发布的 1998～2007 年中国工业企业数据库，获取企业层面的数据信息，数据库中包含了所有国有企业，以及营业收入大于 500 万元人民币的民营企业的相关数据，回归结果见表 9.16。我们发现，外资银行开放可以显著降低民营企业的融资约束，同时有利于改善企业的融资结构，增加银行渠道的融资，降低商业信用的融资，这与之前的回归结果一致，进一步证明了金融自由化有利于降低企业的融资约束。

表 9.16　基于 WTO 银行开放承诺进行的回归

变量	（1） 银行信贷 FC2	（2） 商业信用 FC3	（3） 比率 FC2/FC3
*FL * Ownership*	0.165 ***	0.0953 ***	0.0482 ***
	（0.00536）	（0.00384）	（0.00699）
ln_size	0.626 ***	0.470 ***	0.140 ***
	（0.00308）	（0.00234）	（0.00407）
Constant	1.647 ***	4.290 ***	－2.610 ***
	（0.0181）	（0.0136）	（0.0241）
Observations	1038451	1433281	967787
R － squared	0.849	0.842	0.752
Firm fixed effect	YES	YES	YES
Year fixed effect	YES	YES	YES

注：FC = financial constraint（融资约束）；$***p < 0.01$，$**p < 0.05$，$*p < 0.1$；括号中为标准差。

六　结论

本章研究了中国金融开放对上市公司融资约束的影响。首先我们系统性回顾了中国金融部门开放的政策，随后基于 OECD 数据车公布的 FDI 限制指数，构造了一个相对外生的指标，对金融开放程度进行衡量，基于 2010～2015 年的上市公司数据，计算得出了 4 个指标，对上市公司内源融资与外源融资情况进行衡量。研究结果表明，金融开放可以降低企业的融资约束，改善企业的融资结构；同时金融开放有利于缓解银行的"所有制歧视"，改善民营企业的融资状况，提高盈利状况良好的企业融资能力。主要通过降低信息不对称与抵押品的机制降低融资约束。

本章最后得出的对策建议：一方面，中国金融开放能够降低企业融资约束，改善融资结构；另一方面，随着金融开放的不断推进，境外金融机构与境外资本的持续进入，也会加大国内银行业的竞争。随着中国金融自由化步伐的不断加快、境外资本的持续进入，对中国的金融监管体系也会产生相应的压力，要求我们在保持金融开放的同时，要防范风险，保持审慎的监管态度。

参考文献

Altman, E.I., Haldeman, R.G. and Narayanan, P. (1977), ZETATM analysis: A new model to identify bankruptcy risk of corporations, *Journal of Banking and Finance* 1(1): 29–54. doi.org/10.1016/0378-4266(77)90017-6.

Batra, G., Kaufmann, D. and Stone, A.H. (2003), *Investment Climate Around the World: Voices of the firms from the World Business Environment Survey*, Washington, DC: The World Bank. doi.org/10.1596/0-8213-5390-X.

Beck, T., Demirgüç-Kunt, A. and Maksimovic, V. (2005), Financial and legal constraints to growth: Does firm size matter?, *Journal of Finance* 60(1): 137–77. doi.org/10.1111/j.1540-6261.2005.00727.x.

Bekaert, G., Harvey, C.R. and Lundblad, C. (2005), Does financial liberalization spur growth?, *Journal of Financial Economics* 77(1): 3–55. doi.org/10.1016/j.jfineco.2004.05.007.

Berger, A.N., Hasan, I. and Zhou, M. (2009), Bank ownership and efficiency in China: What will happen in the world's largest nation?, *Journal of Banking and Finance* 33(1): 113–30. doi.org/10.1016/j.jbankfin.2007.05.016.

China Banking Regulatory Commission (CBRC) (various years), *Annual Report of China Banking Regulatory Commission,* Beijing: China Banking Regulatory Commission Press.

Cleary, S. (1999), The relationship between firm investment and financial status, *Journal of Finance* 54(2): 673–92. doi.org/10.1111/0022-1082.00121.

Dell'Ariccia, G. and Marquez, R. (2004), Information and bank credit allocation, *Journal of Financial Economics* 72(1): 185–214. doi.org/10.1016/S0304-405X(03)00210-1.

Fazzari, S.M., Hubbard, R.G., Petersen, B.C., Blinder, A.S. and Poterba, J.M. (1988), Financing constraints and corporate investment, *Brookings Papers on Economic Activity* 1988(1): 141–206. doi.org/10.2307/2534426.

Fisman, R. and Love, I. (2007), Financial dependence and growth revisited, *Journal of the European Economic Association* 5(2–3): 470–9. doi.org/10.1162/jeea.2007.5.2-3.470.

Greenaway, D., Guariglia, A. and Kneller, R. (2007), Financial factors and exporting decisions, *Journal of International Economics* 73(2): 377–95. doi.org/10.1016/j.jinteco.2007.04.002.

Hadlock, C.J. and Pierce, J.R. (2010), New evidence on measuring financial constraints: Moving beyond the KZ index, *The Review of Financial Studies* 23(5): 1909–40. doi.org/10.1093/rfs/hhq009.

Han, J. and Wang, J. (2012), Why Chinese local enterprises are far-reaching: Explanation based on financial credit constraints, *Journal of World Economy* 35(1):98–113.

Haramillo, F., Schiantarelli, F. and Weiss, A. (1996), Capital market imperfections before and after financial liberalization: A Euler equation approach to panel data for Ecuadorian firms, *Journal of Development Economics* 51(2): 367–86. doi.org/10.1016/S0304-3878(96)00420-8.

Harris, J.R., Schiantarelli, F. and Siregar, M.G. (1994), The effect of financial liberalization on the capital structure and investment decisions of Indonesian manufacturing establishments, *The World Bank Economic Review* 8(1): 17–47. doi.org/10.1093/wber/8.1.17.

Huang, Y. (2005), *Institutional environment and private sector development in China*, Asia Program Special Report No. 129, Washington, DC: Woodrow Wilson International Center for Scholars.

Kaplan, S.N. and Zingales, L. (1997), Do investment-cash flow sensitivities provide useful measures of financing constraints?, *Quarterly Journal of Economics* 112(1): 169–215. doi.org/10.1162/003355397555163.

Koo, J. and Maeng, K. (2005), The effect of financial liberalization on firms' investments in Korea, *Journal of Asian Economics* 16(2): 281–97. doi.org/10.1016/j.asieco.2005.02.003.

Laeven, L. (2003), Does financial liberalization reduce financing constraints?, *Financial Management* 32(Spring): 5–34. doi.org/10.2307/3666202.

Lai, T., Qian, Z. and Wang, L. (2016), WTO accession, foreign bank entry, and the productivity of Chinese manufacturing firms, *Journal of Comparative Economics* 44(2): 326–42. doi.org/10.1016/j.jce.2015.06.003.

Li, R. and Huang, Y. (2015), How does financial opening affect industrial efficiency? The case of foreign bank entry in the People's Republic of China, *Asian Development Review* 32(1): 90–112. doi.org/10.1162/ADEV_a_00046.

Li, Z. and Yu, M. (2013), Exports, productivity, and credit constraints: A firm-level empirical investigation of China, *Economic Research Journal* 48(6):85–99. doi.org/10.2139/ssrn. 1461399.

Lin, H. (2011), Foreign bank entry and firms' access to bank credit: Evidence from China, *Journal of Banking and Finance* 35(4): 1000–10. doi.org/10.1016/j.jbankfin.2010.09.015.

Love, I. (2003), Financial development and financing constraints: International evidence from the structural investment model, *The Review of Financial Studies* 16(3): 765–91. doi.org/10.1093/rfs/hhg013.

Naeem, K. and Li, M.C. (2019), Corporate investment efficiency: The role of financial development in firms with financing constraints and agency issues in OECD non-financial firms, *International Review of Financial Analysis* 62: 53–68. doi.org/10.1016/j.irfa.2019.01.003.

National Bureau of Statistics of China (NBS) (various years[a]), *China Statistical Yearbook*, Beijing: China Statistical Publishing House Press.

National Bureau of Statistics of China (NBS) (various years[b]), *Annual Survey of Industrial Enterprises*, Beijing: China Statistics Press.

Organisation for Economic Co-operation and Development (OECD) (n.d.), *OECD FDI regulatory restrictiveness index*, available from: stats.oecd.org/Index.aspx?datasetcode=FDIINDEX#.

Stein, J.C. (2003), Agency, information and corporate investment, *Handbook of the Economics of Finance*, Vol. 1, Part A. doi.org/10.1016/s1574-0102(03)01006-9.

Wang, Y. (2012), Export behavior of private and the relationship: An analysis based on reputation mechanism, *The Journal of World Economy* 35(2): 98–119.

Wang, Y. and Lu, B. (2018), Exchange rate movement, financial constraints and exporter's R&D, *The Journal of World Economy* 41(7): 75–97.

Whited, T.M. and Wu, G. (2006), Financial constraints risk, *The Review of Financial Studies* 19(2): 531–59. doi.org/10.1093/rfs/hhj012 .

Williamson, J. and Mahar, M. (1998), *A Survey of Financial Liberalization*, Princeton, NJ: International Finance Section, Department of Economics, Princeton University.

World Trade Organization (WTO) (n.d.), *China*, available from: www.wto.org/english/thewto_e/acc_e/a1_chine_e.htm.

Wu, Q. and Huang, X. (2017), The function display of finance company and financing constraints relieve of the group's listed companies, *China Industrial Economic* (9): 156–73. doi.org/10.19581/j.cnki.ciejournal.2017.09.009.

Zhang, D. and Zheng, W. (2019), Does financial constraint impede the innovative investment? Micro evidence from China, *Emerging Markets Finance and Trade* (January): 1–24. doi.org/10.1080/1540496X.2018.1542594.

第10章 中国中小企业融资支持
计划：效益、成本
与部分政策问题

苟 琴 黄益平

中国自 1978 年开始经济体制改革，到 2008 年全球金融危机（GFC）之前，年 GDP 增长率达到 9.75%，成为世界上增长最快的经济体之一，被称为"中国奇迹"（lin 等，2008）。中小企业在经济增长中发挥了重要作用。根据中国国家统计局（NBS）的数据，截至 2005 年底，中国 99.6% 的企业是中小企业，占 GDP 的 59%，占销售总额的 60%，占纳税总额的 48.2%，约占城市就业的 75%（Shen et al.，2009）。自 2008 年以来，中国经济已经转向了一条缓慢的经济增长道路（Huang et al.，2013；Zhang，2016）为了促进经济增长和创造更多的就业机会，中小企业的健康发展至关重要。但是，与中小企业对经济增长的贡献不同，中小企业很难从正规金融机构获得外部融资已是共识（Allen et al.，2005；Chong et al.，2013；Gou et al.，2018）。

事实上，中小企业融资的主要外部来源是银行贷款（Beck et al.，2008），但信息不对称、道德风险和逆向选择等问题对中小企业的影响最为严重，在中国也是这样。根据世界银行 2012 年的投资环境调查，49.1% 的受调查中小企业缺乏信贷支持（Gou et al.，2018）。缺乏适当的融资渠道和信贷不到位已成为制约中小企业发展的主要障碍（Bai et al.，2006；Shen et al.，2009；Du et al.，2012）。

中国政府早就认识到这一问题，并将其提上国家发展议程，2003 年制定了《中华人民共和国中小企业促进法》，2018 年对该法进行了修订。为改善中小企业经营环境，促进中小企业健康发展，创造更多就业机会，促进创业创新，制定了这一法律。2018 年对该法的一项重要修订是，单独强调了金融部门的支持（此前相关条款是在财政支持条款之下列出），以满足中小企业的需求，提出建立与中小企业需要更匹配的金融结构，设立了一套针对银行业的具体融资支持计划。其中，中国银监会 2008 年实施了一项旨在加大对中小企业信贷支持力度的政策，这通常被称为"两个不低于"政策。这项政策要求，中小企业贷款增速不低于贷款总额增速，中小企业贷款增幅不低于上一年。这一政策的执行也是不断动态调整的，2011 年，在执行该政策方面放宽了要求，2015 年再次收紧。

本章从中小企业融资问题和政策，分析我国中小企业融资支持方案是否有效促进了银行对中小企业的信贷配置。具体来说，我们主要是评估 2008 年以来银行中小企业贷款政策的影响，依据的是银行分行层面的调查数据。随着中国银监会对中小企业贷款规定的出台，越来越多的银行开始对中小企业贷款进行内部评估，以适应新规定的要求。这为我们研究中小企业融资支持政策对银行中小企业贷款决策的影响提供了可能。

在中小企业贷款方面，小银行具有比较优势，而大银行则倾向于向非中小企业提供基于交易的贷款。这是因为小型银行倾向于与借款人进行更为紧密的互动，能够利用更多的软信息，并向中小企业提供更多的关系贷款（Berger et al.，2002）。"小银行优势"假说得到许多实证研究的支持（Berger & Udell，1995、1996；Peek & Rosengren，1998；Cole et al.，1999）。

然而，中国的银行业仍然由大型银行主导，特别是四大国有银行，被称为"四大行"：中国银行、中国建设银行、中国工商银行和中国农业银行。随着 1978 年中国改革开放，其他类型的银行也相继成立，包括地区性银行（很大程度上是地方政府所有）、农村信用社和股份制银行，这些银行的政府持股比例较低，其市场占有率逐步提高（Allen et al.，2012）。2013 年 11 月，中共十八届三中全会允许符合条件的民营资本设立中小银行等金融机构；2014 年，5 家完全由民间资本出资的银行获批成立，不过大型国有银行的主导地位是不变的，新参与者的进入仍然有限。根据中国银监会的数据，2017 年，四大行的资产份额仍为 36.8%，全国性股份制银行持有 17.8%，城乡商业银行持有 25.6%。

因此，对上述中国银监会政策的一个担忧是，新政策会给大型银行带来较大负担，因为它们在向中小企业贷款方面处于不利地位。在本章中，我们研究政策对不同规模银行的影响。更重要的是，我们研究这一政策是否会给银行带来信用风险相关的成本和利润减少。

本章的其余部分安排如下：第二部分介绍了实证分析中使用的数据来源，并提供了描述性统计结果；第三部分至第五部分分别介绍了融资方案如何影响银行对中小企业的信贷分配、银行的信贷风险及其利润影响；第六部分是总结；第七部分提供结论。

一　中小企业融资计划的银行
级统计数据

本文研究的数据来自北京大学国家发展研究院 2014 年进行的金融生态环境调查（FEES）。这项调查是回顾性的，大部分变量的时间段涵盖 2005～2013 年。根据经济发展和地理位置，选择了 14 个省份：浙江、江苏、广东、福建和山东代表东部沿海发达地区；湖北、吉林、湖南和江西代表中部省份；陕西、四川、贵州、重庆、宁夏代表西部省份。

我们的数据覆盖了农村和城市地区的县级单位（以下简称县），这大大降低了选择偏差的可能性，并证明了数据的代表性（Shen et al.，2009）。根据国家统计局提供的标准县代码，最终调查样本覆盖 90 个县，有 47 个农村县和 43 个城市县。

此次调查覆盖了 90 个抽样县的 892 家金融机构，隶属于 185 家法人机构。其中，四大国有商业银行共有 315 家分行（占比为 38.70%）。中国邮政储蓄银行有 84 家分行，全国股份制商业银行有 160 家分行，城市商业银行有 105 家，农村金融机构（含农村商业银行、农村信用社、村镇银行）有 141 家，有 10 家外资银行分行。调查覆盖了中国各类银行机构。机构样本分布见表 10.1。

表 10.1　机构样本分布

单位：家，%

机构类型	数量	占比
四大行	315	38.70
股份制商业银行	160	19.60
中国邮政储蓄银行	84	10.30
城市商业银行	105	12.90
农村商业银行	50	6.10
农村信用社	44	5.40
村镇银行	47	5.80
外资银行	10	1.20
合计	815	100.00

资料来源：作者计算。

调查数据翔实，不仅包含资产负债表、银行信贷结果等详细的财务信息，还包含中小企业贷款比例评估、金融机构基本情况等非财务变量。

这些数据为我们提供了有关机构是否以及何时开始评估其在中小企业贷款中所占份额、具体要求以及分行是否满足这些要求的信息，但不包括没有报告中小企业贷款评估信息的金融机构。经过整理，我们得到了涵盖 2005~2013 年的 756 家机构的面板数据集。

二　银行层面中小企业融资计划汇总统计

本文研究的关键变量是银行是否及何时开始实施中小企业贷款份额评估。表 10.2 说明了被调查机构对中小企业贷款份额的评估情况。在接受调查的 756 家金融机构中，共有 446 家在我们的样本期内对中小企业贷款份额进行了评估（见表 10.2 第 1 列），占 58.99%（见表 10.2 第 2 列）。

在实施这种评估的机构中，2008 年之前提供中小企业贷款评估的机构只有 34 家（7.62%），大多数（92.38%）在 2008 年之后开始采用这种评估（见表 10.2 第 3 列）。2008 年以来，平均每年有 68 家机构开始采用这一评价，2010 年达到了 103 家机构的峰值。数据还显示，中小企业贷款评估的最初集中在 2008~2014 年，这主要是 2008 年中国银监会新规的外生冲击所致。在我们的样本期内（2005~2013 年），438 家分行实施了中小企业贷款评估，占总样本的 57.94%。

表 10.2　按年度分的实施评估中小企业贷款的分行数目

单位：家，%

评估起始年份	分支行数	接受评估的分支行占比	起始年份占比
1986	1	0.13	0.22
1990	1	0.13	0.22
2001	1	0.13	0.22
2002	1	0.13	0.22
2003	2	0.26	0.45
2004	1	0.13	0.22
2005	6	0.79	1.35
2006	4	0.53	0.90
2007	17	2.25	3.81
2008	28	2.25	6.28
2009	49	3.70	10.99
2010	103	6.48	23.09
2011	80	13.62	17.94
2012	92	10.58	20.63
2013	59	12.17	13.23
2014	1	7.80	0.22
2008 年之前	34	4.50	7.62
2007 年之后	412	54.49	92.38
合计	446	58.99	100

资料来源：作者计算。

从不同类别的商业银行来看，内资商业银行采用中小企业贷款评估的比例远高于外资银行（见表 10.3）。城市商业银行、四大国有银行和农村商业银行的比例明显高于样本平均水平，而农村信用社和邮政储蓄银行的比例则明显低于样本平均水平。

那些将对于中小企业贷款纳入评估的银行机构，对中小企业贷款比重的具体的要求明显不同，如图 10.1 所示。村镇银行、外资银行、城市商业银行和农村商业银行要求对中小企业贷款比例在 50% 以上或接近 50%，而股份制商业银行、农村信用社、四大国有银行和中国邮政储蓄银行对中小企业贷款的比例要求在 30% 左右。

表 10.3　按机构类型分的实施评估中小企业贷款的分行数目

类型	2008 年之前(家)	2008～2013 年(家)	合计(家)	样本总数(家)	比例(%)	排名
四大国有银行	24	170	194	297	65.32	2
股份制商业银行	5	74	79	142	55.63	5
中国邮政储蓄银行	4	28	32	80	40	6
城市商业银行	1	67	68	97	70.10	1
农村商业银行		29	29	45	64.44	3
农村信用社		14	14	40	35	7
村镇银行		27	27	45	60	4
外资银行		2	2	10	20	8

资料来源：作者计算。

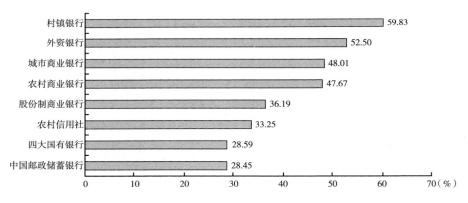

图 10.1　对分支行中小企业贷款占比的最低要求

资料来源：作者计算。

自对中小企业贷款份额进行评估以来，不符合评估要求的分行所占比例已从 90.71% 显著下降到 46.38%，如表 10.4 最后一行所示。除中国邮政储蓄银行外，所有类型的机构几乎都减少了 40%。中国邮政储蓄银行仅减少 24.2%，而在内资银行中，其不符合评估要求的分行所占比例最高。总的来说，表 10.4 表明，中小企业贷款份额的评估在增加中小企业贷款方面具有很强的作用，而中国邮政储蓄银行在我们的样本期内很难达到评估要求。

表 10.4　按机构分类的未满足中小企业贷款份额评估要求的分行比例

类型	评估前（%）	评估后（%）	变化（%）	排名
四大国有银行	81.63	41.88	39.75	7
股份制商业银行	97.79	51.90	45.89	2
中国邮政储蓄银行	99.20	75.00	24.20	8
城市商业银行	91.55	45.93	45.62	3
农村商业银行	85.99	43.96	42.03	5
农村信用社	87.64	38.82	48.82	1
村镇银行	97.95	52.38	45.57	4
外资银行	100.00	60.00	40.00	6
总计	90.71	46.38	44.33	

资料来源：作者计算。

综上所述，不同类型的金融机构对中小企业贷款份额是否进行评估以及何时进行评估存在差异。各种角度的观察提供了丰富的结果，以确定其对中小企业贷款以及其他银行贷款结果的影响。

三　中小企业融资计划是否增加了对中小企业的贷款

（一）经验模型说明

我们从评估中小企业贷款份额是否有效增加了对中小企业的贷款开始分析。为确定中小企业融资计划对中小企业银行贷款发放的影响，我们采用差分方法（DID），并将一组金融机构在采用评估前后与同期尚未采用评估的机构进行比较。基准水平由公式 10.1 给出。

$$SME\_loan_{it} = \beta_0 + \beta_1 Evaluation_{it} + \beta_2 X_{it} + \upsilon_i + \tau_t + \varepsilon_{it} \qquad （公式 10.1）$$

在公式 10.1 中，i、c 和 t 分别表示银行、县和年份。自变量 SME_loan_{ict} 反映了银行对中小企业的贷款，由两个变量组成：中小企业贷款增长率（$GSME$）和中小企业贷款份额（SME）。$Evaluation_{it}$ 是利润的回归变量，代表在 t 年 i 银行的激励水平。$Evaluation_{it} = Treatment \times Post_{it}$，如

果银行 i 在样本期间执行了中小企业支持计划，$Treatment$ 为 0，否则为 1。$Post_{it} = 1$ 在 $t > tc0$ 时成立，$tc0$ 是银行实施评估的年份，否则 $Post_{it} = 0$。

X_{it} 代表银行层面影响其贷款决策的其他变量。在基准模型中，我们纳入了银行规模，以总资产的对数为指标。银行固定效应（v）描述了所有可能影响利息结果的非时变特征。年度固定效应对某一年可能以类似方式影响所有银行的全国性冲击。为了解决潜在的序列相关性和异质性，我们在县级对标准误差进行了聚类。详细的变量定义和描述性统计见表 10.5。

该方法确定了中小企业贷款评估如何影响银行对中小企业的贷款，控制了其他重要影响变量以及时间和银行效应不变。系数 β 是我们对利润影响的差分估计。

表 10.5　变量定义和汇总统计

变量	定义	Obs	Mean	SD	p50	Min.	Max.
GSME	中小企业贷款增长率（%）	2233	0.101	0.2279	0	−1	1.189
SME	中小企业贷款占比（%）	2981	71.530	37.0740	95.700	0	100.000
NPLR	不良贷款占比（%）	1691	2.576	4.6790	0.632	0	26.130
Lnasset	总资产的对数	2981	12.118	1.2280	12.054	5.995	16.750
ROA	总资产回报率	2981	0.019	0.0260	0.018	−0.364	0.857
NII	净利息收入与贷款之比	2880	0.075	0.3320	0.048	−1.365	10.530

2005 年和前几年实施中小企业贷款份额评估的银行，无法获得其预处理期的比较数据。对 2013 年实施评估的银行而言，无法获得其后续数据。因此，我们按照差分方法的要求，各自去掉了前后一年的银行数据。

（二）结果

表 10.6 显示了中小企业贷款评估对银行中小企业信贷分配影响的基线结果。第（1）列显示了实施评估对中小企业贷款增长率的影响结果，其影响不显著。第（3）列是评估对中小企业贷款在未偿贷款总额中所占份额的影响，影响仍然很小。因此，平均而言，是否评估，在加强银行对中小企业的贷款发放方面似乎是无效的。

表 10.6　中小企业贷款评估的影响：总体效果

变量	(1)	(2)	(3)	(4)
	中小企业贷款增长率		中小企业贷款占比	
Evaluation	0.1160	0.1073	1.6334	1.1839
	(0.0990)	(0.1349)	(1.0258)	(1.2918)
L. SME	−0.0259 ***	−0.0280 ***	0.5258 ***	0.4957 ***
	(0.0029)	(0.0037)	(0.0178)	(0.0214)
lnasset	0.0003	−0.0136	−1.1115	−0.5041
	(0.1393)	(0.1986)	(1.3093)	(1.6527)
Year effect	YES	NO	YES	NO
*Institute * Year*	NO	YES	NO	YES
*Province * Year*	NO	YES	NO	YES
Branch FE	YES	YES	YES	YES
Constant	YES	YES	YES	YES
Observations	2227	1776	2451	1992
R-squared	0.2420	0.3461	0.9033	0.9104

注：*** $p < 0.01$，** $p < 0.05$，* $p < 0.1$。括号内为标准差。
资料来源：作者计算。

上述模型的一个问题可能是，一些地方信贷需求冲击和机构信贷供应冲击（如政策和技术冲击）可能与银行采用评估方法的时间一致。为了说明这一点和其他类似的问题，在第（2）栏和第（4）栏中，我们修改了模型，包括具有省固定效应的交互年和具有法规制度固定效应的交互年。本规范控制这些省份和法律机构内的所有时间变化。在这样一个方法中，我们将采用评估的银行的中小企业贷款份额的增长率，与不采用评估方法的同一法人机构的银行在同一省份、同一年度的增长率进行了比较。因此，我们利用了受处理和未受处理分支机构之间的地区差异。第（2）栏和第（4）栏表明，"是否评估"对中小企业贷款增长率和中小企业贷款份额的影响均不显著。

如第二部分所述，在实施评估之前，有的银行已经达到了要求。在实施评估前达到要求的银行，在实施评估后无须增加对中小企业的贷款。因此，表 10.6 中的估计可能低估了评估的效果，因为它们以相同的方式混合了所有处理过的银行。在这方面，我们通过区分银行的初始条件是否满足评估要求来修改模型。实施中小企业贷款份额评估对中小企业贷款增长率影响的结果见表 10.7，对中小企业贷款份额的影响见表 10.8。

在表 10.7 的第（1）列中，我们将变量"评估"与中小企业贷款份额滞后期的相互作用包括在内。这显示了评价的显著正效应及其与中小企业贷款份额滞后期的交互作用的显著负效应。这表明，实施评估提高了中小企业贷款的增长速度，而随着中小企业贷款初始份额的增加，这一效果减弱。结果表明，评价实施的初始条件对评价的整体效果有重要影响。由于中小企业贷款初始份额较低，评价在提高中小企业贷款中的作用较强。在第（2）列的模型中，结果是稳健的，因为来自该区域和制度的影响得到了控制。

此外，我们确定初始中小企业贷款份额是否符合评估要求，并构建一个虚拟变量，以指示初始条件。如果最初的中小企业贷款份额低于评估要求，则等于 1，我们称这些银行为"受限"银行；否则，它等于 0，这些银行是"非受限"银行。然后，我们将下面的变量及其与第（3）列中的计算的交互作用包括在内。结果表明，初始条件的相互作用项和变量均具有显著的正效应，而变量评价的正效应不显著。对于非受限的银行来说，评估对中小企业贷款增长率没有显著影响。对于"受限"的银行，评估的效果由评估系数 $Evaluation$ 和相互作用项（$Evaluation \times L. Below$）共同决定。评估对这些银行的总体影响很大，约为 0.37%，这意味着，经过评估，中小企业贷款增速平均提高了 0.37%。由于增长率的样本平均数为 0.101%，因此 0.37% 的总体效应相当强。第（4）列中修改后的模型不影响我们结果的定性性质，只是对受限银行的总体影响略有增加。

表 10.7　评估对中小企业贷款增长率的影响

变量	(1)	(2)	(3)	(4)
	中小企业贷款增长率			
$Evaluation$	0.6204 ***	0.6384 **	0.0453	0.0472
	(0.2190)	(0.2834)	(0.1123)	(0.0761)
$L. SME$	− 0.0239 ***	− 0.0260 ***		
	(0.0030)	(0.0038)		
$Evaluation * L. SME$	− 0.0064 ***	− 0.0070 **		
	(0.0025)	(0.0033)		
$Evaluation * L. Below$			0.3276 *	0.3641 ***
			(0.1816)	(0.1203)

续表

变量	（1）	（2）	（3）	（4）
	中小企业贷款增长率			
L. Below			1.0346 ***	1.2209 **
			（0.2487）	（0.5866）
Lnasset	0.0366	0.0096	0.0038	− 0.0201
	（0.1398）	（0.1986）	（0.1413）	（0.1163）
Year effect	YES	NO	YES	NO
Institute * Year	NO	YES	NO	YES
Province * Year	NO	YES	NO	YES
Branch FE	YES	YES	YES	YES
Constant	YES	YES	YES	YES
Observations	2227	1776	2227	1776
R − squared	0.2448	0.3485	0.2226	0.3309
Overall effect when below			0.3729 **	0.4113 ***
Standard error			0.1653	0.0761

注：*** $p < 0.01$，** $p < 0.05$，* $p < 0.1$。括号内为标准差。

资料来源：作者计算。

在表 10.8 中，我们研究了评估如何影响银行对中小企业贷款的份额。前两栏的结果有力地证明，评估显著提高了银行中小企业贷款的份额，对中小企业贷款初始份额较高的银行而言，这一效果更为明显。在第（3）和第（4）列中，系数显著为负，而相互作用项显著为正。这表明，对中小企业贷款初始占比高于要求的银行，其中小企业贷款占比下降 4% 强；但对中小企业贷款初始占比低于要求的银行，实施评估后中小企业贷款占比增长 6% 以上。

表 10.8　评估对中小企业贷款占比的影响

变量	（1）	（2）	（3）	（4）
	中小企业贷款占比			
Evaluation	10.5757 ***	6.8199 ***	− 4.5368 ***	− 4.2711 ***
	（1.8290）	（2.2015）	（1.4100）	（1.6123）
L. SME	0.5543 ***	0.5142 ***		
	（0.0183）	（0.0221）		

续表

变量	（1）	（2）	（3）	（4）
	中小企业贷款占比			
*Evaluation * L. SME*	− 0.1245 ***	− 0.0826 ***		
	（0.0212）	（0.0262）		
*Evaluation * L. Below*			11.7152 ***	10.3552 ***
			（1.8777）	（2.6879）
L. Below			− 16.4225 ***	− 20.7308 ***
			（1.8551）	（3.6403）
Lnasset	− 0.8912	− 0.6454	0.1271	− 1.1991
	（1.2990）	（1.6482）	（1.3871）	（2.9591）
Year effect	YES	NO	YES	NO
*Institute * Year*	NO	YES	NO	YES
*Province * Year*	NO	YES	NO	YES
Branch FE	YES	YES	YES	YES
Constant	YES	YES	YES	YES
Observations	2451	1992	2805	2248
R-squared	0.9050	0.9110	0.8589	0.8788
Overall effect when below			7.1783 ***	6.08407 **
Standard error			1.5988	2.4405

注：*** $p < 0.01$，** $p < 0.05$，* $p < 0.1$。括号内为标准差。
资料来源：作者计算。

在表 10.9 中，我们进一步检查了评估对不同规模银行的影响。我们把四大国有银行和国有股份制银行归为大型银行，其余的归为小型银行。表 10.9 的结果表明，该评价对无约束的小型银行没有影响，但显著降低了无约束的大型银行在中小企业贷款中的比重。对于受约束的银行，评估结果显著提高了中小企业贷款在大、小型银行贷款中的比重，对小型银行的影响略大于对大型银行的影响，这些结果表明，该评价有效地促进了受约束银行向中小企业配置更多的贷款。

表 10.9　按银行规模分列的评估对中小企业贷款占比的影响

变量	（1）	（2）	（3）	（4）
	中小企业贷款占比			
	小型银行	大型银行	小型银行	大型银行
Evaluation	− 0.9499	− 4.6540 ***	1.0763	− 4.9057 ***
	（1.9064）	（1.6226）	（1.8447）	（1.6550）

续表

变量	（1）	（2）	（3）	（4）
	中小企业贷款占比			
	小型银行	大型银行	小型银行	大型银行
*Evaluation * L. Below*	8.7482 ***	10.7829 ***	6.9654 *	10.4752 ***
	（2.6435）	（2.1694）	（3.9017）	（2.7140）
L. Below	−5.8593 ***	−21.6008 ***	−3.2827	−22.1151 ***
	（2.2509）	（2.3042）	（3.6485）	（3.9876）
Lnasset	5.8558 ***	−1.7280	9.4113 *	−0.8208
	（2.2316）	（1.6415）	（5.3561）	（3.3182）
Year effect	YES	YES	NO	NO
*Institute * Year*	NO	NO	YES	YES
*Province * Year*	NO	NO	YES	YES
Branch FE	YES	YES	YES	YES
Constant	YES	YES	YES	YES
Observations	732	1903	755	1926
R-squared	0.8698	0.8666	0.8959	0.8885
Overall effect when below	7.7983 ***	6.1288 ***	8.041733 **	5.5696 **
Standard error	2.3436	1.8528	3.901827	2.372877

注：*** $p < 0.01$　** $p < 0.05$　* $p < 0.1$。括号内为标准差。

资料来源：作者计算。

结合表 10.7～表 10.9 的结果，我们发现实施中小企业贷款评估增加了银行对中小企业的贷款发放，特别是对中小企业贷款份额较低的银行。在这方面，实行评价是有效和有益的。

四　中小企业融资计划如何影响银行信贷风险

到目前为止，我们已经表明，对中小企业贷款的评估有效地增加了对中小企业的贷款数量。但通常情况下，银行和中小企业之间更严重的信息不对称导致中小企业贷款的信用风险更高（Stiglitz & Weiss，1981）。为了评估中小企业贷款评估对银行的总体影响，我们在公式 10.2 中进一步研究"实行评估"对银行信贷风险的影响，并采用差分方法。

$$NPLR_{it} = \alpha_0 + \alpha_1 Evaluation_{it} + \alpha_2 Evaluation_{it}L.Below$$
$$+ \alpha_3 X_{it} + \upsilon_i + \tau_t + \varepsilon_{it}$$

（公式 10.2）

在公式 10.2 中，根据 Zhang 等（2016）的研究，信用风险是由不良贷款率来衡量的，并以数据可用性为准。控制银行规模、中小企业贷款比例、非时变固定效应和银行不变固定效应。基准结果见表 10.10。

第（1）列的结果显示，实行评估对不良贷款率有显著的负面影响，且交互项具有显著的正向影响。这些结果表明，对于中小企业贷款初始份额达到或超过要求的银行而言（非受限银行），评估会降低其不良贷款率。

然而，这些结果也意味着，对于中小企业贷款初始份额低于评估要求的银行来说（受限制银行），其不良贷款率在评估后增加了 0.23 个百分点。这一总体效果并不显著。结果是稳健的，因为我们在第（2）列中控制了区域和制度影响。

我们认为，"受限"和"非受限"银行之间存在竞争效应，这可能有助于解释上述发现。非受限银行没有增加中小企业贷款的压力，而增加了非中小企业贷款的空间。同时，受中小企业贷款需求和贷款能力的双重制约，受限银行向中小企业贷款市场的转移，加剧了中小企业贷款市场的竞争，降低了非中小企业贷款市场的竞争。非中小企业贷款市场竞争的减少，有利于非受限银行降低不良贷款率。受限的银行难以扩大对非中小企业的贷款，这使它们进入了竞争更激烈、风险更高的中小企业贷款市场。

在表 10.10 的第（3）列和第（4）列中，我们进一步检查了实行评估对小银行和大银行信贷风险的不同影响。结果表明，实行评估对小银行和大银行都有显著的负效应和交互项正效应，但对小银行不显著。

对于"非受限"银行，实施评估对小银行不良贷款率没有显著影响，但对大银行不良贷款率有显著降低作用。而对"受限"的大型银行，评估对不良贷款率的总体影响为 0.18%（1.4123% ～ 1.2370%）且显著。对受限的小银行，这一影响约为 2.1%（2.2593% ～ 0.1726%）且显著。这些研究结果表明，中小企业贷款需求显著加剧了"受限"小银行的信贷风险，同时提高了"非受限"的大银行的信贷质量。

上述结果有两种可能的解释。一方面，还存在另一种竞争效应，即小型银行和大型银行之间的竞争，尽管小型银行通常在向中小企业提供贷款方面具有更大的优势（Berger & Udell，2006），但在政策冲击之后，它们面临着来自大型银行更为激烈的竞争。在中国银监会中小企业贷款监管的政策下，大型银行开始在中小企业贷款市场上展开更多的竞争，将一些优质中小企业从小型银行挤入大型银行，进而使小型银行的信贷质量下降。另一方面，大型银行具有更大的多元化机会和更高的信用风险管理水平。

表 10.10　评估对分行不良贷款的影响

变量	(1) NPLR 全样本	(2) NPLR 全样本	(3) NPLR 小型银行	(4) NPLR 大型银行
Evaluation	-1.0971**	-1.3347***	-0.1726	-1.2370*
	(0.5236)	(0.2770)	(0.1109)	(0.5979)
Evaluation * L. Below	1.3265*	1.4569***	2.2593***	1.4123*
	(0.7162)	(0.3924)	(0.4128)	(0.7065)
L. Below	-0.7779	-1.3898***	-2.2313***	-1.0286
	(0.7902)	(0.2297)	(0.0109)	(0.5856)
SME	0.0136	0.0102	-0.0063	0.0157
	(0.0099)	(0.0082)	(0.0042)	(0.0124)
Lnasset	-0.9489	0.6479	-2.6830	1.2713
	(0.8013)	(0.7671)	(2.6271)	(1.1394)
Year	YES	NO	NO	NO
Institute * Year	NO	YES	YES	NO
Province * Year	NO	YES	YES	NO
Branch FE	YES	YES	YES	YES
Observations	1800	1800	468	1361
R-squared	0.6255	0.9246	0.9972	0.7981
Overall effect when below	0.2295	0.1222	2.0867***	0.1753
Standard error	0.4139	0.2209	0.3464	0.1753

注：***$p<0.01$，**$p<0.05$，*$p<0.1$。括号内为标准差。
资料来源：作者计算。

　　结合第三部分分析的结果，我们的研究结果表明，中小企业贷款评估对受到政策限制的银行来说是一把双刃剑：虽然它推动了这些银行扩大中小企业贷款，但也给小型银行带来了更高的信贷风险。增加对中小企业贷款的银行，尤其是小型银行，会承担更多的信贷风险。

五 中小企业融资计划如何影响银行利润？

为了使研究完整，我们还研究了中小企业贷款评估对银行利润的影响，见公式10.3。

$$Profits_{it} = \gamma_0 + \gamma_1 Evaluation_{it} + \gamma_2 Evaluation_{it} L. Below \\ + \gamma_3 X_{it} + \upsilon_i + \tau_t + \zeta_{it}$$

（公式10.3）

我们用两个变量来衡量银行的利润：净利息收入超过未偿贷款总额（NII）和资产回报率（ROA）。前者表示银行在存贷款业务上的盈利能力，后者表示银行的整体盈利能力。

表10.11报告了评估对净利息收入和银行资产回报率的影响。第（1）列和第（2）列的结果表明，评价系数显著为正，相互作用项的系数显著为负。这些结果表明，对非受限的银行来说，该评价提高了它们的净利息收入。对于不受评估要求限制的银行，实行评估对其净利息收入总体上有负面影响，但并不显著。

对于第（3）列和第（4）列，结果相似。虽然评估提高了"非受限"银行的资产回报率，但对评估前未达到要求的受限银行却产生了负面但不显著的影响。

表 10.11　评价对分行绩效的影响

变量	（1） NII	（2） NII	（3） ROA	（4） ROA
Evaluation	0.0097 ***	0.0057 ***	0.0040 ***	0.0045 ***
	(0.0033)	(0.0018)	(0.0011)	(0.0010)
*Evaluation * L. Below*	− 0.0161 ***	− 0.0097 *	− 0.0056 ***	− 0.0047 ***
	(0.0047)	(0.0051)	(0.0014)	(0.0017)
L. Below	0.0111 ***	0.0091 **	0.0039 ***	0.0033 ***
	(0.0032)	(0.0045)	(0.0011)	(0.0006)
Lnasset	0.0017	0.0003	− 0.0018	− 0.0041 **
	(0.0060)	(0.0057)	(0.0015)	(0.0017)
Year	YES	NO	YES	NO
*Institute * Year*	NO	YES	NO	YES
*Province * Year*	NO	YES	NO	YES
Branch FE	YES	YES	YES	YES

续表

变量	（1） NII	（2） NII	（3） ROA	（4） ROA
Observations	3348	2716	3517	2875
R-squared	0.7597	0.8097	0.7157	0.7865
Overall effect when below	− 0.0064	− 0.004	− 0.0016	− 0.0003
Standard error	0.0040	0.0044	0 0010	0.0012

注：*** p < 0.01，** p < 0.05，* p < 0.1。括号内为标准差。

资料来源：作者计算。

我们在表 10.12 中分析了实行评估对小型银行和大型银行盈利能力的不同影响。有趣的是，我们发现，该评价显著提高了"非受限"大型银行的利润，而对"非受限"小型银行没有影响。这也与"受限"银行与"非受限"银行之间，以及"受限"小型银行与"受限"大型银行之间的两种竞争效应有关。"非受限"的大型银行的盈利能力提高了，因为它们不必为中小企业贷款而竞争，但它们享受到竞争性较弱的非中小企业贷款。对于"非受限"的小型银行来说，它们在中小企业贷款市场上面临着更为激烈的竞争，同时也有更大的空间为非中小企业贷款提供服务。因此，对这些"非受限"的小型银行的总体评价效果是模糊的。

对于"受限"的银行，评估降低了小型银行和大型银行的净利息收入，而只降低了小型银行的资产回报率。

表 10.12　按银行规模划分的评估对分行业绩的影响

变量	（1） NII	（2） NII	（3） ROA	（4） ROA
	小型银行	大型银行	小型银行	大型银行
Evaluation	0.0028	0.0043 **	0.0002	0.0039 ***
	（0.0025）	（0.0016）	（0.0013）	（0.0009）
Evaluation * L. Below	− 0.0091 **	− 0.0094 ***	− 0.0032 *	− 0.0050 ***
	（0.0045）	（0.0015）	（0.0019）	（0.0014）
L. Below	0.0068 **	0.0141 ***	0.0005	0.0029 ***
	（0.0032）	（0.0020）	（0.0016）	（0.0009）
Lnasset	0.0071	0.0091	0.0044	− 0.0056 **
	（0.0047）	（0.0055）	（0.0032）	（0.0020）
Institute * Year	YES	YES	YES	YES

续表

变量	（1） NII	（2） NII	（3） ROA	（4） ROA
	小型银行	大型银行	小型银行	大型银行
Province * Year	YES	YES	YES	YES
Branch FE	YES	YES	YES	YES
Observations	711	1756	673	1615
R-squared	0.8001	0.7334	0.7243	0.7337
Overall effect when below	− 0.0054 *	− 0.0050 *	− 0.0030 *	− 0.0011
Standard error	0.0031	0.002746	0.0018	0.0012

注： *** $p < 0.01$， ** $p < 0.05$， * $p < 0.1$。括号内为标准差。
资料来源：作者计算。

六　总结

在前三部分中，我们考察了银行对中小企业贷款的评估对其贷款结果的影响，包括银行对中小企业贷款的份额、信贷风险和利润。我们在表 10.13 中总结了这些影响，并在收益和成本框架中进行了分析。

中小企业贷款评估的预期效益是有效增加对中小企业的贷款数量，因为评估的目的是推动银行对中小企业的贷款。但从这个角度看，整体效益是不确定的，因为评价对最初的"非受限"和"受限"的银行有着相反的影响。它有效地增加了"受限"银行的中小企业贷款份额，这些银行最初没有达到评估要求。同时也减少了"非受限"银行的中小企业贷款份额，这些银行最初超过了评估要求［见第（1）列前两行］。对于不同规模的银行，其影响也不尽相同：对于"受限"的小型银行和大型银行，实行评估增加了对中小企业贷款的份额，但只会降低"非受限"大型银行的中小企业贷款比例。因此，总体而言，评估增加了中小企业对小型银行的贷款，但对大型银行整体的影响尚不明确。

实行评估对银行信贷风险和利润也有一定的影响。评估显著增加了受限小型银行的信用风险，降低了"非受限"大型银行的信用风险［见表 10.13

第（1）列第3行和第4行]。虽然评估增加了"非受限"大银行的利润，但同时也降低了"受限"的小型银行和大型银行的利润。

　　总体而言，对于中小企业贷款初始条件不同的银行和规模不同的银行，实行评估的影响也不同。对于"受限"的小型银行来说，评估增加了它们的中小企业贷款，同时增加了它们的信用风险和降低了利润。对于"非受限"的小型银行来说，没有显著的影响。对于"受限"的大型银行来说，评估增加了它们对中小企业贷款所占的比例，但降低了它们的净利息收入。该评价有利于"非受限"的大型银行降低信用风险、提高利润。

表 10.13　中小企业贷款评估对银行贷款结果的影响

列	贷款结果	初始状态	样本		
			全样本	小银行	大银行
			（1）	（2）	（3）
1	中小企业贷款	不受限	下降	无	下降
2		受限	上升	上升	上升
3	信用风险	不受限	下降	无	下降
4		受限	无	上升	无
5	利润 – NII	不受限	上升	无	上升
6		受限	无	下降	下降
7	利润 – ROA	不受限	上升	无	上升
8		受限	无	下降	无

注："减少"和"增加"表示评估分别显著减少和增加贷款结果，"否"表示评估对贷款结果没有显著影响。

七　结论和政策含义

　　中国中小企业的健康发展对促进经济增长、创造就业和创新具有重要意义。中小企业发展的主要障碍是缺乏合适的融资渠道和信贷缺失。政府为此提出一套解决中小企业融资问题的方案。然而迄今为止，几乎没有关于这些计划在增加中小企业贷款数量方面是否有效的研究，关于这些措施给银行带来的成本，也同样缺乏研究。

在本章中，我们研究了中国银监会 2008 年启动的一项政策措施的收益和成本，该措施旨在推动商业银行去满足中小企业贷款需求。基于县级分行调查数据集，我们的实证分析发现，按照政策实行中小企业贷款份额评估，对中小企业贷款不同初始条件的银行和不同规模的银行有不同的影响。尽管评估政策增加了最初未达到要求的银行对中小企业的贷款，但减少了最初超出要求的银行对中小企业的贷款。这一政策在增加中小企业贷款方面的总体效益，取决于"受限"银行和"非受限"银行的不同情况。在成本方面，受限的小型银行的信用风险增加，利润减少，"受限"的大型银行的净利息收入减少。

本章的实证结果具有重要的政策含义。根据我们的调查结果，中小企业融资支持计划对银行来说，既有收益也有成本。这一方案的一个显著问题是增加了小型银行的信贷风险，降低了小型银行的利润。要解决这一问题，政府有必要出台政策从根本上改善中小企业的商业、金融和创新环境以及服务体系，有效施行 2017 年修订的《中小企业促进法》。

参考文献

Allen, F., Qian, J. and Qian, M. (2005), Law, finance, and economic growth in China, *Journal of Financial Economics* 77: 57–116. doi.org/10.1016/j.jfineco.2004.06.010.

Allen, F., Qian, J., Zhang, C. and Zhao M. (2012), *China's financial system: Opportunities and challenges*, NBER Working Paper No. 17828, Cambridge, MA: National Bureau of Economic Research. doi.org/10.3386/w17828.

Bai, C.E., Lu, J. and Tao, Z. (2006), Property rights protection and access to bank loans, *Economics of Transition* 14: 611–28. doi.org/10.1111/j.1468-0351.2006.00269.x.

Beck, T., Demirgüç-Kunt, A. and Maksimovic, V. (2008), Financing patterns around the world: Are small firms different?, *Journal of Financial Economics* 89: 467–87. doi.org/10.1016/j.jfineco.2007.10.005.

Berger, A.N., Miller, N.H., Petersen, M.A., Rajan, R.G. and Stein, J.C. (2002), *Does function follow organizational form? Evidence from the lending practices of large and small banks*, NBER Working Papers No. 8752, Cambridge, MA: National Bureau of Economic Research. doi.org/10.3386/w8752.

Berger, A.N. and Udell, G.F. (1995), Relationship lending and lines of credit in small firm finance, *Journal of Business* 68: 351–82. doi.org/10.1086/296668.

Berger, A.N. and Udell, G.F. (1996), Universal banking and the future of small business lending, in A. Saunders and I. Walter (eds), *Financial System Design: The case for universal banking*, Chicago: Irwin Publishing.

Berger, A.N. and Udell, G.F. (2002), Small business credit availability and relationship lending: The importance of bank organizational structure, *Economic Journal* 112: 32–53. doi.org/10.1111/1468-0297.00682.

Berger, A.N. and Udell, G.F. (2006), A more complete conceptual framework for SME finance, *Journal of Banking & Finance* 30(11): 2945–66. doi.org/10.1016/j.jbankfin. 2006.05.008.

Chong, T.T., Lu, L. and Ongena, S. (2013), Does banking competition alleviate or worsen credit constraints faced by small- and medium-sized enterprises? Evidence from China, *Journal of Banking and Finance* 37: 3412–24. doi.org/10.1016/j.jbankfin.2013.05.006.

Cole, R., Goldberg, L. and White, L. (1999), Cookie-cutter versus character: The micro structure of small business lending by large and small banks, in J. Blanton, A. Williams and S. Rhine (eds), *Business Access to Capital and Credit: A Federal Reserve System research conference*, Washington, DC: Board of Governors of the Federal Reserve System.

Du, J., Lu, Y. and Tao, Z. (2012), Bank loans vs. trade credit, *Economics of Transition* 20: 457–80. doi.org/10.1111/j.1468-0351.2012.00439.x.

Gou, Q., Huang, Y. and Xu, J. (2018), Does ownership matter in banking credit allocation in China?, *European Journal of Finance* 24(16): 1409–27. doi.org/10.1080/ 1351847X.2016.1190391.

Huang, Y., Cai, F., Xu, P. and Gou, Q. (2013), The new normal of Chinese development, in R. Garnaut, F. Cai and L. Song (eds), *China: A new model for growth and development*, Canberra: ANU E Press. doi.org/10.22459/CNMGD.07.2013.03.

Lin, J.Y., Cai, F. and Li, Z. (1996), *The China Miracle: Development strategy and economic reform*, Hong Kong: The Chinese University Press.

Peek, J. and Rosengren, E.S. (1998), Bank consolidation and small business lending: It's not just bank size that matters, *Journal of Banking and Finance* 22: 799–819. doi.org/ 10.1016/S0378-4266(98)00012-0.

Shen, Y., Shen, M., Xu, Z. and Bai, Y. (2009), Bank size and small- and medium-sized enterprise (SME) lending: Evidence from China, *World Development* 37(4): 800–11. doi.org/10.1016/j.worlddev.2008.07.014.

Stiglitz, J. and Weiss, A. (1981), Credit rationing in markets with imperfect information, *American Economic Review* 71: 181–214.

Zhang, D., Cai, J., Dickinson, D. and Kutan, A. (2016), Non-performing loans, moral hazard and regulation of the Chinese commercial banking system. *Journal of Banking & Finance* 63: 48–60. doi.org/10.1016/j.jbankfin.2015.11.010.

Zhang, L. and Gou, Q. (2016), Demystifying China's economic growth: Retrospect and prospect, in A. Calcagno, S. Dullien, A. Márquez-Velázquez, N. Maystre and J. Priewe (eds), *Rethinking Development Strategies after the Financial Crisis. Volume II: Country studies and international comparisons*, New York: United Nations. doi.org/10.18356/daa61e24-en.

第11章 全球视角下中美贸易摩擦经济后果的模型分析

Deborah H. Y. Tan 陈 辰[*]

一 前言

当商品、服务、人、思想能够跨越行政界限自由流动时，全球经济才有良好表现。我们目前所共享的繁荣，在很大程度上得益于国际贸易所释放的国家和区域比较优势。必和必拓（BHP）明确支持这一观点。

这种明确支持可见于必和必拓每六个月更新一次的财务报告：

> 虽然我们认为单是贸易保护主义抬头尚并不足以令全球经济陷入衰退，但如果目标是追求跨地区、跨行业、跨支出驱动的普遍性增长，这无疑是极为无益的开端。我们强调公司、政府和民间社会倡导自由贸易和开放市场的重要性……我们预计，全球消费者逐渐认识到贸易保护主义的真正的经济代价之时，就是我们普遍期待的更为开放的国际贸易环境出现之时。（McKay，2019）

贸易保护主义的代价究竟如何，又能如何降低代价呢？本章将讨论这一问题。

---

* 感谢 Warwick McKibbin、Larry Liu 和 Huw McKay 对本文初稿提出的建设性意见。

美国和中国当前贸易争端源自特朗普政府长期坚持的对中国愈加强硬的立场，这一立场要求改变此届美国政府所认为的不公平的贸易做法。在美国政府看来，这些做法是造成美国对华贸易逆差的原因。更深一层，也可将这场贸易争端视为中美两国展开竞争的表现。

在撰写本文时[①]，美中贸易谈判代表正在进行谈判，谈判在几个月中取得了一些进展。然而人们很难预测谈判的最终结果，甚至很难判断谈判是否会有最终结果，也许我们最好将它视为一项连续演进的议题。因此，我们没有提出一套单一结论，而是设置了一系列场景，分析在强度和持续时间各不相同、政策执行互有冲抵的情况下，美国、中国和全球经济未来10年发展的可能结果。

G-cubed 多国家模型（G-cubed multi-country model）模拟了这些场景。本章的主要参考文献来自 McKibbin 和 Stoeckel（2017），他们使用 G-cubed 模型模拟了一系列多边贸易战场景。

我们的结论是，毫无疑问，一场贸易战将对中美两国人民经济利益都造成损害。我们所假设的"全面爆发的中美贸易战"，对两国来说代价都是高昂的——在未来10年，两国经济可能平均每年少增长0.5%。虽然由于中国贸易敞口较高，起初受影响更大，但随着时间的推移，美国将付出更大代价。而且，第三方国家将从贸易转移中获得边际收益，德国、日本、韩国等国将扩大在中美两国的市场份额。通过谈判解决争端，同时推行一套合理的逆周期政策，以缓冲内经济的中、短期波动，似乎也很符合中国的利益。

二 中美两国经济政策的重点

唐纳德·特朗普总统在经济方面的政策重心是促进投资，以带动经济增长和创造就业。撬动经济增长的杠杆是降低税收（尤其是企业税）和减少监管，同时通过提高关税和重新商定贸易协议来为美国制造业提供保护。这一系列措施在立法和促进经济增长实效方面都取得了成功。2017年12月通过的《减税和就业法案》是特朗普政府迄今为止最大的立法成就，也是30多年来美国最彻底的税制改革。2018年，税改方案释放了经济增长潜力，

---

① 本文提交于2019年5月。

我们预计它在未来 5 年左右的时间里，将继续支撑投资、就业和工资高于（假设无该种刺激情况下的）常规水平。然而，美国财政不能自我维持，美国国会税务联合委员会（2017）认为，以上方案将在 10 年内增加 1.1 万亿美元的预算赤字。美国国内需求与美国贸易伙伴的需求相比大幅增长，也预示着美国贸易将更加失衡，这与美国政府减少贸易赤字的目标背道而驰。

在贸易方面，为了加快相应措施落地，特朗普总统利用国家安全条款制定贸易法令，而不是寻求国会立法。（我们总结）美国政府的基本立场如下：美国与其主要贸易伙伴经济体之间的巨额贸易逆差表明，美国出口商受到了不公平待遇①，这些贸易伙伴应该进口更多的美国产品。虽然中国并不是唯一在贸易问题上受到美国批评的国家，但毋庸置疑，中国是主要目标。这也超越了双边关系的范畴，影响了美国处理与其他国家的关系。例如，取代《北美自由贸易协定》（NAFTA）的新协议《美国-墨西哥-加拿大协定》（USMCA）就包含一个"毒丸"（Poison Pill）条款，允许美国否决加拿大和墨西哥选择其他贸易伙伴，似可认为是意图孤立中国的确切措施。

当本届美国政府在政策制定方面的民族主义色彩越发浓重之时，中国则在追求更包容的长期经济增长战略，并加强发挥地区影响力。经济增长仍然是中国"十三五"规划的重点，目标是到 2020 年使中国的人均收入翻一番。与此同时，改革在过去 5 年中被提升到了同等重要的地位，随着经济日益发展成熟，中国在工业产能、金融风险和环境等方面面临的结构性压力逐渐增大。在过去的 5 年里，中国政府在进行供给侧结构性改革的同时，经济增长速度也逐步放缓。在与美国谈判进行之时，中国还推行了一些单边贸易改革，如降低汽车关税，全国人大最近还通过了一项新的外商投资法。

中国到 21 世纪中叶实现"繁荣昌盛的现代化强国"的长期目标，催化出推动其规模庞大的制造业（目前在附加值方面处于中低端）向价值链上游发展的工业政策。"中国制造 2025"是一项广为人知的由政府支持的产业政策，旨在促进中国在 ICT、机械设备、工业材料等关键领域的产业升级，让中国成长为超级技术大国。广而言之，过去短短几年，中国已经与亚太各国建立了更

---

① 在其他场合，特朗普总统威胁说，根据 2019 年 2 月美国商务部的调查结果，他可能无法与欧盟达成协议，并将对欧洲进口汽车征收高达 25% 的关税。此外，钢铁和铝关税本质上是全球性的，只对一些国家进行豁免，而美洲国家受到的影响最大。

加紧密的双边经济联系，在亚太地区的影响力不断增强。例如，"一带一路"倡议已经成为当前中国政府外交政策的支柱。亚洲基础设施投资银行（Asian Infrastructure Investment Bank）成立，总部设在北京，这凸显出中国在支持地区经济发展方面发挥重要作用的意愿。这些举措清晰地呈现中国战略全貌，即在国际治理特别是在开发性融资领域发挥作用的同时，向价值链上游进发。

三　贸易谈判的博弈状态

对中国贸易活动、外国公司在华政策待遇和知识产权保护问题的担忧并非新鲜事儿。根据美国贸易代表办公室（2019）和欧盟委员会（欧盟商会，2018）的报告，许多决策者认为，中国政府没有全部履行其加入世界贸易组织（WTO）时所做出的承诺。这些指控包括给予中国国内企业"不公平"优待、所谓的强制技术转让和拒绝国际竞争对手进入中国市场。上海美国商会报告（2017）提出，（外国企业）进入金融服务、信息和通信技术、医疗保健、农业和汽车等5个关键行业存在重大障碍。布鲁金斯学会、Meltzer 和 Shenai（2019）以及 Hass 和 Balin（2019）也观察到，中国成为技术超级大国的雄心壮志引起了美国的恐慌，他们也密切关注中国是否会利用产业政策给予本国企业"不公平"优待。近几个月，摩擦的快速升级就建立在这些观念的基础上。

从中国的角度看，美国的经常项目贸易逆差是一系列结构性因素的结果。首先，当前美国的贸易逆差反映了美国公共和私营部门较低的储蓄率。其次，美元作为全球融资工具还需要通过永久性贸易赤字保持流动性（也称为"特里芬难题"）。最后，中国商品的比较优势以及全球供应链的再布局和分散化，导致美国消费者所购买产品的来源国发生了重大变化，这种变化既发生在原有品牌身上，也表现为中国原生企业市场份额的不断提高。

2018年3月，美国决定对钢铁和铝进口加征关税后，全球两大经济体之间的贸易摩擦迅速升级。图11.1提供了迄本文完稿为止的发展时间表。美国对一半以上的进口中国商品征收关税，中国对70%以上的进口美国商品征收报复性关税。2018年11月30日至12月1日，两国在布宜诺斯艾利斯举行的二十国集团（G20）峰会上达成"休战"协议。作为临时"停火"的一部分，美国同意从2019年1月1日起推迟提高关税，并为双方在关键结构性问题上取得进展设定了90天的时限。2月24日，特朗普总统决定延

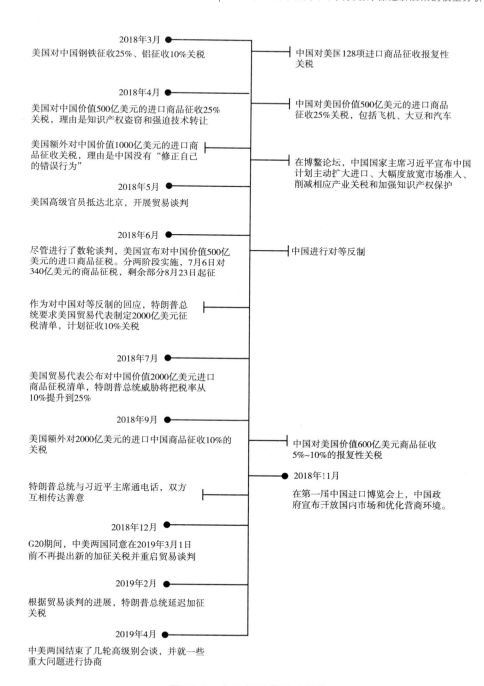

图 11.1　中美贸易摩擦时间线

资料来源：必和必拓（BHP）。

后原定于 3 月 1 日对中国产品加征惩罚性关税的措施。至 2019 年 4 月初，美中贸易谈判代表之间的谈判仍在进行中。虽然两国政府都急于宣称会谈富有成效，但能否真正取得实质性进展仍有待观察。

我们很难预见谈判的最终结果，也很难判断美国以继续暂停提高关税或取消现有关税为筹码而期待中国做出怎样的让步。其他如与工业政策、市场准入和知识产权有关的问题，也需要得到解决。如果谈判完全破裂这一小概率事件发生，美国在可能加收关税产品的种类和加税程度上都占上风，而中国从美国的进口额相对较少，反制手段相对有限（见图 11.2）。尽管中国坚称不希望争端升级，但中国领导人还可以部署其他政策措施来稳定经济，尽管这意味着需要进行跨期权衡。

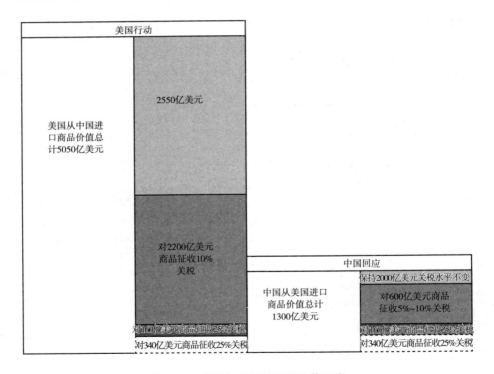

图 11.2　中国与美国的贸易政策回应

资料来源：必和必拓（BHP）。

为评估贸易摩擦的影响范围，我们最初使用一系列场景组合来描述中美贸易摩擦的三种可能结果。在撰写本文时，有两种场景已被快速发展的事态淘汰。考虑到第一组场景的结果，我们接着考察了 3 种中国应对政策的效果。其中一些反制措施是中国已经采取了的，一些尚未实际采取。

四　模型

中美两国的政策选择强烈影响着各自国内经济、彼此的贸易表现以及其他贸易伙伴享有的经济机遇。贸易保护主义增加了企业在进口目的地市场的运营成本，削弱了消费者的购买力，降低了资本回报率，导致投资减少。由于商业活动萎缩，劳动力市场疲软，工资和支出被压低，所以就业率下降。毋庸置疑，中美爆发全面贸易战的代价对两国来说都是高昂的。与此同时，德国和日本等第三方国家将从产业和贸易转移中获益。虽然在短期内中国可以采取刺激政策稳定经济，但在未来会付出代价，需应对更高的财政赤字，做出财政整固。

为了掌握所有的影响因素和相互作用，我们使用了最初由 McKibbin 和 Wilcoxen（1999、2013）开发的综合动态全球模型（G-cubed）。G-cubed 模型将所有这些相互作用都纳入了动态变化的全球性场景，并按产业部门进行分类。本章使用的模型详见 McKibbin 和 Stoeckel（2017）。具体来说，如表 11.1 所示，该模型涵盖六个产业部门（能源、采矿、农业、耐用品制造、非耐用品制造和服务业），外加资本品生产部门，覆盖 17 个国家和地区。假设每个地区的中央银行按照 Henderson-McKibbin-Taylor 规则①调整短期名义利率，具体分析见 Henderson 和 McKibbin（1993）及 Taylor（1993）。在该模型中，除中国以外，所有央行都将控制通胀和稳 GDP 增长作为政策目标。与大多数央行相比，中国人民银行有多个政策目标，包括稳定价格、促进经济增长、充分就业、平衡国际收支、金融市场改革和自由化（Zhou，2016）。中国央行盯住通货膨胀率、GDP 增长率和名义汇率。在第一组场景中，美国和中国央行会根据货币政策规则自动对宏观经济结果做出反应。在第二组场景中，中国央行独自下调短期利率，随后根据货币政策规则对宏观经济结果做出反应。至于财政政策，这里将政府支出视为外生变量，政府通

---

① 中央银行设定的名义利率应能应对实际通胀对通胀目标的偏离以及实际产出对潜在产出的偏离。

过征税来偿还债务利息。

在 G-cubed 模型中，企业的特点是在投资和支出决策方面具有前瞻性，根据当期和往期回报率以及未来的预期回报率做出决策。由于征收关税，未来预期回报率将走低，我们预计企业将减少投资。因此，这一模型是评估这些涵盖范围广泛的贸易政策对全球经济的潜在影响的理想工具。

表 11.1　G-cubed 模型 v.144 版本中的国家和地区

美国	中国
日本	印度
英国	印度尼西亚
德国	亚洲其他国家和地区
欧元区其他国家	拉丁美洲
加拿大	其他新兴经济体
澳大利亚	东欧和独联体国家
韩国	欧佩克国家
其他发达经济体	—

注：欧佩克 = 石油输出国组织。

五　文献回顾

过去一年，人们越来越关注贸易战对经济潜在的反作用。这些研究的视野差异巨大，区别主要在于用于场景分析的国家以及基础假设都不相同。由于双边贸易战将会溢出到第三国，全球贸易战的负面后果将极为严峻。本文分析的长处在于，我们聚焦在两个相关国家上，更符合实际。此外，我们的分析中还包括了中国在摩擦全面升级的情况下可能采取的应对措施。

McKibbin 和 Stoeckel（2017）使用 G-cubed 模型模拟了一系列多边贸易战场景。他们发现，如果美国对所有国家的所有进口产品征收关税，会迫使所有国家和地区的经济恶化。在这种场景下，美国自身经济也将恶化，第一年，国内生产总值将下降 0.3%，中国所受影响将是前者的 3 倍，下降

0.9%。所有国家在全球贸易战中的境遇都将恶化，由于贸易敞口程度不同，一些国家的境遇比其他国家更加严峻。中国、德国和亚洲其他国家的损失大约是美国的 3 倍。

世界银行的 Freund 等（2018）采用一个可计算的一般均衡模型，设计了三种场景。所有的场景都含有中美互征关税的设定，第三种场景还包括投资者信心下降的情况。笔者发现，当中美两国互相加征关税时，第三国将从贸易转移中受益。但是，当投资者信心动摇时，所有地区因此产生的收益都将被负的收入效应所抵销。在这种场景下，南亚的产出损失为 0.9%，欧洲和中亚为 1.7%。产出下降幅度最大的是中国和美国，分别高达 3.5% 和1.6%。受影响最大的行业包括美国的农业、化工和运输设备，以及中国的电子设备、机械和其他制造业。

Li 等（2018）采用多国全球一般均衡模型，模拟采取包括关税和非关税措施时中美贸易战的潜在影响。作者发现，对中国采取单边制裁措施，美国可以获利。但如果中国采取反制措施，美国将蒙受损失。互打贸易战时，中国的损失将超过美国。此外，中美贸易战将对大多数国家和全世界造成伤害，特别是在 GDP 和制造业就业方面。

欧洲中央银行（ECB）将其对贸易战的场景分析作为 2018 年 9 月经济简报（Economic Bulletin）的一部分发表。欧洲央行将国际货币基金组织（IMF）的模型与自己的全球模型相结合，评估了当前贸易战作用下，贸易和信心影响经济表现的作用路径。该研究的假设场景是全球贸易战发生，美国对所有进口商品加征关税，同时所有贸易伙伴都对美国的贸易保护措施予以对等反制。该研究认为，由于中国可以从替代效应中受益，与中国相比，美国经济受到的影响相对更大。此外，该研究还认为贸易摩擦将有所缓和，而且只会持续两年。

六　模拟

第一组场景评估了三种贸易争端走势的最终影响，未纳入中国的任何政策回应。关税冲击被假定为永久性的。第二组场景分析了中国在双边贸易战中三种不同政策反应的结果。表 11.3 总结了每种场景下的关键假设。

第一组场景用来反映所能观察到的贸易摩擦演变历程以及激化后的合理

趋势。我们的第一个场景"象征性报复",对应着 2018 年 3 月美国和中国之间的第一次针锋相对,也就是特朗普总统援引《贸易法》(Trade Act)(1962) 第 232 条,对钢材征收 25% 的关税,对铝进口征收 10% 的关税。

我们发现,长期而言,这一场景对经济增长的影响基本上是中性的。第二种情况是"摩擦升级",对应着 2018 年 7 月至 8 月,美国公布《贸易法案》(1974) 第 301 条调查结果后,中美两国针锋相对的局面。美国贸易代表办公室随后盯上了价值 500 亿美元的进口中国产品,这些产品被认为能帮助中国成为先进科技方面的全球领导者,这招致了中国的对等反制。2018 年 9 月,美国对另外 2000 亿美元的中国进口商品再加征 10% 的关税,中国则对另外 600 亿美元的美国进口商品加征 5% ~ 10% 的关税。在 2018 年 12 月二十国集团(G20)峰会达成"停战协议"之前,争端进一步升级的可能性非常明显。因此,我们假设的最坏场景也即第三种场景是"贸易战"。

模拟中所设计的贸易冲击接近现实中已经宣布的政策,但不会在细节上一模一样。考虑到这一点,我们比较每次模拟的结果时,以美国和中国公开针锋相对之前的情况作为参照系。由于 G-cubed 模型中设置了 6 个具体产业部门,我们根据某一行业所占份额,再将行业特定关税转换为可应用于整个产业的总税率。我们使用"世界综合贸易解决方案贸易统计"数据库(World Integrated Trade Solution Trade Stats Database)中的 2016 年双边进口数据估算行业份额。然后,我们将行业权重应用于新关税,并得出整个部门的关税税率。

以下是对这三组场景更为详细的描述。

(一) 象征性报复

2018 年 3 月,美国的金属制品进口商在政府对来自多个国家的钢铁和铝(分别为 25% 和 10%)征收关税后,面临着更高的含税价格。中国对加征关税进行了反制,对进口自美国食物、动物产品和金属制品提高了关税(从 15% 到 25% 不等)。在这一模拟中,我们设定美国对进口的中国耐用制造业产品征收全产业平均关税,以反映对金属行业征收的更高税率。我们还假定中国对进口的美国非耐用品、农业、渔业和狩猎业以及耐用制造业产品征收全行业平均关税,以反映对受影响行业征收的更高税收。

（二）摩擦升级

2018 年 7 月，美国政府对 500 亿美元的中国商品征收 25% 的关税，涵盖工业、运输和医疗产品。作为反制，中国对价值 500 亿美元的美国商品征收 25% 的关税，其中包括大豆、汽车和飞机。这一模拟对美国进口中国耐用品的增量关税税率进行了修订，将对机械设备、运输和其他杂项制成品征收的新税率包括在内。对中国而言，针对美国农业、渔业和狩猎业、耐用品制造业和非耐用品制造业产品的全产业关税也经过了调整，以反映现实中对农产品、交通设备以及化学品和塑料所征的新税。

（三）贸易战

在一场全面爆发的贸易战中，假定美国和中国将提高所有双边进口商品的关税。在这一模拟中，我们设定两国对所有产业征收 25% 的关税。

2018 年，中国推出了几项支持性措施，不仅用来应对因贸易摩擦导致的外部预期走低，也为了应对国内经济增长放缓（见表 11.2）。在第二组场景中，我们在评估贸易战发生后中国的一揽子反击政策效力时，设置了相同的贸易争端起始基准。在第一种"滴灌"（Drip Irrigation）场景下，我们所设计的政策回应类似于现实中已宣布的刺激措施，但不会在细节上一模一样。在第二种"泵灌"（Pump Priming）场景下，我们假设中国采取更加激进的刺激政策，以支撑短期增长。在第三种"抛售"（Sell-off）场景下，我们假设中国通过非关税手段反击美国的"侵犯"，即抛售持有的美国国债。

表 11.2　中国 2018 年的政策工具包

宣布日期	政策措施
2018 年 3 月	中国宣布削减主要日用消费品进口关税,如汽车、药品
2018 年 5 月	制造业、运输业和建筑业增值税减免(1%)
2018 年 4 月、6 月、10 月	央行累计将商业银行存款准备金率从 17% 下调至 14.5%。银行同业拆借利率自 2018 年第二季度以来下降了约 25 个基点,部分原因是要求回报率下调一轮,以及中国人民银行积极开展中期借贷便利和逆回购操作

宣布日期	政策措施
2018 年 10 月	个税起征点由 3500 元提高到 5000 元,所得税减免政策也随之出台。自 2019 年 1 月起生效
2018 年 11 月	中国提高了大约 400 种商品的出口退税税率,主要是资本和商品

资料来源:必和必拓(BHP),中国商务部。

（四）滴灌（Drip Irrigation）

这一模拟纳入了 2018 年中国为稳定经济而采取的主要政策。从 2018 年 3 月到 10 月,中国政府三次(分别在 4 月、7 月和 10 月)下调了法定存款准备金率。尽管中国人民银行没有直接下调利率,但银行间同业拆借利率或我们所理解的影子利率,在注入流动性后,在同一时期下降了 25 个基点。因此,我们调低了(模型中的)短期利率以符合货币宽松的实际情况。我们还调低了(模型中的)边际个人所得税税率,以反映个人收入免税额的提高。我们还使用税收抵免来指代向耐用品和非耐用品制造业企业提供的一揽子退税、关税削减和营业税减免。

（五）泵灌（Pump Priming）

在该模拟中,税收设定方面,与第一个模拟"滴灌"相比没有调整,但设定的货币政策更为激进(在我们的案例中,短期利率下降的幅度为第一个模拟的 2 倍),政府支出也有所增加,以反映中国为实现长期战略目标而增加的基础研究和试验投入。

（六）抛售（Sell-off）

在该模拟中,税收和货币政策调整的设定与第一个模拟相比没有变化。此外,我们假设中国抛售美国政府债券,并将这些资本重新投向国内和世界其他地区。目前,中国持有的美国国债(价值 1 万亿美元)约相当于美国名义 GDP 的 5%。因此,我们相应设定美国在未来 20 年,将面临合计相当于其 GDP 的 5% 资本外流,即每年流失 GDP 的 0.25%。这 1 万亿美元从美国流出后按各国 GDP 占世界比,重新分配到世界其他地区。

表 11.3　场景设定概述

因素	象征性报复	摩擦升级	贸易战	滴灌	泵灌	抛售
美国对中国进口商品征税	钢铁制品征收 25% 关税,铝制品征收 10% 关税(永久性)	钢铁制品征收 25% 关税,铝制品征收 10% 关税,对机械设备、运输和其他杂项制成品征税 25% 关税(永久性)	所有商品 25% 关税(永久性)	所有商品 25% 关税(永久性)	所有商品 25% 关税(永久性)	所有商品 25% 关税(永久性)
中国对美国进口商品征税	食品、动物制品和金属制品征税 15%~25% 关税	食品、动物制品和金属制品征税 15%~25% 关税,农产品、运输设备、化学和塑料制品征税 25%(永久性)	所有商品 25% 关税(永久性)	所有商品 25% 关税(永久性)	所有商品 25% 关税(永久性)	所有商品 25% 关税(永久性)
中国税收				将个人所得税降低 2 个百分点,对耐用和非耐用制造业的投资税收减免(政府自 2025 年起实施宽松政策)	将个人所得税(永久)降低 2 个百分点,对耐用和非耐用制造业的投资税收减免(政府自 2025 年起实施宽松政策)	将个人所得税(永久)降低 2 个百分点,对耐用和非耐用制造业的投资税收减免(政府自 2025 年起实施宽松政策)

续表

因素	象征性报复	摩擦升级	贸易战	滴灌	泵灌	抛售
中国短期利率				短期利率下调 25 个基点（央行自 2023 年起实施宽松政策）	到 2022 年将短期利率下调 50 个基点（央行自 2023 年起实施宽松政策）	到 2022 年将短期利率下调 25 个基点（央行自 2023 年起实施宽松政策）
中国政府支出					政府支出占 GDP 比重增加 1%（永久性）	
美国资本账户						资本以每年占等值于 GDP 的 0.25% 速度外流（未来 20 年）

七　模型结果：第一组场景

在第一组模拟中，我们评估了在同样的前置条件下三种不同的贸易争端的结果。在这三种模拟中，最良性的是"象征性报复"，国内生产总值与基准线的偏差很小（见图 11.3，示例 1）。在"摩擦升级"的场景模拟中，美国和中国的国内生产总值在未来 10 年分别下降了 0.2% 和 0.3%。最坏的场景即"贸易战"，美国和中国的国内生产总值在未来 10 年都平均少增长0.5%。在所有的场景中，由于中国的贸易敞口较大，起初所受影响都大于美国。然而，随着时间的推移，美国付出的代价会逐渐增高。另一方面，由于出口活动从贸易战场向外转移，德国和日本等第三国将从出口增长中获利。这些国家 GDP 将有所增长（见图 11.3，示例 2），某种程度上缓冲了对全球经济的总体负面影响。

遭遇保护主义的产业将面临损失，耐用品制造业所受打击最大。该产业属于两国政府明确盯紧的关键部门，占双边进口贸易份额极大。与美国相比，由于该行业贸易敞口相对更大（见图 11.3，示例 3），中国耐用品制造业所受影响更深。关税提高了进口资本品的价格，降低了企业利润和投资回报率。虽然提高关税可能会鼓励消费者从国外商品转向国内商品，但经营成本的升高和投资回报的下降实际上超过了提振国内需求带来的额外收益。因此，美国和中国的投资和产出均下降，中国所受影响更大。中短期中国境遇更严峻，但随着时间的推移，差异逐渐缩小。

在"贸易战"的场景下，美国和中国未来 10 年的平均工资可能分别下降 0.1% 和 1.5%（见图 11.3，示例 4）。受贸易壁垒影响最大的耐用品制造业部门就业率将大幅下降。随着企业开始缩减规模，预计企业对劳动力需求减弱，工资也将被压低。实体经济放缓，抑制了输入性通胀，预计美国和中国的通胀率将温和上升。

中国资本回报率下降阻碍新增投资，导致整体储蓄和投资之间重新平衡。对进口原材料和设备的需求减少，导致投资大幅下降。储蓄与投资的重新平衡能改善中国贸易头寸（见图 11.3，示例 5）。由于中国国内投资需求减少，资本外流加剧，预计人民币在中期内将走弱。人民币走弱反过来将提高中国出口产品的竞争力，刺激德国和日本等一些贸易伙伴对华商品的需求，

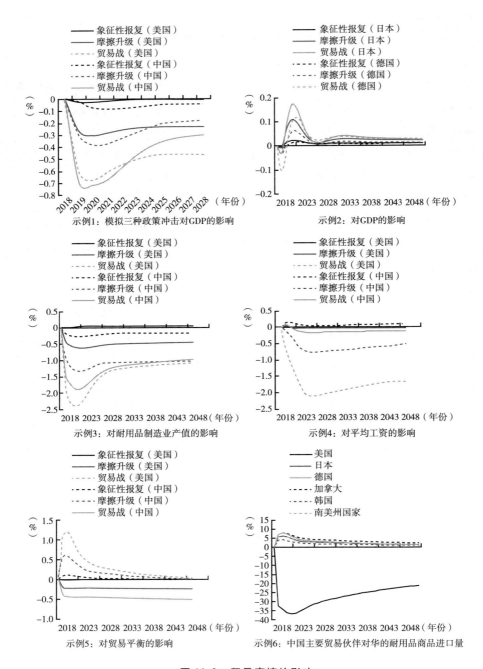

图 11.3　贸易摩擦的影响

注：不同的曲线代表各国的不同情景，纵轴为偏离国内生产总值基线百分比。

能部分缓解出口整体下降的趋势（见图 11.3，示例 6）。相比之下，美国的贸易状况恶化，其储蓄与投资平衡也稍有恶化。美国投资需求将下降且国内储蓄下降幅度更大。在中期，美国和中国之间的回报率的相对变化会吸引一些资本流入美国，从而支持美元走强。美元走强则会刺激消费扩大，国内储蓄下降，从而导致贸易逆差。美元走强也降低了美国商品和服务的出口竞争力。虽然我们主要讨论名义汇率的变化，但鉴于通货膨胀影响有限，实际汇率的变化大体上与名义汇率一致。

八 模型结果：第二组场景

在第二组场景中，我们评估了中国在贸易战中的一系列政策的效果。在这三种情况下，刺激政策都能缓冲中国贸易环节遭遇的负面冲击，仅使中期产出小幅下降（见图 11.4，示例 1）。货币宽松政策降低了国内企业的借贷成本。减免出口导向型制造业税收也增加了税后利润和投资回报率，使得企业愿意扩张业务。相对投资回报率的变化也鼓励一些资本离开美国。事实上，在这三种场景下，美国的投资都出现了急剧下降，但其结果与没有政策回应的情况相比并无实质性区别。

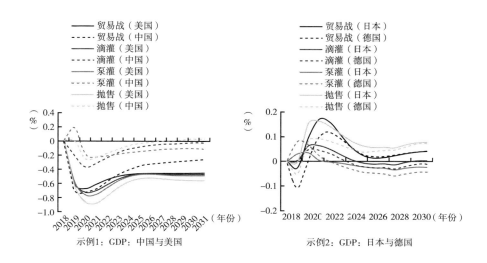

示例1：GDP：中国与美国   示例2：GDP：日本与德国

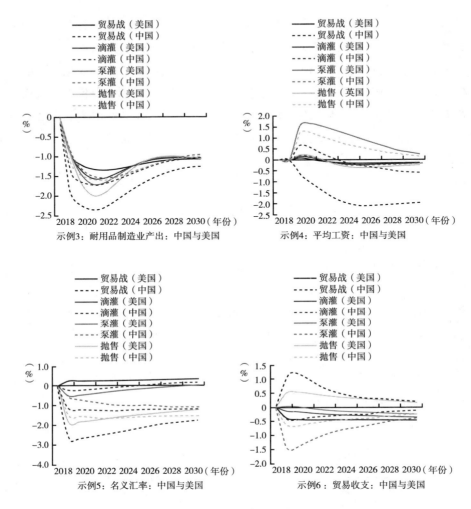

图 11.4　中国政策的作用

注：不同的曲线代表各国的不同情景，纵轴为偏离国内生产总值基线百分比。
资料来源：必和必拓（BHP）。

　　中国的政策选择也将在短期和中期引发不同结果。实施强刺激的"泵灌"在短期内能刺激增长，但这是以减少长期产出为代价的。因为政府支出增加，则未来需进行某种形式的财政整固。虽然"抛售"措施在抵销短期冲击方面的效果稍逊，但中国资本从投资于美国国债转向其他投资的重新配置，将加大国内投资，促进中国经济发展，而且从长期来看，实体经济将迎来更强劲的回升。

　　从中国角度而言，在缓冲未来 10 年双边贸易战影响方面，"抛售"预计将与"泵灌"一样有效，在这两种场景下，未来 10 年中国的 GDP 平均将少增长 0.1%。相比之下，在"贸易战"场景中，未来 10 年中国的 GDP 平均每年少增长 0.5%，在"滴灌"场景下少增长 0.2%。未来 10 年，美国的 GDP 预计将在贸易战中年均少增长 0.5%，并将随着"滴灌"和"泵灌"而略微恶化。在"抛售"场景下，美国的 GDP 预计将少增长 0.7%。这些结果表明，以上反制措施能对美国造成的经济损害相当有限。经济损害有限，而"抛售"将引起爆炸性的政治后果，这似乎印证了一些中国政策制定者的观点。

　　随着贸易和资本从争端双方处转移，德国和日本等第三方国家继续受益（见图 11.4，示例 2）。然而，欧盟与美国进行的贸易谈判尚未取得决定性进展，美国汽车关税威胁仍然显而易见。如果汽车关税成为现实，贸易转移对这些国家汽车出口商的提振作用可能会大幅下降，鉴于日本对美国最终需求的敞口相对更高，因此日本遭受的损失（与德国相比）也更为严重。2017 年，美国进口的日本汽车价值 400 亿美元，进口的德国汽车 200 亿美元。

　　图 11.4，示例 3 显示，逆周期措施可以减缓一些贸易战对投资造成的负面影响。具体而言，刺激政策提高了在中国投资的税后回报，削弱了投资美国的相对吸引力。越是扩张性的政策（"泵灌"扩张性最高），对中国而言投资成效越大。对美国而言，"抛售"场景下投资回落幅度最大。几十年来，外国购买美国政府债券实质上是对美国政府借款成本的补贴，因为如果美国政府只能获得美国国内储蓄的话，它所支付的成本要高得多，美国企业在国内市场的借款成本也相应被压低。而在"抛售"场景下，资本外流导致美元贬值，美国长期债券收益率和借贷成本上升，预计这两股力量相辅相成，打压投资者热情。

　　刺激政策还缓解了贸易战对中国就业的影响（见图 11.4，示例 4）。如果没有刺激政策，随着业务收缩，预计中国企业对劳动力的需求将有所减少。而刺激政策可以使经济放缓得到遏制，令工资温和下降。在高度扩张（"泵灌"）政策刺激下，政府支出大增和投资活动将推高劳动力需求，工资甚至可能上升。在美国，"抛售"场景在中期为美国的工资增长前景划定了上限。工资的波动将主要取决于投资情况。

尽管刺激政策本身会造成通货膨胀，但在这三种场景下，经济活动总体上仍低于潜在水平，因此中国的通货膨胀水平温和可控。在"泵灌"场景下，大规模的刺激政策带来的初期压力是最大的。在美国，"抛售"情景对通胀的影响最大。具体而言，对美国国债的需求下降和资本流向其他竞争对手两者共同施加影响，造成美元相对于其主要贸易伙伴国家或地区货币贬值，美国将面临更严峻的输入性通货膨胀。刺激措施提高了在华投资的相对回报率，并吸引了资本流入，因此即使货币政策极度宽松，三种场景下人民币的跌幅都较小（见图 11.4，示例 5）。在"抛售"场景中，接受中国资本流入的经济体货币升值，一定程度上使人民币面对美国以外的贸易伙伴无法足够强势。不过，人民币相对美元走强。在贸易加权的基础上，人民币在"泵灌"情景中贬值最少，在这种情况下，对中国资本的总体需求最高。在这三种情况下，"抛售"会导致资本逃离美国，美元走势最为疲软。

第一组场景显示，中国投资需求的下降重新平衡了国内储蓄和投资，并改善中国贸易收支（见图 11.4，示例 6）。然而，随着政策刺激和更高的投资需求，中国贸易收支的改善程度将会降低。在"泵灌"的情况下，投资需求的增加刺激资本流入，从而使人民币走强，贸易实际上更加失衡。人民币升值将削弱中国商品和服务的出口竞争力。在"抛售"情景中，投资需求下降，资本流出美国。美元走弱提高了美国商品和服务的出口竞争力，加上进口需求下降，使美国的贸易更接近平衡状态。

九 结论

贸易战对美国和中国都是代价高昂的。虽然在最初几年美国将使中国付出更大的代价，但美国在中期也将遭受类似的负增长。考虑到经济后果，两国都有强烈的动机来避免贸易战，但在某些情况下，决策者可能愿意承担一些经济代价，以改变另一方行为从而获得长期战略收益。

从中国的角度来看，尽管积极的财政政策在短期内似乎是一个有吸引力的选择，但短期刺激政策将损害长期产出。此外，信贷的大幅增长与中国去杠杆战略不一致。对中国而言，重新配置所持有的美国国债，使外国资产多样化，乍看起来似乎是一个有吸引力的战略，因为它不会牺牲中国的国家资产负债表或损害长期增长前景，但是这一做法极有可能使摩擦升级，因此它不是一个合适的战略。虽然中国政府偶尔会采取强硬言辞，但同时也一直致力于不让紧张局势升级，因此不太可能采取这样的刺激性举动。不过，如果把中国逼上狭路，那么不应认为中国的反制选项将仅限于关税。总之，我们认为，中国政府目前采取的政策方针是明智和审慎的，在中短期内采取充分措施缓解了经济压力，同时减少了国际不利影响。

参考文献

American Chamber of Commerce in Shanghai (2017), *Market Access Challenges in China*, October 2017, Shanghai: AmCham.

David, J.E. (2019), Trump says he will delay additional China tariffs originally scheduled to start on March 1, *CNBC*, 24 February.

Erken, H., Giesbergen B. and Vreede, I. (2018), Re-assessing the US–China trade war, *Rabobank*, 26 November.

European Central Bank (ECB) (2018), Macroeconomic implications of increasing protectionism, *ECB Economic Bulletin*, June, Frankfurt am Main: ECB.

European Chamber of Commerce (2018), *China: Certain measures on the transfer of technology—Request for consultations by the European Union*, June, Brussels: Directorate-General Trade, European Commission.

Freund, C., Ferrantino, M.J., Maliszewska, M. and Ruta, M. (2018), *Impacts on global trade and income of current trade disputes*, MTI Practice Note No. 2, Washington, DC: World Bank Group.

Hass, R. and Balin, Z. (2019), *US–China relations in the age of artificial intelligence*, Artificial Intelligence and Emerging Technologies Initiative Report, 10 January, Washington, DC: The Brookings Institution.

Henderson, D.W. and McKibbin, W.J. (1993), *A comparison of some basic monetary policy regimes for open economies: Implications of different degrees of instrument adjustment and wage persistence*, International Finance Discussion Papers 458, Washington, DC: Board of Governors of the Federal Reserve System. doi.org/10.1016/0167-2231(93)90011-K.

International Monetary Fund (IMF) (2018), *World Economic Outlook: Challenges to steady growth*, January, Washington, DC: IMF.

Joint Committee on Taxation (2017), *Macroeconomic analysis of the Conference Agreement for H.R.1, the 'Tax Cuts and Jobs Act'*, 22 December, JCX-69-17, Washington, DC: US Congress.

Lee, J. (2018), Exclusive: China not seriously considering U.S. Treasuries as trade war weapon—envoy, *Reuters*, 28 November.

Li, C., He, C. and Lin, C. (2018), Economic impacts of the possible China–US trade war, *Emerging Markets Finance and Trade* 54(7): 1557–77. doi.org/10.1080/154049 6X.2018.1446131.

McKay, H. (2019), *BHP's Economic and Commodity Outlook*, Melbourne: BHP, available from: www.bhp.com/media-and-insights/prospects/2019/02/bhps-economic-and-commodity-outlook.

McKibbin, W.J. (2018), How countries could respond to President Trump's trade war, *Australian Financial Review*, 5 March.

McKibbin, W.J. and Stoeckel, A. (2017), *Some global effects of President Trump's economic program*, Centre for Applied Macroeconomic Analysis Working Paper 53/2017, Canberra: The Australian National University. doi.org/10.2139/ssrn.3028388.

McKibbin, W.J. and Wilcoxen P. (2013), A global approach to energy and the environment: The G-cubed model, in P.B. Dixon and D.W. Jorgenson (eds), *Handbook of Computable General Equilibrium Modeling SET. Volumes 1A and 1B*, Amsterdam: North Holland. doi.org/10.1016/B978-0-444-59568-3.00015-8.

McKibbin, W.J. and Wilcoxen, P.J. (1999), The theoretical and empirical structure of the G-cubed model, *Economic Modelling* 16(1)(January): 123–48. doi.org/10.1016/S0264-9993(98)00035-2.

Meltzer, J.P. (2019), Developing a mutually beneficial US–China economic relationship, *Up Front*, 28 February, Washington, DC: The Brookings Institution.

Meltzer, J.P. and Shenai, N. (2019), *The US–China economic relationship: A comprehensi approach*, Report, 28 February, Washington, DC: The Brookings Institution. doi.or 10.2139/ssrn.3357900.

Politi, J. (2018), Trump's 'poison pill' in China trade fight, *Financial Times*, 9 October.

Sink, J. and Talev, M. (2019), Trump signs spending bill and declares emergency to bui wall, *Bloomberg*, 15 February.

State Council Information Office of the People's Republic of China (2018), The facts ar China's position on China–US trade friction, 24 September, Beijing.

State Council of the People's Republic of China (2015), Notice on printing and distributi 'Made in China 2025', 8 May, Beijing.

Taylor, J.B. (1993), *Discretion versus policy rules in practice*, Carnegie-Rochester Conference Series on Public Policy 39, Amsterdam: North Holland. doi.org/10.1016/0167-2231(93)90009-L.

United States Trade Representative (2019), *2018 Report to Congress on China's WTO Compliance*, February, Washington, DC: Office of the United States Trade Representative.

Zhou, X. (2016), Managing Multi-Objective Monetary Policy: From the Perspective of Transitioning Chinese Economy. The 2016 Michel Camdessus Central Banking Lecture, International Monetary Fund, Washington, DC, 24 June.

第12章 中国劳动收入中的机会不平等与性别歧视

Jane Golley 周伊晓 王美艳

自 20 世纪 70 年代末以来，收入不平等一直是中国经济快速增长和发展过程中的一个特征。大量文献从多个方面解释了这些不平等现象，包括地区和城乡差距，及其各种衡量指标的代际持续性，包括人均国内生产总值、家庭收入、个人收入和受教育程度等。[①] 在"先富带动后富"视角下，其实性别差异也是收入差异的重要方面。在这个维度下，男性是首先富裕起来的，而女性则很可能后富。越来越多的证据表明这种性别差异不仅存在，而且还在扩大。

改革期间，中国城市的男女收入差距一直存在。事实上，这种差距自 20 世纪 90 年代中期以来一直在扩大。尽管近年来在教育方面的性别差距有所缩小，现在的女性比男性受教育的程度要高。[②] 很多文献证实，收入差距大部分是由于性别歧视造成的，而不是不同性别的人力资本或职业选择方面的差异。[③] 在中国农村，不同性别的教育和收入差距甚至更大。[④] Rozelle 等（2002）发现市场改革对农村经济中的性别收入差距影响甚微，而且市场改

[①] 本文无意深入综述文献。近期概述可参见 Knight（2014）、Zhou 和 Song（2016）、Gustafsson 等（2008）、Li 等（2013）的综合讨论；关于区域不平等可参见 Kanbur 和 Zhang（2005）、Golley（2007）；关于城乡不平等可参见 Sicular 等（2007）；关于财富不平等，可参见 Piketty 等（2017）；关于教育中的代际不平等，可参见 Golley 和 Kong（2018）。

[②] 证据可参见 Golley 和 Kong（2018）、Li（2010）、Zhang 和 Chen（2014）。

[③] 参见 Li 等（2011）、Wang 和 Cai（2008）、Zhang 等（2008a）。

[④] 参见 Hannum 等（2009）、Zhang 等（2007）、Zhang 等（2012）。

革将 1988～1995 年（相对稳定）的差距大部分归因于"无法解释的因素"或工资歧视。Meng（1998）发现，在 20 世纪 80 年代中期，中国农村工业中最市场化部门的工资歧视有所减少，但仍占这些部门工资差别的 2/3，因此她得出结论，中国的性别工资歧视比其他工业和发展中经济体严重。没有证据表明中国农村女性的收入状况在同期有所改善。

改革期间，女性劳动力市场参与率有所下降，例如，城市女性劳动力参与率从 1988 年的 78% 下降到 2009 年的 57%（Zhang et al.，2008a），Cook 和 Dong（2011）将此归因于经济转型期间，作为（无薪）家庭护理人员和获取收入的双重责任给女性带来了更大的压力。Zhang 等（2008b）赞同这一点，表明所观察到的性别收入差距与家庭状况密切相关，已婚女性和母亲在（城市）劳动力市场面临的不利条件最多。Liu 等（2010）的研究同样表明，中国女性的就业率和带薪工作时间减少，最显著的内容是照顾自己的公婆，而不是自己的父母。中国女性劳动力的儿童和老年护理投入，在城市、移民和农村群体中各不相同，但最近有充分的证据表明，这些群体中都存在类似的情况（Connelly et al.，2018；Ding et al.，2018；Song & Deng，2018）。

在此背景下，本章以性别为重点，探讨了造成中国个人劳动收入机会不平等的因素。机会不平等广义上被定义为总体不平等的组成部分，它可以用个人无法控制的"环境"来解释，有别于那些个人所做的"努力"或选择。这一区别是至关重要的，因为虽然源于后者的不平等可以被证明是公平和合理的，但源于前者的不平等——例如，出生时是男性或女性——都不能天然认为这样。根据最新研究提供的关于机会不平等的衡量方法，可以发现国内劳动收入的机会不平等程度非常高。此外，我们还发现，性别是不平等机会的第一决定因素，领先于社会经济、区域和城乡差距因素。

我们在这一分析的基础上，对性别收入不平等的根本原因进行了更为标准的微观分析。我们使用的是标准的 Oaxaca - Blinder 分解，在这个分解中，男性和女性收入的差异被分为男性和女性"系数"之间的差异（"未解释的"部分，理解为广义的"性别歧视"）和男性和女性特征之间的差异（"解释的"部分），这两部分包括了"先天环境"和"后天努力"变量。[①]

———————————

① 参见 Oaxaca（1973）和 Blinder（1973）、Song 等（2017）在中国的三个应用实例、Su 和 Heshmati（2011）、Démurger 等（2007）。

我们发现，歧视因素可以解释男女平均劳动收入差异的主要部分，与婚姻相关的报酬的性别差异是最显著的促成因素。

一 机会、环境和努力等方面的不平等

（一）背景

关于"机会不平等"的经济研究首先假设，在任何特定经济结果或"优势"中观察到的不平等可归因于两个组成部分。第一个组成部分来自不同的情况，这些情况个人无法控制，例如，他们的性别、出生地或其父母的社会经济地位。第二个组成部分来源于个人为影响某一特定结果可能付出的不同程度的努力，例如，他们学习的努力程度、他们选择的职业或他们是否选择移居或结婚。这种区别对于评估机会均等至关重要。

Roemer（1993、1998）将机会均等定义为在某种情况下，给定结果的分配与先天环境无关，即所有付出同样努力的人，无论其环境如何，都将取得同样的结果。将人口划分为具有相同情况的人群或"类型"，并衡量这一条件未得到满足的程度，这是衡量机会不平等的一个指标。这包括抑制"类型内"不平等（可由每种类型内的变化解释的不平等，归因于"努力"的变化），并基于每种类型的平均水平计算"类型间"不平等的程度，作为机会不平等的绝对度量。对于不同数据集和国家之间的可比性，更常见的做法是关注总体不平等中的"类型间"不平等或"机会的相对不平等"（IOR）。

各种经验方法被用来估计各种机会不平等，包括家庭人均收入和消费支出（Marrero & Rodríguez，2012）；个人年收入、月收入和长期收入（Bourguignon et al.，2007；Checchi et al.，2010；Björkland et al.，2012）；教育程度（Golley & Kong，2018）；健康结果（Jusot et al.，2013）。那些特别关注收入不平等的研究揭示了机会不平等在总收入不平等中所占份额的显著差异（在家庭和个人两个层面上），在巴西和危地马拉这一份额为近 1/3（Ferreira & Gignoux，2011），在印度为 1/4（Singh，2012），挪威、丹麦、芬兰、德国、荷兰和斯洛伐克则低于 5%（Marrero & Rodríguez，2012）。[①]

---

① 参见 Brunori 等（2013），另外 Ferreira 和 Peragine（2015）对所用方法和结果进行了更全面的研究。

虽然在这些研究中发现了一些不同的情况，但也发现了一些共性。其中包括父亲（或父母）的职业和受教育程度、地理位置（出生地区，用于单一国家分析；出生国家用于跨国分析）；种族、族裔或种姓（存在于印度）以及性别。然而，性别并不是这些研究的主要关注点。相反，对于个体水平的分析，大部分研究只得到了男性数据。只有少数研究关注了性别，例如，Ferreira 和 Gignoux（2011）在分析 5 个拉丁美洲国家的个人劳动收入时将性别作为一种变量，并发现性别造成的总体不平等比例很小，从哥伦比亚的0.2% 到危地马拉的 5.8%，家庭背景等其他情况更为重要，特别是父母的教育和父亲职业。De Barros 等（2009）在对墨西哥的个人劳动收入不平等的研究中发现，性别因素对不平等的影响为 3% ~ 4%。Martinez 等（2017）在对 2001 ~ 2013 年澳大利亚个人收入不平等的分析中，也将性别作为一种客观因素，揭示了这一时期性别不平等的加剧，但性别对整体收入不平等的影响仍然相对较小，不到 6%（相比之下，父亲职业影响占 50% 以上，是最重要的客观因素）。这些国家和地区在收入不平等方面性别的影响较小，与我们在随后的中国实证分析中发现的性别主导作用形成对比。

在上述研究中，"主观努力"的作用在很大程度上被忽略了，一般的估计方法是将其纳入误差项（下文将进一步解释）。一个例外是 Bourguignon 等（2007），在一篇被广泛引用的论文中，他们调查了巴西 7 个出生序列中的个人（男性）的实际小时收入。他们的分析明确地考虑了客观因素（种族、出生地区、父母教育和父亲职业）与 3 个主观因素（个人的教育程度、移民虚拟变量和劳动力市场位置变量），他们认为所有这些变量都由环境决定。尽管随后发现论文存在一些问题（作者在 2011 年的一份更正中承认了这一点），这一研究的方法还是开创性的，即区分客观环境对收入或其他经济结果的直接影响，以及主观努力对收入的间接影响。

（二）衡量机会不均等

为了使上面讨论的观点正式化，我们遵循 Roemer（1998）的观点，从有限的个体群体开始，$i \in \{1, \cdots, n\}$，每个个体都取得了经济成果（在我们的例子中，是年劳动收入），y 服从分布 $\{y\}$。假设收益由环境向量 C_i 和努力向量 E_i 决定，至少部分取决于环境。$y_i = f\left[C_i, Ei(C_i, v_i), u_i\right]$ 样本总体可以分为不同"类型"，根据定义，这些类型包含具有相同环境的个人。

原则上，通过为每个个体分配其类型的平均值（从而控制所有类型内的不平等），并使用适当的不平等指数来测量这些平均值分布中的不平等，可以直接计算机会不平等的绝对标量测度 IOA，以及相关的相对测度 IOR，即 IOA 在总不平等中所占的比例。然而，这种简单的非参数方法需要的样本量远远超出可得的样本数，除非大幅减少"客观因素"的数量，以限制"类型"的数量，这是本研究做不到的。针对这一问题，我们使用标准参数方法，在 Bourguignon 等（2007）以及 Ferreira 和 Gignoux（2011）的文章中对此有详细的解释，总结如下。

我们首先近似构建收益、环境和努力的以下结构性关系（公式 12.1 和 12.2）。

$$\ln(y_i) = a + bC_i + cE_i + u_i \qquad \text{（公式 12.1）}$$

$$E_i = d + eC_i + v_i \qquad \text{（公式 12.2）}$$

将公式 12.2 代入公式 12.1，得到公式 12.3 的简化回归式。

$$\ln(y_i) = \alpha + \beta C_i + \varepsilon_i \qquad \text{（公式 12.3）}$$

在公式 12.3 中，$\alpha = a + cd$，$\beta = b + ce$，$\varepsilon = cv_i + u_i$；y 是劳动收入，C 是离散环境变量的向量，可被归入"类型"。利用估计系数和实际值，我们构造了一个分布，$\{\hat{y}\}$，$\hat{y}_i = \exp\left[\hat{\beta}C_i\right]$。通过将每个 y_i 替换为对它的估计值，在环境向量给定的情况下（对于同一类型的所有个体都是相同的），可消除了所有组内的不均等，可以直接得出机会不均等 $IOA = I(\{\hat{y}\})$ 和 $IOR = I(\{\hat{y}\}) / I(\{\hat{y}\})$。此处的 $I(\cdot)$ 是较好的衡量不平等的指标。根据标准做法，我们选择平均对数偏差 $GE(0)$ 作为不平等指数。[①]

观察到的客观因素向量将仅是影响个人收入的所有相关情况的子集。只要一些未观察到的情况与观察到的情况相关（例如，智商几乎肯定与父亲的教育和自己的收入具有相关性，但在数据中没有观察到），估计的 β 系数会有偏差，不能解释为给定客观因素和结果之间的因果关系，然而，对于机会不平等的总体度量来说这并不重要：在观测集合中添加更多的环境变量必

---

① 关于为什么这一指标是最优的，参见 Ferreira 和 Gignoux（2011）。

然会增加 *IOA* 和 *IOR* 的估计值，这意味着，这些是对"真正的"机会不平等的下限估计，如果所有环境变量都能被观察到，就可以对其进行测量（Ferreira & Gignoux，2011）。

　　除了这些总体指标外，我们还对每个环境变量的部分贡献感兴趣。许多论文继续使用 Bourguignon 等（2007）提出的方法，尽管他们在 2011 年的更正中承认该方法存在缺陷。我们通过使用 Shapley 值分解对该方法进行改进，该分解涉及将一个变量（例如性别）"打开"或"关闭"（例如，将所有个体的值设置为"男性"），并评估总体不平等测度如何相应变化。这种方法解决了一个众所周知的问题，即对不平等的分解依赖于对特定来源的不平等的测量顺序，因此需要在每个来源的所有可能顺序中使用一个标准化平均值。也就是说，我们认识到，鉴于 Bourguignon 使用方法中的缺陷，部分结果应该谨慎对待。

　　上述方法足以计算 *IOA* 和 *IOR*，并确定导致这些情况的一组客观因素。虽然这已成为现有研究的主要关注点，但仍有其他值得思考的内容，比如将一些主观因素纳入，正如 Bourguignon 等（2007）在会议论文中所做的那样。回到公式 12.1 和公式 12.2 中的结构形式，很明显，个人的劳动收入取决于他或她的客观环境，环境通过两个不同的渠道：直接渠道（体现为公式 12.1 中每个客观情况的系数）和间接渠道，即通过公式 12.2 中体现的他或她的环境对其努力的影响。Bourguignon 等（2007）试图分别估计这些直接和间接影响对巴西男性收入的影响，但随后承认其结果在统计上并不可靠。虽然这意味着公式 12.1 和公式 12.2 不能以最初预期的方式应用，但这仍然有助于说明环境和一些可识别的"努力"变量之间的复杂联系，并证明这些复杂联系对不同性别的人有不同的作用。

二　机会不平等：数据和结果

　　我们采用的数据来自中国女性研究院、全国妇联和国家统计局联合主办的第三轮中国女性社会地位调查（2010）。完整的数据库包括来自中国 31 个省份的 29694 个观察数据，每个数据都包含了每个家庭中随机选择的成人和儿童的信息。我们选择年度劳动收入作为经济结果，包括样本中所有年龄在 26～55 岁、收入不为零的个人。这样就得到了一个全国范围的 15974 个人的数据样本。个人被分为 6 个年龄组（从 26 ~ 30 岁到 51 ~ 55 岁），以便在这些年龄组之间进行比较（尽管不是跨时间的），这是对单个国家横截面数据集的最优、最可行的处理方式。①

根据上述机会不平等文献和基于中国情况的不平等相关研究，我们对 6 个年龄组的每个人使用以下环境变量：

（1）性别：男性或女性（女性样本不计入模型）。

（2）教育：文盲、小学、初中及以上（文盲不计入模型）。

（3）父亲职业：农业（包括林业和渔业）、低技能非农业、高技能非农业（农业不计入模型）。

（4）出生时的户籍：农村或城市（农村不计入模型）。②

（5）地区：东部、中部和西部（西部不计入模型）。③

结合起来，这意味着，根据 Ferreira 和 Peragine（2015）的数据，对于每个年龄组，我们处理的是 108 种类型，在 72 ~ 108 种类型可接受范围内。例如，一种类型包括出生在中国西部的农村女性，她们的父亲不识字，从事农业工作。在全国范围内对整个样本的回归分析中，年龄组被列为第 6 种"客观因素"，因为人们显然无法选择出生年份。

我们借鉴 Bourguignon 等（2007）以及调查提供的数据，提出了以下 5 个"主观努力"变量：

（1）自身教育：初中及以下、高中及以上学历的虚拟变数。

（2）职业：虚拟变量，在农业或非农业部门工作。

（3）迁徙：虚拟变量，适用于那些"曾在与你的户口所在地不同的城镇或城市工作或经营过企业超过半年"或"从未迁居"的人。

（4）党员身份（是或否的虚拟变量）。

---

① 中国妇女社会地位调查的第 1 次和第 2 次调查分别于 1990 年和 2000 年完成。如果能获取这些数据，下一步我们会对改革开放前 20 年的相关问题展开研究。

② 调查的区域分类包括村庄、镇、城镇和城市；"农村"等同于"村庄"，而其都归为"非农村"。

③ 我们使用标准的地区分类。将出生地区作为这个变量虽然更理想，但这一数据在调查中没有统计，所以我们使用调查发生所在的地区。虽然这在某种意义上是有问题的，因为有些人会在出生后移民（这是一个选择问题而不是环境问题），这类样本只占被调查样本的9%。我们认为选择替代的地区指标是合理的牺牲，因为中国各地发展水平存在显著差异，而且在可比文献中，纳入"地区"变量是标准做法。

（5）婚姻状况（已婚或未婚，后者包括从未结婚、离婚或配偶死亡的人）。

把自己的教育包括在内，是为了反映这样一个事实：初中以上的教育不是义务教育，并且在某种程度上反映了个人的选择（尽管事实证明，这种选择或"努力"的很大一部分是由个人的环境来解释的）。同样，至少在某种程度上，迁徙和/或从事农业以外的职业也是一个选择问题；是否为共产党党员也被列入，以反映为成为共产党员的主观努力。纳入婚姻状况是承认夫妻具有影响家庭收入的不独立的决策偏好，这往往意味着男女之间不同的就业选择，可见 Zhang 等（2008b）。[①]

表 12.1 列出了全国样本以及女性和男性子样本的汇总数据。几乎所有的情况都符合预期。出生在中国东部城市地区的人，如果父亲从事非农业职业、受教育程度较高，其收入将超过其他类别的人，平均收入随不同年龄段下降，这与年青一代的平均受教育程度较高是一致的。一个例外是，西部地区的平均收入高于中部地区，这是由于西部地区女性（而非男性）较高的收入。在"努力"方面，较高的教育水平、非农业职业、党员身份和未迁徙与较高的收入有关（因为几乎所有的移民都来自收入较低的农村地区）。值得注意的是，婚姻变量与男性的平均收入较高有关，而女性的收入较低。下文我们还会分析这个问题。

表 12.1　初步统计：按性别、环境和"努力"分列的劳动收入

	全国	女性	男性	女性与男性比率
个体数	15974	7592	8382	
劳动收入均值（人民币）	19696	15241	23730	0.64
环境变量				
父亲的文化程度				
文盲	12877	8658	16374	0.53
小学	18785	12922	23975	0.54
初中及以上	26090	22435	29732	0.75

---

① 我们先不考虑 Becker（1974，1976，1991）对这类选择的观点是否可靠（Bergmann，1995；Woolley，1996）。在本章中，只要指出婚姻对男女收入有着显著不同的影响就足够了，详见下文。

续表

	全国	女性	男性	女性与男性比率
父亲的职业				
农林牧渔业	15532	11481	19223	0.60
低技能非农业	26195	21647	30113	0.72
高技能非农业	30760	23864	37407	0.64
出生地				
农村	16843	12220	21070	0.58
城市	26512	22583	29992	0.75
出生区域				
东部	24089	18083	29164	0.62
中部	15149	11056	18994	0.58
西部	16432	14550	18277	0.80
年龄组				
26~30 岁	27477	23660	31162	0.76
31~35 岁	22128	16557	27984	0.59
36~40 岁	18949	15456	22358	0.69
41~45 岁	18589	14301	22777	0.63
46~50 岁	17703	12547	22108	0.57
51~55 岁	15714	9477	19572	0.48
努力变量				
自身教育程度				
初中及以下	13531	9372	17662	0.53
高中及以上	29029	25296	31966	0.79
自身职业				
农林牧渔业	8566	6327	11055	0.57
非农业	26011	21210	29879	0.71
党员身份				
非共产党员	18126	14107	22117	0.64
共产党员	28577	24506	30722	0.80
迁居情况				
迁居过	18387	10779	24161	0.45
未迁居过	19818	15618	23686	0.66
婚姻状况				
已婚	19543	14867	23828	0.62
未婚	21235	19294	22800	0.85

注：样本包括所有劳动收入不为零的受访个体。"低技能非农职业"，包括手工艺和相关商业从业者、服务、销售人员及文员等。"高技能非农职业"包括专业人员和管理人员。"乡村"（rural）等同于"村庄"（village），"城市"则指除此以外的地区，即镇、城镇、城市。

资料来源：中国女性社会地位调查（2010）和作者计算。

　　表 12.1 中最引人注目的是性别差异，见最后一列的汇总。性别不平等存在于社会经济光谱的各处，即使在下端的比率明显更低。其中一些差异可能反映了这样一个事实，即女性工作时间更短，鉴于不同的退休年龄，对于年龄最大的群体当然是这样，她们的男女收入比率最低，只有 0.48。另一种解释可能是男女的职业结构不同，例如，40% 的女性从事农业，而 28% 的男子从事农业。但这不是全部原因。这只是由于每年劳动时间不相同，也不影响我们的分析，因为这本身就是一个性别差异的重要方面。

　　表 12.2 给出了全国性样本的回归结果，第 1 列仅包括环境变量，如公式 12.3 所示，第 2 列将其扩展为包括 "努力" 变量，如公式 12.1 所示。如第 1 栏所示，男性的劳动收入比女性高 0.54 个对数点。[①] 所有系数都呈现预期的迹象和相对大小，例如，随着父亲的教育和职业、城市户口状况以及从西到东，这些系数都在增加。年龄剖面显示出预期的倒 U 形（与原始数据正相反）。

表 12.2　劳动收入的决定因素：环境和努力

自变量	公式 12.3	公式 12.1	公式 12.1	公式 12.1
环境变量			女性	男性
男性	0.54 ***	0.44 ***		
父亲 – 小学	0.22 ***	0.11 ***	0.11 ***	0.12 ***
父亲 – 初中及以上	0.34 ***	0.14 ***	0.15 ***	0.13 ***
父亲 – 低技能非农就业	0.30 ***	0.035	0.057 *	0.017
父亲 – 高技能非农就业	0.41 ***	0.13 ***	0.13 ***	0.14 ***
城市	0.35 ***	0.058 **	0.10 ***	0.016
中部	0.09 ***	0.02 **	– 0.07 ***	0.12 ***
东部	0.42 ***	0.29 ***	0.18 ***	0.40 ***
年龄虚拟变量	YES	YES	YES	YES
努力变量				
非农就业		0.76 ***	0.79 ***	0.72 ***
高中及以上		0.38 ***	0.44 ***	0.31 ***

---

①　对于对数线性形式，排除的虚拟变量 x（例如男性）和包含的虚拟变量 y（例如女性）之间的差异可由 $\ln (x) - \ln (y) = \ln (x/y)$ 表示。如果 x 与 y 相差 $1 + e$，那么 $\ln (x/y) = \ln (1 + e)$，即近似等于 e，是 x 与 y 之间的百分比差，但仅当 e 很小时有效。确切的百分比差异应该是 $\exp (e - 1)$，在这里给出的例子中百分比为 75%。

续表

自变量	公式 12.3	公式 12.1	公式 12.1	公式 12.1
努力变量				
党员身份		0.20 ***	0.22 ***	0.19 ***
迁徙		0.092 ***	0.023	0.14 ***
婚姻状况		0.16 ***	0.065	0.26 ***
常数项	8.9 ***	8.34 ***	8.35 ***	8.81 ***
样本数	15974	15974	7592	8382
调整 R^2	0.248	0.400	0.392	0.337

注：$*p<0.05$，$**p<0.01$，$***p<0.005$。

资料来源：中国女性社会地位调查（2010）和作者计算。

如第 2 列所示，增加"努力"变量后，调整后的 R^2 显著增加，其中大部分增加来自个人的职业和教育，而来自党员身份、移民和婚姻的部分则很少。[①] 非农业职业的收入比在农业职业的收入高 0.68 个对数点，而高中或以上学历的收入要高 0.35 个对数点。党员身份与是否有迁徙互动的相关系数显著为正，但很小。

正如预期的那样，许多情况下的系数与第 1 栏中的系数相比有所下降，这表明了这些因素与自身教育和职业这两个关键努力变量之间的相关性（都不是很高，这表明不存在严重的多重共线性问题）。例如，有一个受过初中及以上教育的父亲的系数从 0.41 降到 0.14，这是因为这与"自己的教育程度"有关。在全国范围内，男性与收入的正相关程度仍然最高。

第 3 列和第 4 列分别显示了女性和男性子样本的结果。即使添加了所有控制变量，表 12.1 中的性别差异也得到了证实，女性子样本的校正 R^2 比男性要高得多，当回归中只包括环境时也是如此（此处未列出是因为篇幅）。这首先表明女性的收入比男性更受环境的限制。这也体现在女性回归中大多数系数的高值上，女性回归的系数是男性的两倍多，有着受过教育、在农业以外工作的父亲、出生在"城市"的男性的回报也更高。

对于女性来说，离开农业就业、接受更高的教育和加入共产党有关的女

---

① 将变量加入全国样本的回归分析后，调整后的 R^2 从 0.248（表 12.2 第 1 栏）增加到 0.367，个人职业变量的这一指标变为 0.310，个人教育的这一指标变为 0.272，党员身份变为 0.250，婚姻状况、迁徙情况可以忽略不计。

性主观努力的报酬都高于男性，而移民和婚姻对女性没有显著回报，但对男性却有回报。关键是，所有这些环境和努力变量都很显著，而且它们对两性有不同的影响。

为了计算劳动收入中的机会不平等，我们重点关注公式 12.3 的模型。我们还对不同年龄组之间的差异感兴趣，因此我们首先在表 12.3 中给出了每个年龄组的基线结果。这证实了男性虚拟变量在所有年龄组中的显著性，而且在高年龄组的系数更高。鉴于数据的横截面性质，不能确定这是因为年轻人收入方面的性别偏见有所改善，还是因为男性的情况最终会带来更高的回报这一特点在随着年龄的增长而消失。

表 12.3　按年龄组分列的劳动收入"间接"决定因素

组别	26~30 岁	31~35 岁	36~40 岁	41~45 岁	46~50 岁	51~55 岁
自变量						
男性	0.42 ***	0.49 ***	0.51 ***	0.51 ***	0.61 ***	0.69 ***
父亲 - 小学	0.21 **	0.28 ***	0.24 ***	0.24 ***	0.18 ***	0.22 ***
父亲 - 初中及以上	0.33 ***	0.45 ***	0.40 ***	0.40 ***	0.29 ***	0.21 **
父亲 - 低技能非农就业	0.46 ***	0.35 ***	0.28 ***	0.28 ***	0.16 ***	0.27 ***
父亲 - 高技能非农就业	0.61 ***	0.44 ***	0.46 ***	0.46 ***	0.34 ***	0.34 ***
城市	0.25 ***	0.30 ***	0.28 ***	0.28 ***	0.36 ***	0.58 ***
中部	0.04 ***	0.11 ***	0.10 ***	0.10 ***	0.10 ***	0.09 ***
东部	0.45 ***	0.48 ***	0.40 ***	0.40 ***	0.45 ***	0.37 ***
常数项	8.97 ***	8.96 ***	8.89 ***	8.89 ***	8.83 ***	8.43 ***
样本数	1889	2336	3460	3450	2839	2125
调整 R^2	0.249	0.261	0.231	0.231	0.232	0.279

注：$*p<0.05$，$**p<0.01$，$***p<0.005$。
资料来源：中国女性社会地位调查（2010）和作者计算。

我们使用表 12.2 第 1 栏和表 12.3 的所有回归结果来计算中国劳动收入中的机会不平等。这些结果见表 12.4。前两行使用 GE（0）和基尼系数，为全国样本和每个子样本提供了劳动力收入不平等的标量度量。根据本数据集计算的基尼系数，除了两个年龄组子样本之外都高于 0.5。

表 12.4　按情况分的劳动收入机会不平等和分解情况

	全部	按年龄分组					
		26～30 岁	31～35 岁	36～40 岁	41～45 岁	46～50 岁	51～55 岁
总不平等水平							
GE(0)	0.55	0.70	0.50	0.46	0.52	0.51	0.62
基尼系数	0.53	0.59	0.51	0.55	0.52	0.51	0.56
机会不均等							
绝对	0.14	0.14	0.14	0.12	0.07	0.13	0.13
相对	0.25	0.20	0.28	0.26	0.14	0.25	0.21
	Shapley 值分解（对 IOA 的贡献,%）						
性别	28	30.0	34.2	22.6	38.0	37.9	32.4
父亲教育类型	18	10.0	14.4	20.0	13.5	11.9	12.9
父亲职业类型	18	31.3	22.7	22.8	17.7	13.1	16.0
是否农村出生	9	1.9	7.3	13.0	18.3	7.2	17.5
地区	18	24.9	21.5	21.7	12.5	29.9	21.2
年龄组	10						

资料来源：中国女性社会地位调查（2010）和作者计算。

在国际比较中，IOR 提供了确定机会不平等在中国个人劳动收入总不平等中所占比例的很好指标，全国样本的 IOR 值为 0.25（或 25%），且除了一个子样本外，所有子样本的 IOR 值都在 0.2 以上。通过 Shapley 值分解（它反映了每个环境变量对整体 IOA 或 IOR 的贡献）的结果也一样值得重视。这些数据表明，性别是造成个人劳动收入机会不平等的最大因素，占全国 IOA 的 28%（第 1 栏）。其次是地区、父亲职业类型、父亲教育类型、出生年份以及农村或城市户籍。在 6 个年龄组中的 4 个组别里，性别是造成机会不平等的最大因素，在 41～45 岁的组别中最高，为 38.0%。在剩下的 2 个组别中（26～30 岁和 36～40 岁）性别因素排第二，低于父亲职业类型。由于遗漏变量可能会产生一些偏差，这些遗漏变量无疑在某种程度上反映了女性对劳动力市场参与、职业和工作时间的"选择"，以及体现了使男女不同的其他未被注意的特征，我们认为应该认真对待这一发现并做进一步研究。

进一步强调性别重要性的一种方法是考虑每个"努力"变量与环境之间的关系，以及这些变量在男性和女性子样本中的差异。表 12.5 给出了对于受环境影响的每一个"努力"因素的 probit 回归结果，几乎所有的系数都有其预期的符号和相对大小。例如，如第 1 栏和第 2 栏所示，在所有 3 个组别中，父亲是非农业职业、受教育程度较高的个人很可能受教育程度较高，而且自己也在非农业职业中工作。A 组第 4 栏和第 5 栏显示，男性比女性更容易移民，但结婚的可能性较小（反映了不平衡的性别比例）。关键是，在第 1 栏和第 2 栏中，自身教育和自身职业的伪 R^2 最高，并且女性子样本（在面板 B 中）和男性子样本（在面板 C 中）的伪 R^2 都高于男性子样本。这表明，环境对女性的影响更大，不仅是直接的，而且是间接的，通过她们对各种可识别的"主观努力"间接发挥作用。

表 12.5　对受环境影响的"努力"因素的 probit 回归

环境	自身教育	自身职业	党员身份	移民	婚姻
面板 A：全国					
男性	0.20 ***	0.28 ***	0.37 ***	0.14 ***	− 0.063 *
父亲 – 小学	0.33 ***	0.20 ***	0.24 ***	0.013	0.16 ***
父亲 – 初中及以上	0.75 ***	0.35 ***	0.48 ***	− 0.11 *	0.15 ***
父亲 – 低技能非农就业	0.49 ***	1.15 ***	0.12 ***	− 0.25 ***	− 0.14 ***
父亲 – 高技能非农就业	0.71 ***	0.78 ***	0.30 ***	− 0.22 ***	− 0.068
城市	0.74 ***	1.25 ***	0.20 ***	− 0.87 ***	− 0.38 ***
中部	0.11 **	0.21 ***	0.11	0.05 ***	0.199
东部	0.19 ***	0.49 ***	0.091 **	− 0.16 ***	0.13 ***
样本数	15974	15974	15974	15974	15974
伪 R^2	0.214	0.280	0.059	0.097	0.062
面板 B：女性					
父亲 – 小学	0.32 ***	0.28 ***	0.27 ***	0.071	0.082
父亲 – 初中及以上	0.77 ***	0.44 ***	0.52 ***	− 0.064	0.026
父亲 – 低技能非农就业	0.63 ***	1.07 ***	0.22 ***	− 0.27 ***	− 0.21 ***
父亲 – 高技能非农就业	0.75 ***	0.76 ***	0.30 ***	− 0.29 **	− 0.099
城市	0.87 ***	1.30 ***	0.34 ***	− 0.81 ***	− 0.48 ***
中部	0.05 **	0.15 ***	0.027	0.13 ***	0.16 **
东部	0.16 ***	0.53 ***	0.082	− 0.16 **	− 0.0046
样本数	7592	7592	7592	7592	7592
伪 R^2	0.269	0.303	0.072	0.099	0.071

环境	自身教育	自身职业	党员身份	移民	婚姻
	面板 C：男性				
父亲－小学	0.35 ***	0.13 ***	0.24 ***	－ 0.030	0.21 ***
父亲－初中及以上	0.73 ***	0.27 ***	0.46 ***	－ 0.14 *	0.25 ***
父亲－低技能非农就业	0.38 ***	1.25 ***	0.052	－ 0.23 ***	－ 0.087
父亲－高技能非农就业	0.68 ***	0.81 ***	0.31 ***	－ 0.17	－ 0.030
城市	0.62 ***	1.20 ***	0.093 *	－ 0.91 ***	－ 0.33 ***
中部	0.15	0.27 ***	0.17	－ 0.03 **	0.227
西部	0.21 ***	0.46 ***	0.099 *	－ 0.17 ***	0.24 ***
样本数	8382	8382	8382	8382	8382
伪 R^2	0.172	0.256	0.037	0.097	0.075

注：$*p < 0.1$，$**p < 0.05$，$***p < 0.01$。

资料来源：中国女性社会地位调查（2010）和作者计算。

三　从机会不均等到性别歧视

为了进一步分析性别收入不平等的根本原因，我们对公式 12.1 的估计值进行了 Oaxaca - Blinder 分解，这本质上是一个扩展的 Mincer 型方程，其中"环境"和"努力"变量的组合包含决定收入的个人特征。[①] 我们将男女劳动收入之间的差异分为两部分：第一部分是男女样本的两个单独回归中的系数之间的差异（见表 12.2 全国样本的最后两列），[②] 属于"无法解释"部分，用作衡量"性别歧视"的指标；第二部分是男女特征之间的差异（可解释部分），如教育程度的不同等。具体而言，性别收入差距是男性平均收入与女性平均收入之间的差异（见公式 12.4）。

$$G = \overline{lny}(x_m; \gamma_m) - \overline{lny}(x_f; \gamma_f) = D + E \qquad (公式 12.4)$$

---

① 这里的方法和 Démurger 等（2007）类似。

② 一个细微的区别是，在用于分解的回归中，个人的职业分类为与父亲的职业相一致。这是因为从事农业工作的城市人口太少。因此在分析城乡样本时，需要对类别更加精细的分类，详见下文。

在公式 12.4 中，γ_m 是公式 12.1 中男性样本的系数向量，γ_f 是仅女性样本的系数向量[①]，$D = \overline{lny}\ (x_m;\ \gamma_m)\ -\ \overline{lny}\ (x_m;\ \gamma_f)$，$E = \overline{lny}\ (x_m;\ \gamma_f)\ -\ \overline{lny}\ (x_f;\ \gamma_f)$。

这种分解对应于在以下条件下对观察到的男女收入差距的评估：（1）如果男性和女性具有相同的社会人口学特征（见公式 12.1 中男性的特征），则用 D 来表示男女两组单独回归系数之差（或在模型中称为性别歧视）。（2）如果男性和女性有着相同的薪酬结构（见公式 12.1 中女性的薪酬结构），则用 E 表示特征效应的差异。

我们进一步将纯歧视效应 D 和纯特征效应 E 分解为对全国性样本（如表 12.2 所示）和城乡子样本回归所析出的各个变量的贡献。[②]

表 12.6 给出了劳动收入性别差异的 Oaxaca-Blinder 的分解结果。首先要指出的是，歧视——即由回归系数差异而非特征差异造成的收入差异，解释了全国性别间收入差距的主要部分，占（对数）收入差距的 86.8%，其余 14.6% 可归因于特征差异。对于后者，归因于个人特征变量的部分表明，男性受教育的平均水平较高，从事非农业职业的可能性较大。在歧视方面，婚姻状况与男性收入的显著性高于女性（占歧视效应的 37.8%），个人教育情况和个人职业情况实际上对女性有利（分别贡献 −8.1% 和 −11.9%）。

表 12.6　劳动收入性别差异的 Oaxaca – Blinder 分解

	全国	城市	农村
对数劳动收入			
男性	9.59	9.95	9.44
女性	9.06	9.66	8.82
差异	0.53	0.29	0.62
分解占比（%）			
特征差异	14.6	−13.6	19.1
歧视	86.8	109.3	84.6
占特征效应比重（%）			
年龄	−16.9***	25.2	−7.9***
个人教育情况	25.0***	24.0	24.5***

[①]　γ_m 和 γ_f 分别对应于方程 12.1 中仅男性样本和仅女性样本的系数 a、b 和 c。

[②]　由于篇幅原因，这里略去用于分解的城乡样本回归结果，可应读者要求另行提供。

续表

	全国	城市	农村
占特征效应比重（%）			
个人职业	70.3 ***	56.3 **	69.2 ***
移民	0.6	0.0	0.0
婚姻状况	− 0.9	− 3.5	− 1.4
党员身份	16.8 ***	− 19.5 ***	11.4 ***
地区	8.4 **	− 9.8	5.7 **
父亲的文化水平	− 4.6 **	22.1 **	− 2.4 *
父亲的职业	0.04	4.4	− 0.3
非农村出生	0.7		
占歧视效应比重（%）			
年龄	− 0.8	− 0.1	− 1
个人教育情况	− 8.1 **	− 10.6	− 5.6 **
个人职业	− 11.9 **	− 31.3	− 8.5 ***
移民	2.2 **	2.0 *	2.3 *
婚姻状况	37.8 ***	− 13.7	58.5 ***
党员身份	− 0.6	0.5	− 0.4
地区	− 15.9 ***	− 10.4	− 17.4 ***
父亲的文化水平	0.3	− 23.1	0.9
父亲的职业	− 1.1	3.6	− 0.6
非农村出生	− 4.3		
常数项	102.2 ***	183.3 ***	72.0 ***

注：* $p < 0.05$，** $p < 0.01$，*** $p < 0.005$。

资料来源：中国女性社会地位调查（2010）和作者计算。

第 2 栏和第 3 栏的结果显示，城市和农村子样本的性别收入差距来源之间存在显著差异。例如，在城市样本中，歧视实际上对性别收入差距的贡献率超过 100%，因为特征差异的影响是负的（− 11.9%），也就是说，它缩小了差距。这一减少是因为，与农村和全国样本不同，城市妇女更有可能从事高技能工作，更有可能拥有较高教育水平的父亲，因此这两个因素都减少了性别收入差距。[①] 同时，与中国农村不同，城市结果表明，一个人的教育对性别间收入差距的贡献微乎其微，反映出城市地区不同性别的平均教育水

---

① 注意，由于在城市样本中特征占比的差异是负的，正的比重意味着相应变量减少了差距。表 12.6 中所有其他正的占比都意味着相反的结果：这些变量对男性有利。

平更接近。

至于歧视效应，最显著的区别在于一个人的教育和职业以及婚姻的贡献。在城市子样本中，这些因素都没有显著贡献，而在农村子样本中，婚姻状况增加了差距（占歧视效应的 58.5%），而职业和教育因素对妇女有利。

如表 12.2 第 3 栏和第 4 栏所示，婚姻对全国性别收入差距有正的效应的对应结果是，婚姻与男性收入显著正相关，而与女性收入无关。这完全是由于纳入农村子样本导致的（在城市子样本中婚姻系数不显著）。[①]

我们可以想到这背后的一个原因。调查数据显示，中国农村 76% 的已婚男性表示从不或很少做饭，80% 从不或很少洗碗，82% 从不或很少洗衣服和打扫卫生。这表明农村妇女在与家务劳动时间分配有关的家庭内部谈判中处于相对弱势的地位。当然我们这里并不是说中国城市女性在家里就更轻松（例如，65% 的已婚城市男性表示从不或很少做饭）。但本文的研究结果表明，这一问题在中国农村更为突出，是一个有待进一步研究的课题。

四　结论

本章揭示了中国个人的劳动年收入体现的机会不平等。研究表明，不平等的机会主要源于性别，也源于个人无法控制的其他情况，包括地区、父亲职业类型、父亲教育类型、出生年份以及农村或城市户籍。我们强调，没有把因果关系归咎于任何一种情况，我们承认，由于遗漏变量，偏见可能存在于以上各种情况中，这意味着分解结果也需要谨慎对待。但毫无疑问，中国在性别收入差距方面问题较大，性别方面的机会不平等在其中的影响，超过了其他有数据可供分析的国家。

我们还研究了 5 种可识别的"主观努力"的作用——一个人的教育、职业、共产党员身份、移民和婚姻状况，并证明了个人的"努力"在一定程度上是由其环境决定或制约的，在调查样本中，男性和女性的差异很大。

我们将公式 12.1 重新解释为一个扩展的 Mincer 收入方程，并使用

---

① 注意，由于在城市样本中特征占比的差异是负的，正的比重意味着相应变量减少了差距。表 12.6 中所有其他正的占比都意味着相反的结果：这些变量对男性有利，相关结果作者可应需求另行提供。

Oaxaca-Blinder 分解，从更微观的层面理解性别收入差距的来源，从而做出进一步分析。研究表明，反映在男性和女性子样本回归系数不同上的性别歧视占据主导地位，尤其是在农村样本中，就妇女的婚姻收入"回报"而言，对妇女的影响最为显著。然而我们的解释还不够完善，模型中常数项的贡献远超我们观察到的变量的贡献，表明中国劳动力市场中存在着许多其他的性别歧视来源，而我们在这里没有捕捉到这些来源。

同时，本章的研究结果提出了一系列机会均等政策，可以为中国的性别竞争提供公平的环境。与男性相比，女性的收入、教育和职业选择与父亲的教育和职业地位的关系更为密切，这一事实表明，教育政策特别是造福于贫穷女孩和其家庭的政策是非常合理的，这可以成为她们以后获得更高收入的起点。帮助年轻女性实现非农就业的措施也有可能提高她们的收入潜力。目前正在进行的户籍制度改革，可以确保农村移民在获得工作和社会福利以及获取工资收入方面与城市居民一视同仁，这也将在一定程度上使他们得到均等的机会。

最后，婚姻在结果中表现的重要性，以及其对农村男、女在年收入方面的不同影响，显示了"性别歧视"首先始于家庭内部。我们的研究揭示了家务劳动中的性别差异（以及其他方面，如 Zhang 等，2008b）只是中国已婚女性不成比例承担的内容之一，因此其年收入受到影响也不奇怪。改善儿童保育制度和提供陪产假的努力是两项明显的机会均等政策，在这方面可能会取得一些进展，特别是在农村地区。更重要的是文化上的转变，男女平等地为家务劳动做出贡献——这一挑战绝非中国独有，而是一场值得为之奋斗的全球目标。

参考文献

Appleton, S., Knight, J., Song, L. and Xia, Q. (2009), The economics of Communist Party membership: The curious case of rising numbers and wage premium during China's transition, *Journal of Development Studies* 45(2): 256–75. doi.org/10.1080/00220380802264739.

Arneson, R. (1989), Equality and equal opportunity for welfare, *Philosophy Studies* 56: 77–93. doi.org/10.1007/BF00646210.

Becker, G. (1974), A theory of social interactions, *Journal of Political Economy* 82(6): 1063–94. doi.org/10.1086/260265.

Becker, G. (1976), *The Economic Approach to Human Behavior*, Chicago: University of Chicago Press.

Becker, G.S. (1991), *Treatise on the Family*, Cambridge, MA: Harvard University Press.

Bergmann, B. (1995), Becker's theory of the family: Preposterous conclusions, *Feminist Economics* 1(1): 141–50. doi.org/10.1080/714042218.

Björkland, A, Jäntti, M. and Roemer, J. (2012), Equality of opportunity and the distribution of long-run income in Sweden, *Social Choice and Welfare* 39(2–3): 675–96. doi.org/10.1007/s00355-011-0609-3.

Blinder, A.S. (1973), Wage discrimination: Reduced form and structural estimates, *Journal of Human Resources* 8(4): 436–55. doi.org/10.2307/144855.

Bourguignon, F., Ferreira, F. and Menéndez, M. (2007), Inequality of opportunity in Brazil, *Review of Income and Wealth* 53(4): 585–618. doi.org/10.1111/j.1475-4991.2007.00247.x.

Bourguignon, F., Ferreira, F.H.G. and Menéndez, M. (2011), Inequality of opportunity in Brazil: A corrigendum, *Review of Income and Wealth* 59(3): 551–5. doi.org/10.1111/roiw.12045.

Brunori, P., Ferreira, F.H.G. and Peragine, V. (2013), *Inequality of opportunity, income inequality and economic mobility: Some international comparisons*, IZA Discussion Paper No. 7155, January, Frankfurt am Main: Institute of Labor Economics. doi.org/10.1057/9781137333117_5.

Checchi, D., Peragine, V. and Serlenga, L. (2010), *Fair and unfair income inequalities in Europe*, IZA Discussion Paper No. 5025, June, Frankfurt am Main: Institute of Labor Economics.

Chi, W. and Li, B. (2014), Trends in China's gender employment and pay gap: Estimating gender pay gaps with employment selection, *Journal of Comparative Economics* 42: 708–25. doi.org/10.1016/j.jce.2013.06.008.

Cohen, G. (1989), On the currency of egalitarian justice, *Ethics* 99: 906–44. doi.org/10.1086/293126.

Connelly, R., Dong, X.-Y., Jacobsen, J. and Zhao, Y. (2018), The care economy in post-reform China: Feminist research on unpaid work and paid work and well-being, *Feminist Economics* 24(2): 1–30. doi.org/10.1080/13545701.2018.1441534.

Cook, S. and Dong, X. (2011), Harsh choices: Chinese women's paid work and unpaid care responsibilities under economic reform, *Development and Change* 42(4): 947–65. doi.org/10.1111/j.1467-7660.2011.01721.x.

De Barros, R., Ferreira, F., Vega, J. and Chanduri, J. (2009), *Measuring Inequality of Opportunities in Latin America and the Caribbean*, Washington, DC: The World Bank.

Démurger, S., Fournier, M. and Chen, Y. (2007), The evolution of gender earnings gaps and discrimination in urban China, 1988–95, *The Developing Economies* 45(1): 97–121. doi.org/10.1111/j.1746-1049.2007.00031.x.

Ding, S., Dong, X.-Y. and Maurer-Fazio, M. (2018), Childcare, household composition, Muslim ethnicity and off-farm work in rural China, *Feminist Economics* 24(2): 77–99. doi.org/10.1080/13545701.2017.1407032.

Dworkin, R. (1981a), What is equality? Part 1: Equality of welfare, *Philosophy and Public Affairs* 10: 185–246.

Dworkin, R. (1981b), What is equality? Part 2: Equality of resources, *Philosophy and Public Affairs* 10: 283–345.

Ferreira, F. and Gignoux, J. (2011), The measurement of inequality of opportunity: Theory and an application to Latin America, *Review of Income and Wealth* 57(4): 622–57. doi.org/10.1111/j.1475-4991.2011.00467.x.

Ferreira, F. and Peragine, V. (2015), *Equality of opportunity*, IZA Discussion Paper No. 8994, April, Frankfurt am Main: Institute of Labor Economics.

Fincher, L.H. (2016), *Leftover Women: The resurgence of gender inequality in China*, 2nd edn, London: Zed Books.

Golley, J. (2007), *The Dynamics of Regional Development in China: Market nature, state nurture*, Cheltenham, UK: Edward Elgar Publishing.

Golley, J. and Kong, S.T. (2018), Inequality of opportunity in China's educational outcomes, *China Economic Review* 51(October): 116–28. doi.org/10.1016/j.chieco.2016.07.002.

Golley, J. and Tyers, R. (2012), Gender rebalancing in China, *Asian Population Studies* 10(2): 125–43. doi.org/10.1080/17441730.2014.902159.

Gustafsson, B., Li, S. and Sicular, T. (eds) (2008), *Inequality and Public Policy in China*, New York: Cambridge University Press. doi.org/10.1017/CBO9780511510922.

Hannum, E., Kong, P. and Zhang, Y. (2009), Family sources of educational gender inequality in rural China: A critical assessment, *International Journal of Educational Development* 29(5): 474–86. doi.org/10.1016/j.ijedudev.2009.04.007.

Hederos, K., Jäntti, M. and Lindahl, L. (2017), Gender and inequality of opportunity in Sweden, *Social Choice Welfare* 49(3–4): 605–35. doi.org/10.1007/s00355-017-1076-2.

Jusot, F., Tubeuf, S. and Trannoy, A. (2013), Circumstances and efforts: How important is their correlation for the measurement of inequality of opportunity in health?, *Health Economics* 22(12): 1470–95. doi.org/10.1002/hec.2896.

Kanbur, R. and Zhang, X. (2005), Fifty years of regional inequality in China: A journey through central planning, reform and openness, *Review of Development Economics* 9(1): 87–106. doi.org/10.1111/j.1467-9361.2005.00265.x.

Knight, J. (2014), Inequality in China: An overview, *World Bank Research Observer* 29(1): 1–19. doi.org/10.1093/wbro/lkt006.

Knight, J., Shi, L. and Wan, H. (2016), *The increasing inequality of wealth in China, 2002–2013*, Department of Economics Discussion Paper Series No. 816, Oxford: University of Oxford.

Li, C. (2010), Expansion of higher education and inequality of opportunity in education: A study of the effect of the expansion policy on equalisation of educational attainment, [in Chinese], *Sociological Studies* 3: 82–113.

Li, S., Satō, H. and Sicular, T. (2013), *Rising Inequality in China: Challenges to a harmonious society*, Cambridge: Cambridge University Press. doi.org/10.1017/CBO9781139035057.

Li, S., Song, J. and Liu, X. (2011), Evolution of the gender wage gap among China's urban employees, *Social Sciences in China* 32(3): 161–80. doi.org/10.1080/02529203.2011.598307.

Liu, L., Dong, X.-Y. and Zheng, X. (2010), Parental care and married women's labour supply in urban China, *Feminist Economics* 16(3): 169–92. doi.org/10.1080/1354570 1.2010.493717.

Marrero, G. and Rodríguez, J.G. (2012), Inequality of opportunity in Europe, *Review of Income and Wealth* 58(4): 597–620. doi.org/10.1111/j.1475-4991.2012.00496.x.

Martinez, A., Rampino, T., Western, M., Tomaszewski, W. and Roque, J.D. (2017), Estimating the contribution of circumstances that reflect inequality of opportunity, *Economic Papers* 36(4): 380–400. doi.org/10.1111/1759-3441.12184.

Meng, X. (1998), Male–female wage discrimination and gender wage discrimination in China's rural industrial sector, *Labour Economics* 5: 67–89. doi.org/10.1016/S0927-5371(97)00028-6.

Ministry of Foreign Affairs (2015), Xi Jinping attends and addresses global leaders' meeting on gender equality and women's empowerment, stressing to promote women's all-round development and jointly construct and share wonderful world, Press release, 29 September, Beijing, available from: www.fmprc.gov.cn/mfa_eng/topics_665678/xjpdmgjxgsfwbcxlhgcl70znxlfh/t1302736.shtml.

Oaxaca, R. (1973), Male–female wage differentials in urban labor markets, *International Economic Review* 14(13): 693–709. doi.org/10.2307/2525981.

Piketty, T., Yang, L. and Zucman, G. (2017), *Capital accumulation, private property and rising inequality in China, 1978–2015*, NBER Working Paper No. 23368, Cambridge, MA: National Bureau of Economic Research. doi.org/10.3386/w23368.

Pollak, R. (2003), Gary Becker's contribution to family and household economics, *Review of Economics of the Household* 1(1): 111–41. doi.org/10.1023/A:1021803615737.

Roemer, J. (1993), A pragmatic theory of responsibility for the egalitarian planner, *Philosophy and Public Affairs* 22: 146–66.

Roemer, J. (1998), *Equality of Opportunity*, Cambridge, MA: Harvard University Press.

Rozelle, S., Dong, X., Zhang, L. and Mason, A. (2002), Gender wage gaps in post-reform rural China, *Pacific Economic Review* 7(1): 157–79. doi.org/10.1111/1468-0106.00009.

Shu, X. and Bian, Y. (2003), Market transition and the gender gap in earnings in urban China, *Social Forces* 81(4): 1107–45. doi.org/10.1353/sof.2003.0070.

Shu, X., Zhu, Y. and Zhang, Z. (2007), Global economy and gender inequalities: The case of the urban Chinese labour market, *Social Science Quarterly* 88(5): 1307–32. doi.org/10.1111/j.1540-6237.2007.00504.x.

Sicular, T., Yue, X., Gustafsson, B. and Shi, L. (2007), The urban–rural income gap and inequality in China, *Review of Income and Wealth* 53(1): 93–126. doi.org/10.1111/j.1475-4991.2007.00219.x.

Singh, A. (2012), Inequality of opportunity in earnings and consumption expenditure: The case of Indian men, *Review of Income and Wealth* 58(1): 79–106. doi.org/10.1111/j.1475-4991.2011.00485.x.

Song, J., Sicular, T. and Gustafsson, B. (2017), *China's urban gender wage gap: A new direction*, CHCP Working Paper Series No. 2017-23, London, Ontario: Centre for Human Capital and Productivity.

Song, Y. and Dong, X.-Y. (2018), Childcare costs and migrant and local mothers' labor force participation in urban China, *Feminist Economics* 24(2): 122–46. doi.org/10.1080/135 45701.2017.1398405.

Su, B. and Heshmati, A. (2011), *Analysis of gender wage differential in China's urban labor market*, IZA Discussion Paper Series No. 6252, Frankfurt am Main: Institute of Labor Economics.

Tang, Y. (2016), *Class and Gender: Social stratification of women in contemporary urban China*, Cambridge: Cambridge Scholars Publication.

Wang, M. and Cai, F. (2008), Gender earnings differential in urban China, *Review of Development Economics* 12(2): 442–54. doi.org/10.1111/j.1467-9361.2008.00450.x.

Woolley, F. (1996), Getting the better of Becker, *Feminist Economics* 2(1): 114–20. doi.org/10.1080/738552692.

Xie, K. (2017), Her China dream: The aspirations of China's privileged daughters, *Discover Society*, 9 September, [Online], available from: discoversociety.org/2017/09/05/her-china-dream-the-aspirations-of-chinas-privileged-daughters/?utm_source=SupChina&utm_campaign=e859050b63-20170907-372+TheDPRK'Students-cum-spies&utm_medium=email&utm_term=0_caef3ab334-e859050b63-164871129.

Zhang, J., Han, J., Liu, P.-W. and Zhao, Y. (2008a), Trends in the gender earnings differential in urban China, 1988–2004, *Industrial and Labor Relations Review* 61(2): 224–43. doi.org/10.1177/001979390806100205.

Zhang, J., Pang, X., Zhang, L., Medina, A. and Rozelle, S. (2012), *Gender inequality of education in China: A meta-regression analysis*, REAP Working Paper 239, May, Stockholm: Resources and Energy Analysis Programme.

Zhang, Q.F. (2013), Gender disparities in self-employment in urban China's market transition: Income inequality, occupational segregation and mobility processes, *China Quarterly* 215(September): 744–63. doi.org/10.1017/S030574101300074X.

Zhang, Y., Hannum, E. and Wang, M. (2008b), Gender-based employment and income differences in urban China: Considering the contributions of marriage and parenthood, *Social Forces* 86(4): 1529–60. doi.org/10.1353/sof.0.0035.

Zhang, Y., Kao, G. and Hannum, E. (2007), Do mothers in rural China practice gender equality in educational aspirations for their children?, *Comparative Education Review* 51(2): 131–57. doi.org/10.1086/512023.

Zhang, Z. and Chen, Q. (2014), The expansion of higher education admissions and the gender equalization of higher education opportunity: An empirical study based on Chinese General Social Survey (CGSS2008) data, *The Journal of Chinese Sociology* 1: 1–19. doi.org/10.1186/s40711-014-0001-7.

Zhou, Y. and Song, L. (2016), Income inequality in China: Causes and policy responses, *China Economic Journal* 9(2): 186–208. doi.org/10.1080/17538963.2016.1168203.

第 13 章 哪些类型的中国对外直接投资活动最容易受到政治干预

王碧珺　肖　河

中国对外直接投资（ODI）活动迅速增长。与此同时，中国企业在投资海外市场时也经常遇到阻碍。尽管投资自由化和促进投资仍是世界各国市场的政策主流，但越来越多的国家正在加强对外国投资的监管。

本章研究了在东道国遇到政治障碍的中国对外直接投资活动。这里首先要澄清两个概念。第一，"遇到障碍"是什么意思？在本研究中，这是指因各种原因未能完成中国企业对外直接投资项目，不包括已完成投资项目的企业（即使其投资已被证明失败或遭受损失）。第二，东道国的"政治因素"是指什么？在本研究中，是指东道国政府所采取的可能影响外国投资的各种行为的相关因素，包括国家安全审查、政府换届、政策变动、国有化和政府违约等。

中国企业应该从海外投资活动中吸取教训，把已经付出的代价转化为可资未来参考的经验。本章在从理论上分析外商投资对东道国的政治影响及其应对措施的同时，根据 2005～2015 年中国企业在东道国遇到政治阻碍的 22 起境外投资案例和 432 起中国企业完成境外投资项目的成功案例，试图通过实证分析揭示影响我国对外直接投资的重要因素，进而提出应对挑战的对策。

一　外商直接投资对东道国的政治影响及其对策

外国直接投资活动常常被政治化，因为它们可以对东道国的国内政治产生多重影响。第一，无论是否有意，投资国都可能通过对外直接投资获得影响东道国国家安全的能力；而且，东道国涉及的国际环境情况越复杂，外国投资带来的潜在风险就越严重。第二，对外直接投资可以为企业经营带来新的规则和做法，这可能引发东道国关于"市场行为"标准的政策辩论。第三，对外直接投资还可能导致东道国各社会群体收入的结构性变化，从而影响其既得利益，重塑其国内政治联盟（Kerner，2014）。综上所述，由于对外直接投资会给国家安全带来风险，引发有关商业标准的争议，引发东道国收入和政治结构的变化，因此投资国的投资活动很可能面临东道国政治方面的反应。

二　对外直接投资与国家安全

对外直接投资很容易与国家安全问题交织在一起，并可能引发东道国的政治上的反应，比如通过国家安全审查等形式。尽管经济合作与发展组织（OECD）一直试图明确界定"国家安全"，并努力为国家安全审查设立原则，如非歧视性、透明性可预测性监管适当性和负责性等，然而此类审查的过程仍然相当不透明（OECD，2009：1-4）。有不少国家为国家安全审查设定了投资和行业门槛，但所涉及的过程仍然是不透明的，而且几乎完全取决于东道国相关机构的裁量（Kirchner，2012）。

由于投资国和东道国在政策目标上有差异，并且投资国可以通过在能源、电信和基础设施等领域的直接投资来控制东道国的战略性资源，因此对外直接投资会给东道国带来安全风险、可能会阻碍东道国实现其政策目标（Hemphill，2009）。历史表明这种风险的确存在。20 世纪 70 年代，中东产油国曾利用石油供应向西方国家施压，迫使其改变对以色列的政策。这使得美国对石油生产国的大量直接投资持空前的谨慎态度，于 1975 年成立了美国外国投资委员会（CFIUS），以审查石油输出国组织（OPEC）成员国在美国的投资。2001 年 9 月 11 日，美国遭到恐怖袭击后，迪拜港口世界公司

（Dubai Ports World）试图收购半岛和东方蒸汽航运公司（Peninsular and Oriental Steam Navigation Company，P&O），促使美国政府加强国家安全审查机制，并应国会的呼吁，澄清了对关键基础设施的定义；同时，在处理相关事项时也采用了反向举证责任原则。值得注意的是，国家安全审查与相关国家之间的政策分歧不存在正相关关系。一些发达国家之间没有明显的政策分歧，但有时仍会以国家安全为由，限制其盟友在一些主要基础设施领域的投资。例如，美国里根政府于 1988 年停止了富士通对仙童半导体（Fairchild Semiconductor）的收购。日本也利用类似机制阻止过英国公司进入其电信行业（Watai，2013）。

支持全球直接投资自由化的学者和国际组织一直在推动建立透明的国家安全审查机制。例如，他们希望明确界定"敏感行业"的范围，并制定统一的国际审查程序。然而，包括美国政府在内的许多政府都希望维持现行灵活的安全审查机制。从做出 ODI 的国家和企业的角度来看，目前由东道国行政部门主导的国家安全审查机制存在两个问题：东道国政府拥有自由裁量权，既可以利用这一机制抵御来自国内既得利益的压力，还可以利用该机制缺乏透明度为这些利益集团服务。

三　ODI 带来的市场规则冲突

除了国家安全问题外，海外投资机构涌入东道国也可能导致投资国经济活动规则和原则的传播。如果东道国和投资国处于不同的发展阶段或社会结构不同，两国不同的经济原则、规则可能会有冲突，这在发展中国家和发达国家之间尤为明显。

最初，发展中国家最容易受到外国 ODI 带来的"规则冲击"。在发展中国家经营的外国企业，依靠其商业实力或本国政府直接或间接施加压力，要求改变当地规则。接受 ODI 的发展中国家的法律、原则和规则往往被视为现代经济活动的政治风险来源，因此，这些国家需要不断地根据西方国家的做法改变其制度，或称为"提高政治制度质量"（Hayakawa et al.，2013）。尽管存在这些潜在的冲突，发展中国家仍然对发达国家的对外直接投资具有吸引力，发展中国家作为对外直接投资的接受者，在大多数情况下会选择接受"新规则"，以满足资本输出国的需求（Blanton & Blanton，2007）。近年来，发展中国家间双向投资的快速增长，似乎表明没有绝对的标准和环境最具对 ODI 的吸引力，但两国之间的制度越接近，开展直接投资就越方便（Bénassy-Quéré et al.，2007）。不过对于发达国家来说，由于其主导地位，其所赞成的任何规则都将传播到东道国。

然而，随着新兴市场经济体做出的外国直接投资显著增加，发达国家也开始面临反向的"标准冲击"。一方面，在非洲等发展中国家，来自新兴市场经济体的直接投资者通常对东道国地方的腐败或"不良治理"更为宽容，这在一定程度上抵消了发达经济体对所青睐标准的推广（Wood et al.，2014）。另一方面，以中国为主的新兴市场经济体的公司在全球范围内开展资源资产收购（Lu et al.，2010），这在各国包括发达国家中引起了一些对"非市场行为"的抱怨。在发达国家看来，由于操作逻辑的不同，来自新兴经济体的 ODI 给东道国企业带来了不正当的竞争压力。只有通过完善现有的市场竞争规则，只有对受投资国国家扶持的企业实行限制，才能达到平衡。

目前，为了削弱一些新兴经济体跨国公司的国家支持优势，发达国家力图实现竞争规则中立，并要求投资国减少甚至取消其对本国国有企业和民营企业的特殊支持待遇（Capobianco & Christiansen，2011）在美国和欧洲国家看来，包括中国政府在内的新兴市场经济体政府不仅为本国企业提供了多种政策支持，而且对这些企业的海外经营也给予了详细的指导（Rosen & Hanemann，2013），因此必须迅速制定规则来应对这种行为。在关于跨太平洋伙伴关系（TPP）和跨大西洋贸易和投资伙伴关系（TTIP）的谈判中，欧盟对有以下各类行为的国家提出了反对。

> 采取有利于国有企业的监管措施，或者给予国有企业补贴（或采取有类似效果的措施），引导或者责令国有企业和被授予特殊或专有权利的企业进行反竞争行为。（欧盟委员会贸易总局，2013）

美国也对接受国家指导的国有企业和民营企业所获得的非常规政策支持及其"非经济"行为表示关切。（美国商会和国家外贸委员会，2012）

无论是接受还是做出 ODI，发展中国家都必须面对不同规则带来的矛盾，而且往往处于不利地位。如果在做出 ODI 的第一阶段，发达国家主要强调跨国经营的效率和国家吸引外资的能力，强调自由贸易原则和塑造国家在国际体系中的竞争力（Fougner，2006），毫无疑问，它们进行了一种博弈，倾向于在国际经济和贸易规则议题中将国家与企业的联系做出分割，从而削弱了新兴市场经济体在做出 ODI 方面的优势，并确保了自由市场原则的传播。

四　对外直接投资对收入分配和国内政治的影响

除了不同经济模式导致的国家安全和规则制定方面的矛盾外，ODI 最直接的影响是改变了东道国社会群体之间的收入分配。这种变化还可能导致东道国国内政治结构的重塑。然而，对于 ODI 能带来什么样的政治学效果，学术界仍存在分歧。持积极看法的学者认为，ODI 可以大幅增加东道国对劳动力的需求，有助于改善劳动条件；不过本国企业可能会面临成本上升和市场竞争加剧的问题，所以政府越民主，政府对 ODI 的态度就越积极（Pandya，2014）。

对 ODI 持负面看法的人认为，以市场为目标的横向 ODI 和以效率为目标的纵向 FDI，或"综合知识资本模式"的 ODI，都可能扩大劳动收入差距并使低收入群体的状况恶化（Lankhuizen，2014）。在某些极端情况下，ODI 不会导致任何劳动者群体的工资上涨，而只有东道国企业主从此类投资中受益（Waldkirch，2010）。在现实中，各国不同的执政党也以不同的方式对待对外直接投资活动。例如，亲劳动的政党政府可能会鼓励有助于改善工人福利的 ODI 流入，而亲资本的政府可能会鼓励会降低劳动力成本的 ODI 流入（Pinto & Pinto，2008）。因此，对外直接投资将遇到的政治障碍类型与东道国的再分配政策密切相关。

在许多与 ODI 有关的指标中，就业是最具政治吸引力的指标。然而，现有的研究还没有证明 ODI 是否对就业具有长期和积极的影响。大多数研究人员承认，做出 ODI 的企业通常具有竞争优势，可以提供更高的工资和更稳定的工作，但他们也强调，这并不一定意味着整体社会福利会增加（Girma & Görg，2007），因为 ODI 的流入，特别是那些利润率较高的企业做出的 ODI，对吸收低技能工人就业的具有负面影响（Bachmann et al.，2014）。而且并非所有的外国企业都有竞争优势。由于缺乏在东道国的成熟的商业网络，在非出口领域的、由外国小公司做出的 ODI 可能会威胁东道国就业（Andrews et al.，2012）。研究表明，通过收购东道国出口企业实现纵向整合的 ODI，有利于长期就业保障和整体就业率增长（Bandick & Görg，2010）。

除了就业保障，收入差距也是一个同样重要的政治因素。横向比较表明，东道国的技术越先进，ODI 对国内收入差距的影响就越不显著。这意味着同一性质的 ODI 活动对发达国家和发展中国家的收入差距将产生不同的影响。在发达国家，ODI 对收入差距扩大的影响往往不是很明显，因为在经济发达和技术先进的国家，外国企业一般扮演的是技术接受者而不是技术提供者的角色。因此，它们对技术工人的需求不会显著增加，也不会造成显著的收入差距（Bode & Nunnenkamp，2011）。这种特点在美国尤为明显，20世纪 80 年代，日本在美国进行了大量直接投资，但这些投资并没有促进美国国内的产业升级，也没有帮助增加高技能工人的收入；相反，这些投资增加了对低技能工人的需求，缩小了收入差距（Blonigen & Slaughter，2001）。

因此，ODI 对东道国不同社会群体收入分配的影响主要取决于其性质和东道国的发展水平。预见到其利益可能会受损的群体会在本国现有政治机制下来阻止 ODI 的进入和操作。需要强调的是，对美国来说，其在技术方面的领先地位实际上为 ODI 的进入提供了一个更有利的环境。一方面，ODI 并不意味着做出投资的企业更具竞争力，也一般不会导致国内市场的竞争明显加剧；另一方面，外国在美投资一般不受效率驱动，很少涉及减少就业或降低工资，因此不会对本国劳动者的福利构成很大威胁。因此，在美国这样的发达经济体中，外国直接投资者面临的"政治"挑战主要来自其收购对手和联邦政府，而不是来自当地选民或州政府。

以上分析了 ODI 对东道国国内政治的三种影响以及随之而来的反应。在大多数情况下，进行 ODI 的投资者的商业竞争对手会利用上述因素和政治环境来阻止竞争性 ODI 的进入。在对问题的理论方面进行以上梳理之后，下面将结合实际案例进行分析。

五　中国受阻 ODI 项目的案例分析

本章中提出的投资受阻案例，是指因东道国内政治因素没有落地的中国对外投资项目，很少有学者和机构对中国投资者开展的此类项目进行过深入研究。本章收集了 2005 年至 2015 年共 22 个案例，包括 BVD - Zephyr 数据库中标注为"撤回"的案例、在美国企业研究所和传统基金会的"中国全球投资追踪"数据库中被称为"麻烦交易"的数据，以及财新、路透社、彭博、金融时报、中国证券报等媒体公开信息、相关公司网站提供的公开信息等（见表13.1）。

表 13.1 中国 ODI 项目受阻案例

序号	年份	项目名称
1	2005	中国五矿集团收购加拿大诺兰达金属公司
2	2005	中国海洋石油集团有限公司竞购美国能源公司优尼科
3	2008	华为收购美国 3COM
4	2009	中铝集团对澳大利亚企业力拓的追加投资
5	2009	西北有色国际投资公司对美国第一黄金公司的投资
6	2009	中石油竞购加拿大 Verenex 能源公司
7	2010	华为收购摩托罗拉无线设备业务
8	2010	华为收购私有宽带互联网软件提供商 2Wire
9	2010	唐山曹妃甸投资公司对美国 EMCORE 公司的投资
10	2011	华为收购 3Leaf Systems 公司
11	2011	中国神华能源股份有限公司投资蒙古国 Tavan Tolgoi 公司
12	2012	中铝竞购加拿大南戈壁资源有限公司股份
13	2012	中坤投资集团冰岛旅游开发项目
14	2013	中国北方工业集团公司投资缅甸铜矿项目
15	2014	中国工艺美术集团公司竞购南非宝瓶座铂金公司两处铂金矿产
16	2014	中国中铁集团有限公司投资缅甸皎漂至云南昆明铁路
17	2015	烟台泰海集团有限公司竞购谢菲尔德锻造大师国际公司
18	2015	由 GSR Ventures 和 Oak Investment Partners 组成的中国财团竞购皇家飞利浦的 Lumileds 业务
19	2015	清华紫光集团有限公司收购美国芯片存储巨头美光科技
20	2015	中国交通建设斯里兰卡科伦坡港口城市项目
21	2015	上海鹏鑫集团有限公司收购澳大利亚牛肉生产商基德曼
22	2015	中国铁道建筑集团有限公司中标墨西哥高速铁路项目

资料来源：作者收集整理。

六 受阻投资案例的特征

受阻投资案例具有以下特征（见表13.2）。

表 13.2　中国受阻 ODI 案例的特征

特征	数量(个)	占比(%)	投资额 (百万美元)	占比(%)
性质				
民营企业	8	36.36	7590.15	11.90
国有企业	14	63.64	56196.81	88.10
行业				
农林牧渔业	1	4.55	250.00	0.39
采矿业	9	40.91	47979.01	75.22
制造业	8	36.36	9559.95	15.14
其中:电信设备、计算机等电子设备制造	5	22.73	6324.50	9.92
建筑业	3	13.64	5890.00	9.23
文化、体育和娱乐业	1	4.55	8.00	0.01
投资对象国家				
发展中国家	8	36.36	10497.00	16.46
蒙古国	2	9.09	3800.00	5.96
缅甸	2	9.09	1070.00	1.68
墨西哥	1	4.55	3700.00	5.80
斯里兰卡	1	4.55	1430.00	2.24
利比亚	1	4.55	460.00	0.72
南非	1	4.55	37.00	0.06
发达国家	14	63.64	53289.96	83.54
美国	9	40.91	28178.30	44.18
澳大利亚	2	9.09	19750.00	30.96
加拿大	1	4.55	5346.01	8.38
冰岛	1	4.55	8.00	0.01
英国	1	4.55	7.65	0.01

资料来源:作者收集整理。

第一,投资企业中国有企业居多。在表 13.1 提供的 22 个案件中,国有企业 14 个,占总数的 64%。这 14 个案例涉及的投资额占总数的 88%。在 14 家国有企业中有 10 家是央企。在 22 个案例中,有 8 个投资是民营企业发起的,其中 4 个案例涉及华为技术有限公司,投资标的全部在美国:2008 年竞购 3Com、2010 年竞购私人宽带互联网软件提供商 2Wire、2010 年竞购摩托罗拉无线设备业务、2011 年竞购 3Leaf。

第二,矿业、电信和建筑业是投资受阻的主要行业。在受阻投资中,

41%的项目涉及矿业投资，占投资总额的75%。其中包括2个煤矿项目、2个石油和天然气项目以及5个铁、铝、铜和金矿开采项目。电信业是第二大受影响的行业，占受阻投资总数的23%，占总投资额的10%。此外3个案例涉及建筑业，占22个案例投资总额的10%。

第三，大部分投资受阻（84%）发生在发达经济体，特别是在美国，共有9个案例，占发达经济体案例总数的64%，占投资额的53%。除美国外，在澳大利亚、加拿大、冰岛和英国等发达经济体的投资也有受阻案例。中国在发展中国家遇到的障碍相对较少，其投资受阻的案例占样本总数的36%，占投资总额的16%。在发展中国家投资受阻的案例中，在蒙古国和缅甸各有2个，墨西哥、斯里兰卡、利比亚和南非各有1个。

七 投资受阻原因分析

对22个中国ODI案例的分析表明，国家安全、规则冲突和分配效应是阻碍投资的因素。其中国家安全是最常被提及的因素，在对发达国家和发展中国家的投资中都有涉及。由市场规则冲突而导致的投资受阻的案例主要发生在发达国家，并在很大程度上被纳入国家安全审查的范围。在分配效应方面，中国投资者在发展中国家遇到了来自当地政治因素的直接阻碍，而在发达国家，这种阻碍往往是通过国家安全审查产生的。

（一）国家安全

如前文所述，国家安全是一个相当模糊的概念，不同的国家可能有不同的解释，并以不同的方式应用这一概念。对美国外国投资委员会（CIFUS）来说，国家安全包括4个关键因素。一是关键的基础设施，包括农业和粮食、国防工业、能源、公共卫生和健康、银行和金融、水、化工产品、商业设施、水利设施、信息技术、电信、邮政和运输。二是关键技术，主要是与国家安全有关的技术。三是美国境内的关键地点或靠近关键基础设施的地区。四是外国政府支持的企业。CFIUS的分类是相当典型的，在中国投资受阻的案例中，第二和第三个因素都可能构成拒绝投资的原因，而第一和第四个因素往往被同时引用。

（二） 关键技术

在表 13.1 列出的第 2 个案例中，中国海洋石泊总公司（中海油）于 2005 年提议收购美国石油公司优尼科（Unocal），这引起美国政界的强烈反对。美国众议院以 398 票对 15 票通过一项决议，抗议这项交易，并以威胁国家安全为由，呼吁时任总统小布什在 CFIU 机制下重新审查这个竞购项目。其主要担忧是中海油可能会收购优尼科先进的海底测绘技术，以加快中国的潜艇技术发展。在表中列出的第 17 个案例中，烟台泰海集团有限公司的竞购遭到英国当局的反对，谢菲尔德锻造大师国际公司在欧洲制造军用飞机发动机的精密部件，同时也是欧洲建造水面舰艇的重型锻造零件供应商。因此英国担心将该公司的控股权转让给中国企业会导致向中国变相转让关键军事技术。

（三） 地理位置

在表中列出的第 5 个案例中，2009 年，中国西北有色国际投资公司宣布了对美国 FirstGold 的投资计划后，CFIUS 建议中国公司放弃投资计划，指出 FirstGold 在内华达州的一些资产靠近"关键位置"——法伦海军航空站。类似地，表中的第 21 个案例，上海鹏鑫集团有限公司收购澳大利亚牛肉生产商基德曼的行动遭到澳大利亚外商投资审查委员会反对，一个重要原因是标的公司的半数资产位于南澳大利亚的 Woomera 武器试验禁区附近。

（四） 敏感产业与外国政府支持

在第 2 个案例中，中海油在 2005 年试图收购美国石油生产商优尼科（Unocal）。一方面，当时中美贸易关系因双边贸易摩擦而恶化，美国一直在人民币升值和中国履行世界贸易组织（WTO）承诺等问题上向中国施压。另一方面，当时美国非常重视能源安全，因此中海油的收购计划引发了美国政界人士关注，国会甚至表决要求政府调查中国企业竞标的真正动机。在第 8 个案例中，华为在美国和国际社会高度重视互联网安全之际，提出收购美国私人宽带互联网软件提供商 2Wire。同一时期，有一系列指控称"中国黑客攻击其他国家的政府和企业网站，窃取重要信息"。时任华为首席营销官的余承东对媒体表示，在政治因素对企业决策影响相对较小的情况下，华为未能抓住北美市场的机遇。他说，如果当时抓住机遇，华为可能已经成为北美市场的主要供应商，解决面临的问题会容易得多（南方都市报，2011）。

在第 10 个案例中，华为在收购 3Lead 的过程中没有遇到重大技术挑战，但 CFIUS 最终建议华为退出竞购，原因是其声称华为可能与中国军方有关联。在第 4 个案例中，当中国铝业提议增加对力拓的投资时，有人指责中国铝业由中国政府控制，并声称"不应允许中国拥有澳大利亚"。澳大利亚政府迫于压力，一再推迟了对竞标的批复。最终力拓董事会取消了与中国铝业的协议，并宣布与必和必拓组建铁矿石合资企业。

总之，国家安全是一个政治概念，因此任何相关审查都一定是歧视性的。例如，在第 5 个案例中，在美国法伦海军航空站附近还有加拿大巴里克黄金公司（Barrick Gold Corporation）和澳大利亚力拓等其他国家矿业公司的资产，其中一些公司甚至比 FirstGold 更靠近法伦海军航空站。在实践中，针对外商投资进行国家安全审查没有统一的标准，仍由东道国有关行政部门自行决断。

在美国、加拿大和澳大利亚等发达国家之外，中国企业在发展中国家也由于国家安全因素遭遇过投资受阻。在第 6 个案例中，中石油提出收购加拿大 Verenex 能源公司，该公司的业务主要在利比亚，其石油产量的 86.3% 属于利比亚政府。利比亚政府以担心"中国过度控制"为由拒绝批准收购提议。在第 12 个案例中，中国铝业计划收购加拿大南戈壁资源有限公司的部分股份，该公司的资产主要在蒙古国；蒙古国政府以国家安全因素为由取消了相关公司的部分勘探和采矿许可，中国铝业因此撤回收购要约。

（五）市场规则

当前发达国家越来越重视"市场中立原则"，尽管还没有出现单纯因为"竞争优势"而导致投资受阻的情况，但对中国企业享有一定特殊优势的批评有所增加。对中国企业从事"非商业行为"的怀疑，是阻碍中国企业海外投资的重要因素。例如，在中海油提出收购优尼科的案例、中国铝业集团提出增加对力拓投资的案例、华为提出收购 2Wire 和 3Lead 的案例中，国家安全被认为是阻止这些交易的原因。美国、澳大利亚等发达国家的政府和社会怀疑中国企业以非商业动机进行投资活动，例如，影响东道国的外交政策、做好战略部署、保障本国能源供应等。在竞争中性原则（包括限制国有企业和其他特权企业活动的原则）在 ODI 审核中发挥更大作用之前，可以说市场规则已经成为国家安全因素的一部分。

（六）分配效应与国内政治

中国 ODI 规模较大，往往对发展中国家特别是治理问题严重、社会分化严重的中小国家的国内产业发展和分配产生较强影响。在发达国家，中国以技术、市场和品牌为导向的投资活动一般不会对社会整体分配和政治格局产生重大影响。中国企业面临来自少数东道国竞争对手的阻挠，这些竞争对手的利益受到中国投资的损害。它们可能利用甚至控制一个特殊的政治议程，以阻止来自中国的投资。

在发展中国家，中国的对外直接投资项目通常被视为为现任政府提供政治和经济支持，因此容易受到反对派力量的反对，中国在缅甸的投资就是一个例子。在第 14 个案例和第 16 个案例中，中国投资者与缅甸军政府签署的投资协议在缅甸启动民主改革后被取消。中国企业以往在开展投资活动时，倾向于优先取得东道国政府的支持，对东道国的社会变化和诉求不够了解和重视，因此当地民众和政治组织多次组织抗议中国投资。

在第 20 个案例中，中国投资者与斯里兰卡的马欣达·拉贾帕克萨政府关系密切。但斯里兰卡权力交接后，新总统西里塞纳立即宣布取消涉及中国交通建设集团的科伦坡港口城市项目，并对其进行投资审查。在选举过程中，西里塞纳和反对党认为，该项目的贷款利率过高，环境可能受到破坏；他们还声称，只有拉贾帕克萨和一小部分人将从该项目中受益。在第 22 个案例中，中国铁道建筑集团有限公司中标了一条连接墨西哥城和克雷塔罗州的高速铁路项目。然而 3 天后该中标结果被取消，一个重要的原因是与中国企业合作的 4 家公司与执政党"过于亲密"，反对党指责它们从事不公平的交易。利益分配引起的冲突不限于发展中国家。在第 13 个案例中，中坤投资集团应冰岛政府邀请，提出收购 300 平方公里土地用于旅游和生态开发。不过，由于党派分歧，冰岛内务部以程序问题为由否决了这项投资。

在发达国家，中国企业可能面临来自东道国竞争对手的竞争，这些竞争对手经常利用选举政治阻挠投资和收购。比如，在澳大利亚有两大政治力量，即澳大利亚工党和自由党－国家党联盟，每 3 年举行一次大选。如此紧凑的选举日程，意味着执政党在处理反对党的批评时必须特别注意舆论。

此外，发达国家的国家安全审查很容易被中国企业的竞争对手利用，通过将商业竞争政治化来设置投资障碍。在第 2 个案例中，美国国会议员 Richard Pombo 提出，建议中国企业对美国石油公司的投资批准至少推迟 120 天。值得注意的是，Pombo 代表加利福尼亚州，是中国海洋石油集团有限公司竞购的对手 Chevron 的总部所在地。此外，思科（Cisco）等美国电信企业通过政府游说，在阻止华为在美国市场投资方面发挥了作用。

八　投资受阻影响因素的实证分析

在前文的理论分析和案例研究之后，这一部分运用 probit 模型对中国企业 ODI 受阻的主要影响因素进行了估计。

（一）数据和变量

对中国 ODI 活动受阻的分析应包括"受阻"（未完成投资）样本和"成功"（已完成投资）样本。如前文所述，受阻样本包括 2005～2015 年的 22 个项目，成功样本包括 432 个项目。这些投资项目的信息来自中国国家发改委公布的批准对外直接投资项目清单，在检索投资规模、投资国家、投资对象等基本信息后，通过企业公开披露的信息和媒体报道，对中国投资者持股超过 10% 的投资项目进行梳理。样本中不包括涉及一家中国企业投资另一家中国企业的项目，我们将这种项目归类为"回收性投资"。

本章的实证分析包括以下可能影响投资受阻的变量。

（1）国有企业。这是一个虚拟变量：1 表示项目的投资主体是国有企业，0 表示非国有企业。有政府支持的企业容易引起东道国当局的注意，例如，美国外国投资委员会的审查判断标准是：①外国政府是否能够对有关企业产生实质性影响，并命令其收购拥有关键技术的美国企业；②外国政府是否提供有针对性的、过于有力度的激励措施，如赠款、优惠贷款和税收优惠。中国国有企业有机会获得政府政策和资源支持，容易受到威胁东道国国家安全和损害公平市场竞争的指责，因此它们在海外投资更容易遇到障碍。

（2）投资规模，单位为 100 万美元。投资规模越大，项目影响东道国地方事务的可能性就越大，因此项目越有可能受到东道国监管机构、社会和媒体的关注。

（3）政治风险与制度差距。我们根据现有文献，采用政治风险服务集团（Political Risk Service Group）发布的《国际国别风险指南》（*International Country Risk Guide*）中提供的政治风险指数，对东道国的政治风险进行测度。该指数是一个质性变量，涵盖政治稳定、军事干预、内外矛盾、腐败、法律和行政效率等 12 个方面。这一变量的值越大，政治风险越小。正如本章第二部分的文献回顾所述，在衡量东道国政治风险对中国对外直接投资的影响方面尚未达成共识。除了绝对的制度质量（这里指的是东道国的政治风险）外，母公司和东道国之间的制度差距也可能影响企业在投资东道国时是否遇到障碍，因此制度差距也是一个变量，我们将其定义为东道国的政治风险指数与中国的政治风险指数之间的差距。

（4）双边政治关系。我们采用了中国社会科学院编制的《中国海外投资国家风险评级报告》（Zhang & Wang，2018）中的双边政治关系指标。良好的双边关系有利于发展直接投资，是企业在东道国投资和经营的润滑剂，可以降低东道国社会和政治风险对国际投资的负面影响。然而一些研究还表明，由于存在沉没成本，国际关系的恶化对跨国公司的投资决策没有显著的负面影响（Davis & Meunier，2011）。

（5）自然资源。这一指标是根据联合国贸易和发展会议的货物贸易矩阵数据计算的，以东道国燃料和矿物出口总额占国内生产总值的比例来衡量。中国作为"世界工厂"和人口最多的国家，对自然资源有着巨大的需求。中国对外直接投资的主要推动力之一是获得稳定的原材料来源。包括矿产、煤炭和石油在内的资源是不可再生的，同时，资源开发容易引发环境问题，导致腐败，引发当地民众的投诉。

（6）专利。这里指世界知识产权组织（World Intellectual Property Organization，WIPO）数据库中，每百万人口的专利申请数。[1] 这虽然不能完全反映一个国家的技术水平，但在一定程度上可以体现一个国家在技术研发方面的投入产出水平，及其所处的技术知识水平。这一指标作为衡量技术水平的变量，在学术研究中被广泛应用。收购技术、品牌等资产有利于提高中国企业的竞争力，有助于中国企业走向价值链上游。ODI 是实现这些目标的重要途径。然而随着中国企业加大以获取技术为导向的直接投资，东道国

---

① 根据专利拥有者的国籍来计算一国的专利拥有数。

越来越担心关键技术的流失。

（7）投资行业。政治因素导致的 ODI 活动受阻也可能与投资行业的性质有关。例如，《法国货币和金融法》（*French Monetary and Financial Law*）规定，在 11 个特定行业，出于维护法国公共秩序、公共安全或国防利益的考虑，外国投资者应接受投资审查（美国政府问责署，2008）。2007 年美国《外国投资和国家安全法》（FINSA）还列出了几个被归类为重要基础设施的经济部门。我们根据中国国家统计局提供的行业分类和国民经济活动代码对行业进行标记。根据表 13.2，在农林牧渔业，采矿业，电信业、计算机等电子设备制造业，建筑业，文化、体育和娱乐业等领域出现了投资受阻的情况。我们将这些行业设定为虚拟变量，如果一个行业属于以上行业，则变量为 1，否则为 0。

（8）其他控制变量。其中包括东道国的经济增长、两国首都之间的距离和投资年份。

九 计量经济模型与回归结果

基于以上分析，我们估计了上述因素对中国企业对外直接投资活动是否受阻的影响。由于投资受阻是离散的，估计方程可以表示为以下 probit 模型（见公式 13.1）。

$$Pr(Failure_{ODI_i} = 1 \mid X_i) = \varPsi(X_i\beta) \qquad （公式 13.1）$$

在公式 13.1 中，因变量表示投资受阻的可能性，1 代表投资受阻，0 代表投资完成；i 为特定企业；X 为所有解释变量的集合；β 为变量的相关系数；$\varPsi$ 表示标准正态分布的累积分布函数。除应用 probit 模型外，我们还使用线性概率模型（LPM）进行回归分析。在 LPM 中，采用普通最小二乘法（OLS）对二元选择模型进行估计，由于存在一些问题，其估计精度不如 probit 模型。[①] 这里引入 LPM 模型主要是用于与 probit 模型估计结果的比较。

表 13.3 给出了 probit 和 LPM 的回归结果。研究发现，企业性质不是企

---

① 例如：（1）LPM 假设自变量与 $Y=1$ 的概率之间存在线性关系，但这种关系通常是非线性的；（2）拟合值可能小于 0 或大于 1，但概率必须在 0 和 1 之间的闭合区间内；（3）扰动项服从二元分布而非正态分布。

业投资受阻的主要因素，而投资规模越大，投资受阻的可能性越大。表
13.2 显示大多数投资受阻的案例涉及国有企业，然而回归结果表明，企业
所有权对其投资是否受阻没有重大影响。这是因为，在样本内，中国企业
的 ODI 活动主要由国有企业进行①，这意味着许多国有企业已经完成了
ODI。因此"国有企业"变量在统计中并不显著。"投资规模"变量在 1%
的置信水平上显著，表明投资规模是中国企业投资受阻的因素之一，更具体
地说，投资规模越大，企业 ODI 受阻的可能性就越大。这可能是由于"树
大招风"：投资规模较大的项目可能会吸引更多的注意力，成为攻击目标。

东道国的政治风险和制度差距不是影响投资项目是否受阻的重要因素。
但是，双边政治关系越好，中国企业在东道国投资受阻的可能性就越小。统
计中的绝对制度指标（东道国的政治风险）和相对制度指标（制度差距）
均不显著。但双边政治关系变量的显著性为负，并通过了 1% 的显著性检
验。根据模型结果，良好的双边关系有利于中国企业进入当地市场，减少对
中国投资的阻力。

表 13.3　投资受阻影响因素的回归分析

	（1） probit	（2） LMP	（3） probit	（4） LPM	（5） probit	（6） LPM
SOE	0.41	− 0.00446	0.537	− 0.00621	0.536	− 0.00659
	（0.43200）	（0.02330）	（0.47700）	（0.02310）	（0.47800）	（0.02310）
Investment scale	0.000406 ***	5.33e − 05 ***	0.000451 ***	5.25e − 05 ***	0.000448 ***	5.24e − 05 ***
	（0.00013）	（0.00001）	（0.00014）	（0.00001）	（0.00014）	（0.00001）
Political risk	0.00667	− 0.000213	− 0.0199	− 0.00164		
	（0.01840）	（0.00105）	（0.02430）	（0.00129）		
Institutional distance					− 0.0214	− 0.00171
					（0.02430）	（0.00128）
Bilateral political relations	− 6.681 ***	− 0.275 **	− 6.597 ***	− 0.307 ***	− 6.621 ***	− 0.306 ***
	（2.37100）	（0.11100）	（2.39000）	（0.11500）	（2.40100）	（0.11500）
Natural resources			0.0131	0.000235	0.0132	0.000218
			（0.03670）	（0.00175）	（0.03660）	（0.00174）
Patent			0.262 *	0.0124 *	0.269 *	0.0128 *
			（0.13800）	（0.00667）	（0.14000）	（0.00672）

---

① 从 2006 年到 2014 年，由非金融央企开展的 ODI 活动占中国非金融海外投资总额的 77%。

续表

	（1） probit	（2） LMP	（3） probit	（4） LPM	（5） probit	（6） LPM
Agriculture, forestry, animal husbandry and fisheries	2.080 **	0.119 *	2.745 ***	0.127 **	2.750 ***	0.126 **
	（0.89200）	（0.06060）	（0.97800）	（0.06030）	（0.97700）	（0.06030）
Mining	1.478 ***	0.0408	1.862 ***	0.0623 **	1.870 ***	0.0618 **
	（0.55900）	（0.02720）	（0.62900）	（0.02950）	（0.63300）	（0.02920）
Construction	1.991 **	0.485 ***	2.085 **	0.397 ***	2.099 **	0.399 ***
	（0.79500）	（0.08980）	（0.98200）	（0.09860）	（0.98300）	（0.09850）
Telecommunications	2.615 ***	0.309 ***	2.601 ***	0.295 ***	2.604 ***	0.295 ***
	（0.66100）	（0.05270）	（0.68200）	（0.05250）	（0.68200）	（0.05250）
Economic growth	− 0.00834	0.00112	0.0272	0.003	0.032	0.00302
	（0.06440）	（0.00368）	（0.07310）	（0.00394）	（0.07350）	（0.00393）
Distance between two countries	0.139	0.0165	0.0825	0.0161	0.0836	0.0161
	（0.30300）	（0.01940）	（0.31400）	（0.01940）	（0.31400）	（0.01940）
Year of investment	0.222 ***	0.00685 **	0.207 ***	0.00619 *	0.224 ***	0.00737 **
	（0.07990）	（0.00325）	（0.07740）	（0.00326）	（0.07680）	（0.00327）
R^2	0.5222	0.3246	0.5465	0.3079	0.5473	0.3083

注：*** $p < 0.01$，** $p < 0.05$，* $p < 0.1$。括号内是平均值的标准差；probit 回归中的 R^2 为伪 R^2；LPM 回归中的 R^2 为调整 R^2。

资料来源：作者使用 Stata 计量经济软件对相关数据进行回归分析。

一国是否拥有丰富的自然资源并不是阻碍投资活动的重要因素。但东道国的技术水平越高，中国企业的投资就越有可能受阻。自然资源变量的估计结果为正，但不显著。专利变量的估计结果也为正，并通过了 10% 的显著性检验。这个变量是技术水平的一个指标，其结果表明，东道国的技术水平越高，中国企业在当地市场的投资就越有可能受阻。这反映了技术水平相对较高的东道国对中国企业获取关键技术、削弱本国经济竞争优势的担忧。因此，这类东道国阻碍了更多中国企业的进入。

一些行业比其他行业更容易遇到投资障碍。通信业变量的估计结果为正，在各回归中均通过了 1% 的显著性检验。农林牧渔业、采矿业和建筑业变量也为正，部分回归通过了 5% 的显著性检验。这表明中国企业在海外电信、农林牧渔业、矿业和建筑业的投资更容易受阻。

投资年年份变量相关系数为正，说明近年来中国 ODI 在海外市场受阻的概率在上升。

十　应对 ODI 受阻的对策与建议

本章的实证分析表明，投资规模越大，东道国的技术水平越高，中国企业在海外市场的投资就越有可能受阻；双边关系越好，中国企业投资受阻的概率越小。此外，中国企业对某些行业的投资，如电信业、农林牧渔业、采矿业和建筑业的投资比在其他行业的投资更容易受到阻碍。基于以上分析，我们提出以下降低投资障碍的建议。

第一，投资者应将大规模投资分成较小的项目，以避免引起东道国政府、社区和媒体的注意。中国企业普遍缺乏海外投资经验，多数不知道如何与当地社区和媒体打好交道，企业也缺乏透明度，信息披露薄弱，东道国社会很难确定其投资动机和发展理念。因此，中国企业应避免进行大规模的对外直接投资，如果真的需要进行大规模的投资，应将其分解为规模较小的项目，逐步加大对当地企业的投资。首先应当成为当地企业的非控股股东或者少数控股股东，或者与当地企业合作分享利益。

第二，中国企业应投资于审查程序相对宽松的行业，避免直接进入电信、航空航天、能源和基础设施等引起国家安全、地缘政治和国家竞争力担忧的敏感行业。外国企业进入这类行业可能会受到东道国政府的干预。因此，中国企业应尽量避免投资于关键行业和敏感行业，首先应进入审查程序相对简单的行业。在开始收购敏感行业的他国企业之前，应逐步追加投资，树立良好声誉，以缓解东道国政府和公众的担忧。

第三，中国企业应加强对知识产权的保护，不断增加在东道国的研发投入。针对东道国对关键技术流失的担忧，中国企业应重视和加强对所投资企业品牌和知识产权的保护，建立隔离机制，确保商业秘密和客户资料的安全。同时，中国企业还应为投资企业提供支持，增加研发人员，改善研发设施，增加研发投入，建立相关机制，保持和加强企业的独立性、管理稳定性和技术优势。

第四，中国企业应加强与东道国的互信，运用政治手段化解政治风险。

使其投资项目更加具有互利性，是减少东道国政府和公众担忧的关键。扩大在敏感产业的互利性投资的关键，是增进中国与东道国的互信。正是信任上的差距导致一些利益团体屡次将中国企业的商业项目政治化。目前，无论是从投资规模还是产业纵向发展来看，中国对外直接投资都已进入新的发展阶段，需要有更好的政治关系来减少企业投资的障碍；政治关系应促进商业合作，单纯的经济关系不应再成为各类双边关系的压舱石。中国应在传统安全和非传统安全领域与其他国家特别是发达国家合作，承认和回应这些国家的安全关切，而不是依靠经贸关系的溢出效应来弥补在战略领域的合作不足。

除上述建议外，中国还可以采取更清晰的策略，以应对其对外直接投资活动引发的政治反馈。

首先，中国企业应为应对国家安全审查做更周密的准备，应聘请专业人员和中介机构进行深入的调查研究，了解并遵守东道国的法律制度、监管框架和审查程序，准备文件和应急计划以通过审查程序。不可否认，国家安全观念的扩大和国家安全审查过程中政治因素的增加已成为一种确定的趋势，企业很难预测其投资是否会引发东道国的国家安全审查。虽然东道国越来越多地使用此类工具阻止中国企业的投资，但国家安全审查的结果很难在法律框架内解决，这意味着中国企业很难对审查作出回应。不过，此前中国的三一集团以程序上不公正为由成功地对 CFIUS 的一项决定提起诉讼，这说明中国企业如果充分理解东道国的法律和政治规则，或许能够运用法律手段保护自己的利益。

其次，在应对市场规则冲突方面，中国企业特别是国有企业要按照国际标准提高透明度，积极厘清内部结构和与政府的关系，厘清投资目标和政策以及未来发展规划。同时在作出国际投资决策时应更加注重利润，在投资敏感和重要的行业时，应避免提供过高的价格或承担过高的商业风险，无论其资本利用效率或投资行为的实际成本如何，这很容易引起东道国政府和公众对中国企业是真正的市场参与者还是政府附属机构的怀疑。在国家层面，中国应积极推动国际投资治理体系建设，积极参与国际投资规则的制定，为中国企业海外投资创造良好环境。

最后，同样重要的是，中国企业应树立中立、不以政治为导向的形象，以更好地应对东道国的分配效应和地方政治，避免与任何一支政治力量（特别是现任政府）过于亲近。在投资项目启动前，应考虑到在东道国的分配效应，并在项目合同中加以明确，以适当保障当地不同群体的利益。应确保自己的投资项目能够为当地社区的利益服务，并特别注意不同群体的利益相对变化，为那些可能受到项目不利影响的人提供更多的利益。此外，中国企业还应深入评估当地竞争对手和相关利益团体可能做出的反应，建立并加强与当地媒体、非政府组织和社区组织的沟通，还应与当地社区合作建立积极互利的关系。

参考文献

Andrews, M., Bellmann, L., Schank, T. and Upward, R. (2012), Foreign-owned plants and job security, *Review of World Economics* 148(1): 89–117. doi.org/10.1007/s10290-011-0110-1.

Bachmann, R., Baumgarten, D. and Stiebale, J. (2014), Foreign direct investment, heterogeneous workers and employment security: Evidence from Germany, *Canadian Journal of Economics* 47(3): 720–57. doi.org/10.1111/caje.12094.

Bandick, R. and Görg, H. (2010), Foreign acquisition, plant survival and employment growth, *Canadian Journal of Economics* 43(2): 547–73. doi.org/10.1111/j.1540-5982.2010.01583.x.

Bénassy-Quéré, A., Coupet, M. and Mayer, T. (2007), Institutional determinants of foreign direct investment, *The World Economy* 30(5): 764–82. doi.org/10.1111/j.1467-9701.2007.01022.x.

Blanton, S.L. and Blanton, R.G. (2007), What attracts foreign investors: An examination of human rights and foreign direct investment, *The Journal of Politics* 69(1): 143–55. doi.org/10.1111/j.1468-2508.2007.00500.x.

Blonigen, B.A. and Slaughter, M.J. (2001), Foreign-affiliate activity and US skill upgrading, *Review of Economics and Statistics* 83(2): 362–76. doi.org/10.1162/00346530151143888.

Bode, E. and Nunnenkamp, P. (2011), Does foreign direct investment promote regional development in developed countries? A Markov chain approach for US states, *Review of World Economics* 147(2): 351–83. doi.org/10.1007/s10290-010-0086-2.

Capobianco, A. and Christiansen, H. (2011), *Competitive neutrality and state-owned enterprises: Challenges and policy options*, OECD Corporate Governance Working Papers No.1, Paris: OECD Publishing.

Davis, C.L. and Meunier, S. (2011), Business as usual? Economic response to political tensions, *American Journal of Political Science* 55(3): 628–46. doi.org/10.1111/j.1540-5907.2010.00507.x.

European Commission Directorate-General for Trade (2013), Trade relations with the United States and Canada: TIPP Rules Group, anti-trust & mergers, government influence and subsidies, Initial Position Papers for 1st Round Negotiations, 19 June, Brussels.

Fougner, T. (2006), The state, international competitiveness and neoliberal globalization: Is there a future beyond the competition state?, *Review of International Studies* 32(1): 165–85. doi.org/10.1017/S0260210506006978.

Garnaut, J. (2009), Rudd policy on China 'set by BHP', *The Age*, [Melbourne], 15 October.

Girma, S. and Görg, H. (2007), Evaluating the foreign ownership wage premium using a difference-in-differences matching approach, *Journal of International Economics* 72(1): 97–112. doi.org/10.1016/j.jinteco.2006.07.006.

Hayakawa, K., Kimura, F. and Lee, H. (2013), How does country risk matter for foreign direct investment?, *The Developing Economies* 51(1): 60–78. doi.org/10.1111/deve.12002.

Hemphill, T.A. (2009), Sovereign wealth funds: National security risks in a global free trade environment, *Thunderbird International Business Review* 51(6): 551–66. doi.org/10.1002/tie.20299.

Kerner, A. (2014), What we talk about when we talk about foreign direct investment, *International Studies Quarterly* 58(4): 804–15. doi.org/10.1111/isqu.12147.

Kirchner, S. (2012), Foreign direct investment in Australia following the Australia–US Free Trade Agreement, *The Australian Economic Review* 45(4): 410–21. doi.org/10.1111/j.1467-8462.2012.00686.x.

Lankhuizen, M. (2014), The (im)possibility of distinguishing horizontal and vertical motivations for ODI, *Review of Development Economics* 18(1): 139–51. doi.org/10.1111/rode.12074.

Lu, J., Liu, X. and Wang, H. (2010), Motives for outward ODI of Chinese private firms: Firm resources, industry dynamics, and government policies, *Management and Organization Review* 7(2): 223–48. doi.org/10.1111/j.1740-8784.2010.00184.x.

Organisation for Economic Co-operation and Development (OECD) (2009), *Guidelines for Recipient Country Investment Policies Relating to National Security: Recommendation adopted by the OECD Council, 25 May 2009*, Paris: OECD Investment Division.

Pandya, S.S. (2014), Democratization and foreign direct investment liberalization, 1970–2000, *International Studies Quarterly* 58(3): 475–88. doi.org/10.1111/isqu.12125.

Pinto, P.M. and Pinto, S.M. (2008), The politics of investment partisanship and the sectoral allocation of foreign direct investment, *Economics & Politics* 20(2): 216–54. doi.org/10.1111/j.1468-0343.2008.00330.x.

Rosen, D. and Hanemann, T. (2013), China's direct investment in the advanced economies: The cases of Europe and the US, *International Economic Review* 1: 94–108.

Southern Metropolis Daily (2011), Huawei dropped bid to purchase 3Leaf again for 'security concerns', *Southern Metropolis Daily*, 22 February.

United States Chamber of Commerce and National Foreign Trade Council (2012), Establishing rules of the road: Commercial SOEs and private actors, SOE Presentation, 4 March, Melbourne.

United States Government Accountability Office (US GAO) (2008), *Laws and policies regulating foreign investment in 10 countries: Report to the Honorable Richard Shelby, Ranking Member, Committee on Banking, Housing, and Urban Affairs, US Senate*, GAO-08-320, February, Washington, DC: GAO.

Waldkirch, A. (2010), The effects of foreign direct investment in Mexico since NAFTA, *The World Economy* 33(5): 710–45. doi.org/10.1111/j.1467-9701.2009.01244.x.

Watai, R. (2013), US and Japanese national security regulation on foreign direct investment, *Asia Pacific Bulletin* (219)(2 July).

Wood, G., Mazouz, K., Yin, S. and Cheah, J. (2014), Foreign direct investment from emerging markets to Africa: The HRM context, *Human Resource Management* 53(1): 179–201. doi.org/10.1002/hrm.21550.

Zhang, M. and Wang, B. (2018), *Report of Country-risk Rating of Overseas Investment from China (CROIC-IWEP) (2018)*, Beijing: China Social Sciences Press.

第14章 中国国有资本在铁矿石市场繁荣时期对国际市场的影响

Luke Hurst[*]

近年来，中国企业在境外的投资得到了其国内银行系统的支持，提供融资的主要是国有银行和国有控股银行。中国的银行体系外汇储备丰富[①]，而且实行有管理的汇率制度[②]（Laurenceson，2008：92；Song，2015：200）。因此中国在境外投资的企业容易获得国有金融资本的支持，而其他国家投资者不具备这一优势，这削弱了他国投资者的相对竞争力。

为更好地理解中国国有资本及其对国际市场的影响，本章研究了2002～2012年铁矿石市场的繁荣时期，中国企业境外铁矿石采购和投资活动的影响。

中国政府认为，在中国需求激增后发生的铁矿石价格暴涨，是力拓（Rio Tinto Group）、必和必拓（BHP）、淡水河谷（Vale）这三大铁矿石巨头利用市场优势的表现。根据这一认识，中国方面认为应该突破"三巨头"的操控，消除铁矿石开采行业对非核心矿商的壁垒。

中国政府认为，为破除这种壁垒，需要支持非核心矿商的发展，增加对

---

* 感谢 David Murphy，Shiro Armstrong，Peter Drysdale 和宋立刚为本文初稿提供的评论意见。

① 2016年，中国超过日本成为全球外汇储备最多的国家，2017年6月底，中国的外汇储备达到1.3万亿美元（Zheng & Yi，2007：18）。

② 我国实行以市场供求为基础、参考一篮子货币进行调节、有管理的浮动汇率制度，本文强调的是"有管理"的方面。——译注

中国企业持股的矿商的采购。中国钢铁工业协会副秘书长李新创在 2011 年表示："中国现在只掌握进口铁矿石资源的 10%。要争取在未来的 5~10 年内，实现 50% 的进口铁矿石来自境外中资持股企业。"（Zhang，2011）。

　　本章用投资理论来分析中国对境外铁矿石资源的采购和投资活动，目的是评估中国的国际采购、投资策略在铁矿石市场繁荣时期（2002~2012 年）对国际市场竞争环境的影响。本章的结构如下：首先，以 30 起中国企业铁矿石相关投资案例和 20 项长期供应协议（Long-term Contracts，LTCs）作为研究样本，勾勒中国境外铁矿石采购和投资的发展趋势；其次，概述中国政府同一时期支持境外铁矿石投资的措施；继而评述中国境外铁矿石采购和投资的案例；最后，分析中国企业在国有资本支持下，在境外开展的采购和投资活动对市场的影响。最后一部分重点关注的问题是，中国企业是否因国家支持而在或长或短的时期内获得了较明显的竞争优势；这种国家层面的支持，在供给方面对矿商带来何种影响、在需求方面对国际铁矿石买家和投资者带来何种影响。

一　中国境外铁矿石投资与采购概述

　　在 2009 年铁矿石基准定价体系瓦解之前（Humphries，2018）[①]，钢铁企业保障铁矿石供应主要靠长期供应协议或纵向一体化。具体选择哪种形式则取决于买家的所有权优势（Ownership Advantage）[②]、区位优势（Location

---

[①]　自 20 世纪 60 年代以来，铁矿石定价经历了长期协议定价—基准价格协议定价—指数定价的历史演进。2008 年以前，为了保证铁矿石以合理的价格长期供应，满足矿商的资金需求，铁矿石采取长期协议定价。2008 年金融危机爆发，造成铁矿石现货价格远远高于长期合同价格，长协定价机制解体。与此同时，新日铁与淡水河谷达成两种铁矿石基准价格的协议，以到岸价（CIF）取代了离岸价（FOB），并且利用垄断地位扩大了到岸价（CIF）条款，形成基准价协议的格局。——译注

[②]　英国经济学家约翰·邓宁（John Dunning）于 1977 年在《国际生产和跨国公司》中提出国际生产折中理论（Eclectic Theory Of International Production）。该理论将"所有权优势"（Ownership Advantage）定义为，一国公司拥有或能得到别国公司没有或难以得到的生产要素禀赋（自然资源、资金、技术、劳动力）、产品的生产工艺、发明创造能力、专利、商标、管理技能等。跨国公司所拥有的所有权优势主要包括两大类：通过出口贸易、资源转让和对外直接投资能给公司带来收益的所有权优势，如产品、技术、商标、组织管理技能等。只有通过对外直接投资才能得以实现的所有权优势，这和所有权优势无法（转下页注）

Advantage）和内部化优势（Internalization Advantage）等因素，具体来说，比如取决于买家更愿意事先锁定合约成本，还是愿意在长期供应协议的框架下动态议价确定成本。

通过观察一家企业在长期供应协议和纵向一体化二者之间的倾向，以及最终的抉择与项目所在地域等因素的关联，可以一窥买家的动机，并了解他们认为哪些因素会妨碍其获得稳定的铁矿石供应。

为了研究需求急剧增加后中国的境外铁矿石采购与投资活动，本研究收集了 2002～2012 年共 30 个中国境外铁矿石投资案例，以及 20 项长期供应协议案例，数据虽不全面，但具有一定的代表性。样本案例包括长期供应协议和投资两类（不含失败案例，如 2009 年中国铝业集团有限公司对力拓投资），数据整理自公开信息和 Intierra 数据库。[①]

表 14.1 是 2002～2012 年 30 例中国企业境外铁矿石投资的概览，投资额合计 365 亿美元，集中发生在全球金融危机后的一段时期内，其中 264 亿美元投资发生在 2008～2010 年（占观察期内投资总额的 72.26%）。

铁矿石开采加工行业具有资本密集、存在规模经济、从投资到投产的时间跨度大等特征。图 14.1 表明了从投资到投产的时间跨度如何影响投资效果：所投项目到 2012 年的预期产量只有不到 5000 万吨/年，到 2018 年的预期产量才能达到 31520 万吨/年（30 个案例中有 16 个公开了预期产量数据）。可供参照的数据是，根据澳大利亚资源和能源经济局的报告（BREE，2019），2018 年全球铁矿石的出口总量约为 15.47 亿吨。

表 14.1　2002～2012 年中国境外铁矿石投资情况

年份	投资项目数（个）	总投资额（百万美元）	平均投资额（百万美元）
2002	1	34.8	34.8
2003	0	0	0
2004	0	0	0

（接上页注②）通过出口贸易、技术转化的方式给公司带来收益，只有将其内部使用，才能给公司带来收益。如：交易和运输成本的降低、产品和市场的多样化、产品生产加工的统一调配、对销售市场和原料来源的垄断等。跨国公司所拥有的所有权优势大小直接决定其对外直接投资的能力。——译注

① www. intierra/com/（2013 年 3 月 1 日访问）。

续表

年份	投资项目数（个）	总投资额（百万美元）	平均投资额（百万美元）
2005	0	0	0
2006	1	7455.7	7455.7
2007	1	2154.9	2154.9
2008	6*	17522.6	2920.4
2009	10	5824.1	582.4
2010	5	3004.5	600.9
2011	2	228.4	114.2
2012	4	275.7	68.9
总计	30	36500.7	1216.7

注：　* 包括 2008 年中铝以 140 亿美元对价取得力拓 9% 股权的投资。

资料来源：Intierra 数据库；Wilson（2011：269 – 70）；The Tex Report（2013）。

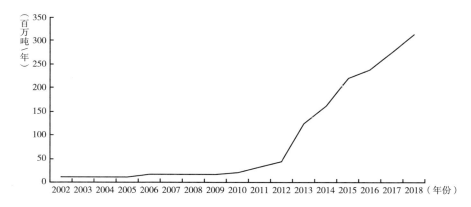

图 14.1　2002~2018 年中国境外铁矿石投资带来的潜在产能增量

资料来源：Intierra 数据库；Wilson（2011：269 – 70）；The Tex Report（2013）。

　　表 14.2 是 2002~2012 年的 20 项长期供应协议的概览。中国买家签订的长期供应协议，其合约期一般为 3~15 年不等，每年的合约交货量为 50 万吨~2000 万吨不等。这 20 项长期供应协议涉及的贸易规模，为每年 6490 万吨~9510 万吨。①

---

　① 这 20 项长期供应协议记录来自 The Tex Report（2013：22），该样本涉及的体量仅占 2012 年中国铁矿石进口总额（7.434 亿吨）的 8.7%~12.8%。

表 14.2　2002～2012 年中国铁矿石长期供应合约

中国企业	供应商	供应商所在国	合约持续期	年供应量 （Mt/a）
日照	钢铁	澳大利亚	矿藏可开采年限或 15 年	1.5
日照	钢铁	澳大利亚	2008 年 7 月至 2018 年 6 月	>6
海鑫	钢铁	澳大利亚	2008 年 7 月至 2018 年 6 月	>6
唐山	国丰	澳大利亚	2007 年 10 月至 2016 年	>6
津西	钢铁	澳大利亚	2008 年 1 月至 2017 年 12 月	>5
宝山	钢铁	澳大利亚	10 年	5～20
河北	钢铁（唐钢）	澳大利亚	10 年	5～20
新兴	铸管	巴西	5 年	0.5
山西	中阳	巴西	5 年	N/A
中天	钢铁	巴西	长期（2008 年 12 月起）	N/A
河北	钢铁	澳大利亚	15 年	3
荣程联合	钢铁	澳大利亚	15 年	7
包头	钢铁	澳大利亚	5 年	1
沈阳东方	钢铁	澳大利亚	5 年	1
湖南华菱	钢铁	澳大利亚	15 年（2008 年 8 月起）	5
中国	五矿集团	毛里塔尼亚	2008 年至 2012 年	1.5
World	lin	加拿大	7 年（2007 年起）	7
南京	钢铁	马来西亚	2011 年 6 月至 2021 年 5 月	2
通化	钢铁	澳大利亚	3 年	1.2～1.3
四川	泰丰集团	澳大利亚	3 年	1.2～1.3

注：N/A：数据缺失。
资料来源：The Tex Report（2013：102）。①

表 14.3 显示，在 2002～2012 年，中国企业境外铁矿石投资主要集中在澳大利亚，共 19 起，投资总额为 313 亿美元（平均单体投资额 16.5 亿美元）；在加拿大有 5 起小规模投资，投资总额 6.518 亿美元（平均单体投资额 1.277 亿美元）；另 6 起投资分散在其他 5 个国家，平均单体投资规模 9.03 亿美元。

---

①　The Tex Report 是日本境内发行的唯一一份英文日报，以报道钢材、煤炭、可可、铁矿石、生铁、废钢、铁合金行业的各类新闻为主，包括以上行业的进出口数据和供需数据，从 1967 年 6 月开始发行。——译注

表 14.3　2002～2012 年按所在国家分的中国境外铁矿石投资

东道国	投资项目数(个)	总投资额(百万美元)	平均投资额(百万美元)
澳大利亚	19	31333.3	1649.1
加拿大	5	651.8	127.7
秘鲁	2	1330.4	665.2
巴西	1	1121.8	1121.8
利比里亚	1	426.2	426.2
几内亚	1	1241.3	1241.3
俄罗斯	1	396.0	396.0
合计	30	36500.8	1216.9

资料来源：Intierra 数据库；Wilson（2011：269 - 70）；The Tex Report（2013）。

以 2009 年为界，中国铁矿石投资者偏好澳大利亚项目的倾向发生了改变。2002～2008 年，中国的境外铁矿石投资案例只有 1 起不在澳大利亚；2007 年及以前，7 项长期供应协议全部都是与澳大利亚企业签订的。而在 2009～2012 年，21 起中国企业境外投资中有 10 起是与澳大利亚以外的国家签订的；13 项长期供应协议中的 5 项是与澳大利亚以外国家的企业签订的。

中国铁矿石投资者最初被澳大利亚所吸引，是由于其相对稳定的制度环境、完善的基础设施、采矿业的技术积累以及地缘接近。由于运费共担机制（freight - sharing mechanism）[1]，在 2010 年之前，运费提高部分中 80% 无须中国进口商承担。因此，在全球铁矿石需求爆发、海运成本短期蹿升的情况下，在澳大利亚增加采购对中国企业格外有吸引力。

在中国对进口铁矿石需求剧增后的第 10 个年头，澳大利亚的投资环境对中国投资者的吸引力下降了。进口澳大利亚铁矿石的成本因澳元升值而增加了，2002 年澳元兑美元汇率是 1:0.54，2008 年汇率升至 1:0.85，到 2012 年达到 1:1.10 的峰值。同时，澳大利亚采矿业劳动力短缺的问题越来越突出[2]。2011 年，汉龙集团[3]相关负责人表示：

---

① 2008 年运费共担机制。

② 中国投资者难以向澳大利亚引入劳动力。

③ 汉龙集团是从事矿业和其他多种行业的综合企业集团。其下属企业汉龙矿业在收购 Sundance Resources 公司的竞价中失利，Sundance Resources 公司拥有喀麦隆的穆巴拉铁矿（Mbalam）和刚果的纳贝巴铁矿（Nabeba）的开采权（Ker, 2013）。

　　澳大利亚和巴西都有丰富的资源，但这没有给中国投资者带来多少机会，因为资产价格越来越高，还有政策壁垒。具体来说，这些资源和周边基础设施都掌握在大型矿商手里。

　　中国在澳大利亚的大型投资项目的失败，也给中国投资者泼了冷水，因而增加了其他国家对中国投资者的相对吸引力（Laurenceson，2012）。尤其是两个案例，动摇了澳大利亚在中国铁矿石投资者心目中稳定、友好的投资目的地的形象：即中信泰富"中澳铁矿"磁铁矿开发项目和中国铝业集团有限公司（Chinalco，以下简称中铝）与力拓的合作项目。

　　中信泰富中澳铁矿开发项目位于西澳大利亚。自 2006 年公布该计划以来，传出过合作破裂消息，投资进度数次推迟。由于不充分的投资尽职调查、持续升值的澳元和不断提高的劳动力成本，到 2012 年，该项目的预算膨胀为原计划的 3 倍，从 25 亿美元增加到 78 亿美元（Garvey，2012）。2011 年，受该项目的影响，中国国务院国有资产监督管理委员会（SASAC）叫停了在西澳大利亚进行的所有中方投资项目（Hurst et al.，2012：21）。截至 2018 年末，中信集团已经在中澳铁矿项目上累计投入 120 亿美元，其间多次计提资产减值损失，还陷入了与澳方 Mineralogy 公司无休止的法律纠纷（Thompson，2018）。

　　2009 年的中铝－力拓合作项目投资总额为 195 亿美元（中铝出资取得力拓 9.5％ 的股权），这是当时中国企业在境外最大体量的投资项目。根据最初的设计，投资条款中包括设立双方共同经营的销售公司，约定将力拓铁矿石商品的 30％ 专门面向中方销售（Uren，2012：106）。2008 年，中铝曾顺利完成一起对力拓的投资，以 140 亿美元对价取得了力拓 9％ 的股权。[①]

　　然而 2009 年的这起追加投资失败了，各方面对此都负有责任。在投资项目意见征询期内，澳大利亚政府临时修订外商投资政策，这被很多人解读为专门针对中国国有企业投资者的、投资审查标准上的差别待遇。澳大利亚财政部外商投资审查委员会（FIRB）执行主任帕特里克·科尔默（Patrick Colmer）曾论及新的外商投资指导原则，这些原则体现在了 2009 年对中

---

① 2008 年 1 月 31 日，中铝联合美铝以每股约 60 英镑的价格，获得力拓集团 9％ 的股份，耗资 140.5 亿美元（其中，中铝出资 128.5 亿美元）。——译注

铝－力拓合作项目的审查过程中，相关言论经由美国大使馆电报流出：

> 新的指导原则减少了潜在投资者面对的不确定性，但对大型中国投资者来说则增加了新的不利因素。……提出新的指导原则，主要是为了回应对中国投资者在战略资源领域变得日益活跃的担忧。（Wikileaks，2019）

这种情况下，在澳大利亚财政部根据投资项目不符合"国家利益"的原则予以否决之前，力拓董事会就撤回了对此项目的推荐。虽然澳大利亚政府还没来得及对该项目最终表态，但期间发生的一系列事件，一方面，加强了有意在澳大利亚投资的中国企业的不确定感和受挫感；另一方面，也在澳大利亚公众中引起了对中国国有企业投资活动的紧张情绪。

中国在澳大利亚投资的企业，尤其是国有企业（后文会讨论），往往需要努力适应澳大利亚的投资环境，并尝试在投资项目所在地取得公众的理解。

中铝－力拓合作项目失败的背后，也反映了很多中国的投资者在境外投资方面缺乏经验，对取得东道国公众理解的重要性也缺乏认识。Pokarier（2004：218）认为，认同感是民族主义的重要组成部分，因此，在文化迥异的国家进行投资，难免引起一定的警惕情绪，对国有企业投资者更是如此，这类企业的投资行为，往往会被认为是政府战略，而不只是经济行为。

二　中国境外铁矿石投资得到的政府支持

中国政府对铁矿石境外投资企业的支持，是通过银行系统来实现的。银行系统为进口本国企业掌握的境外铁矿石资源提供优先性的融资支持。资金主要由中国进出口银行和中国国家开发银行（以下简称国家开发银行）这两家国有政策性银行提供，属于"政策性融资"，融资条款通常是优惠的。政府还要求四大国有商业银行通过支持国有企业来落实相关国家产业政策。（Laurenceson & Chai，2010：22；der Heiden & Taube，2011：60－72；Wilson，2011：270）

对于中国企业境外铁矿石投资的融资条款，相关的公开资料较少，本文利用 Wilson（2011：269 - 70）收集的 2002 ~ 2010 年中国铁矿石投资者的融资数据，来作为对中国政府对铁矿石境外投资支持力度的粗略衡量标准。

表 14.4 列举了中国投资者在境外发起的 32 起投资的数据。由非国有银行提供融资的 2 个项目平均投资额最低，为 2720 万美元；由国有商业银行提供融资的有 21 个项目，平均投资额是 9.437 亿美元；由主权财富基金提供融资的有 2 个项目，平均投资额是 4.759 亿美元；由政策性银行提供融资的由 6 个项目，平均投资额是 3.678 亿美元；另有 1 个项目由地方商业银行提供融资，投资额为 13 亿美元。从对所投项目的持股比例来看，由国有商业银行提供融资的项目，比由非国有银行提供融资的项目占比高：由非国有银行提供融资的项目，中方平均持股比例为 16.5%；由国有商业银行提供融资的，中方平均持股比例为 32.2%；由主权财富基金提供融资的，中方平均持股比例为 57.5%；由政策性银行提供融资的，中方平均持股比例为 43.1%；唯一一个由地方商业银行提供融资的项目，中方持股比例为 100%。

表 14.4　2002 ~ 2010 年中国铁矿石投资项目的融资来源

融资来源	投资项目数（个）	总投资额（百万美元）	平均投资额（百万美元）	平均持股比例（%）
非国有银行	2	54.3	27.2	16.5
国有商业银行	21	19816.9	943.7	32.2
主权财富基金	2	1427.6	475.9	57.5
政策性银行	6	2206.7	367.8	43.1
地方商业银行	1	1300.1	1300.1	100.0
合计	32	24805.6	3114.6	49.9

注：政策性银行指国家开发银行和中国进出口银行。
资料来源：Wilson（2011：269 - 270）；作者计算。

表 14.5 显示，向私营铁矿石投资企业提供融资的金融机构中，有 1 家非国有银行（1 个项目，融资金额 4640 万美元），另有若干家国有商业银行为 3 起投资提供融资，平均融资金额为 1460 万美元。另一方面，中央国有企业投资者的资金来自国有商业银行（9 个项目，平均投资额 18 亿美元）和国有政策性银行（2 个项目，平均投资额 6.03 亿美元）。省级和市级国有企业的融资渠道较为多样，其中 1 个项目得到了非国有银行 790 万美元的融资，9 个项目从国有商业银行处得到融资，平均投资额为 3.657 亿美元，2

个项目得到国家主权基金融资，平均投资额为 7.138 亿美元，1 个项目得到地方商业银行融资，投资额为 13 亿美元。

表 14.5　2002～2010 年按股东性质分的投资项目融资来源

融资来源	中央国有企业			省级国有企业			私营企业		
	项目数（个）	总投资额（百万美元）	平均投资额（百万美元）	项目数（个）	总投资额（百万美元）	平均投资额（百万美元）	项目数（个）	总投资额（百万美元）	平均投资额（百万美元）
非国有银行	0	0	0	1	7.9	7.9	1	46.4	46.4
国有商业银行	9	16481.3	1831.2	9	3291.6	365.7	3	43.9	14.6
主权财富基金	0	0	0	2	1427.6	713.8	0	0	0
国有政策性银行	2	1206.1	603	4	1000.5	250.1	0	0	0
地方商业银行	0	0	0	1	1300.1	1300.1	0	0	0

资料来源：Wilson（2011：269～270）；作者计算。

前文已经提到，中国企业对境外铁矿石资源的投资在一定程度上是受到全球金融危机的刺激。根据国家开发银行前董事长陈元的分析，在全球金融危机的余波中投资能源和矿产，是一种针对美元贬值、大宗商品升值风险的对冲措施。陈元在 2009 年曾表示：

> 大家都认为我们应该到国际市场上收购低价资产。我认为我们不应该去华尔街，而应该更多地考虑在自然资源丰富的地方，开展资产收购和发展合作关系。（Downs，2011：73）

据安永（Ernst Young）发布的一份报告估算，矿业和冶金公司的市值因全球经济下滑而缩水 40%～60%（Yang，2009）。2009 年，中国工信部制订了《钢铁产业调整和振兴计划》（Downs，2011），计划提出要"抓住机遇，积极实施'走出去'战略"，尤其强调要利用好三种专项资金：境外矿产资源权益投资专项资金、对外经济技术合作专项资金、国外矿产资源风险勘探专项资金。中国商务部还和多个国家签署了保障境外投资的协议，并由中国进出口信用保险公司（中央国有企业）提供投资保险服务（der Heiden & Taube，2011）。

全球金融危机后中国加强了对境外铁矿石资源的投资，这一趋势在数据上得到了体现，前面提到的 30 起境外投资中，有 27 起发生在 2008 ~ 2010 年，这些项目获得的国有银行融资规模，占 2002 ~ 2010 年所有项目的 97.4%。

中国投资者加强了对境外铁矿石投资，这衬托出了西方银行在全球金融危机后的风险厌恶情绪。在铁矿石项目寻求资金支持的情况下，中国的国有银行抓住了这个机会（Hurst，2013：528 - 9）。

三 中国国家支持对铁矿石市场格局的影响

2011 年，时任澳大利亚参议员的巴纳比·乔伊斯（Barnaby Joyce）[①] 称，中国国有企业投资者"持长期视角，他们不需要在短期内遵循市场逻辑。"（Grattan，2011）乔伊斯参议员的看法关乎一个问题，即中国的政府支持是否导致对市场"竞争中性"原则的扭曲。竞争中性原则要求政府在经济领域的措施，不应该造成国有企业仅由于其所有者性质而相对于私人部门具有净竞争优势。

在学术研究中，关于中国政府支持对竞争中性原则的影响已经得到了广泛讨论。[②] 一方认为，一些企业更容易获得国有金融机构的融资，这已经构成对竞争基础的干扰，得到中国政府支持的企业对私人部门竞争者已经造成了商业层面的负面影响。更易获得国有金融机构支持也容易造成道德困境[③]，比如中国投资者能够给出更高的价格，而同时不必担心投资失败的代价。

中国政府提供了各种融资形式，各类融资支持了大多数的铁矿石境外投资项目（见表 14.3 和表 14.4）。尽管关于项目融资条款的公开信息较少，Bräutigam（2011）还是发现，大多数由中国进出口银行和国家开发银行（两家政策性银行，为国家经济政策提供金融支持）提供的贷款是商业化的，

---

① 巴纳巴·乔伊斯曾任澳大利亚农业与水资源部部长、基础设施和交通部部长、澳大利亚副总理、国家党党首。
② 参见 Buckley 等（2007）、Sauvant 和 Chen（2014）。
③ 道德困境是指代理人在知道代价会由其他方承担的情况下更加偏好高风险行为的一种情景。

而不是政策性优惠的，这些贷款的利率是由伦敦银行同业拆借利率（LIBOR）[1] 上浮一定点数确定的。[2]

中国进出口银行在铁矿石领域的主要职能，是为具备比较优势的中国企业的境外采购、项目投资提供金融支持，促进国际经济贸易合作。中国进出口银行的贷款利率一般是 LIBOR 上浮一定点数[3]，偿还期一般为 12～15 年，同时给予 2～5 年的优惠期。少部分出口买方信贷采用的是优惠利率，一般为 2%～3% 的固定利率（Bräutigam，2009：335）。

国家开发银行最初的定位是服务于国内经济发展，近年来，国家开发银行也为境外投资提供了大量信贷支持。[4] 国家开发银行为境外投资提供商业贷款，利率一般是 LIBOR 上浮一定点数，通常不低于 200 个基点（Bräutigam，2011：206）。例如，12 年期卡拉拉（Karara）[5] 铁矿石项目贷款是由国家开发银行和中国银行按照市场化利率共同提供的，利率由美国市场 6 个月 LIBOR 上浮一定点数构成（详细数字未公开）（Gindalbie Metals Limited，2010）。

虽然中国进出口银行和国家开发银行提供的贷款利率多采用国际基准利率上浮一定点数，但利率仍然比其他国际市场参与者能得到的要低。比如，由于对铝的需求骤降，中铝集团在 2008 年的利润下降了 99%，2008 年取得的原价值 140 亿美元的力拓 9% 股权，其市值也缩水至 70%，到 2009 年对应市值为 100 亿美元（Yao & Sutherland，2009：829）。在这种情况下，中国的四家大型国有银行——国家开发银行、中国进出口银行、中国农业银行、中国银行仍共同为中铝追加收购力拓 9.5% 的股权提供了 210 亿美元的

---

① LIBOR 是伦敦银行间市场（银行间的拆借）上用于相对短期资金拆借的利率。LIBOR 是适用于低风险借款人的利率，确定风险更高的借款人享受的利率时，经常使用 LIBOR 上浮一定点数的方式。

② 买方信贷中，出口国政府如果以资本市场利率水平为基础上浮一定点数来确定贷款利率的话，这一利率就不能被称为优惠利率，因为其中完全没有政府补贴的影响（Bräutigam，2011：755）。

③ 在公开信息中，中国进出口银行提供的最低贷款利率是 LIBOR＋1%（100 个基点）。

④ 为满足对国有资本日益增长的需求，2006 年国家开发银行设立了境外分支办事处。分支办事处设在中国驻外使馆之外，职责是收集东道国相关信息，与东道国官方、商界建立联系，为中国的能源矿产公司寻找投资机会。至 2009 年底，国家开发银行向 141 个国家派遣了工作人员，其中 45 个是非洲国家（Downs，2011：28）。

⑤ 位于西澳大利亚佩伦乔里郡。——译注

贷款，超过了当时该笔交易所需的 196 亿美元（前文已述），贷款的利息是 6 个月 LIBOR 上浮 94.5 个基点，且未设定偿还期限。与此形成对照的是，在中铝报价之后，必和必拓对力拓发行的 15 年期债券的报价是 6 个月 LIBOR 上浮 345 个基点（White，2009；Yao & Sutherland，2009：832）。

以上分析表明，中国投资者能够获得其他竞争者得不到的低成本国家金融支持。Song（2015：200 - 1）认为，中国银行系统的主力是国有和国有控股银行，传统上更加偏好同国有企业合作。中国国有银行对国有企业的偏好，是由于它们认为向国有企业提供融资的风险更小，或者"至少在清偿时能够得到政府的帮助"。

Buckley 等（2007：514 - 15）在一篇分析中国国有金融机构对境外（各行业）投资活动影响的论文中总结道：

> 一个意料之外的发现是，中国的境外投资似乎受到政治风险的正向影响，而不是负面影响（根据保守的估计方法，并且用根据市场规模调整过的市场投资回报率作为控制变量）。这意味着中国投资者对待政治风险的态度和行为与发达国家的投资者有所不同。我们认为这种情况可以归因于中国企业（大多数是国有企业）境外投资的资本成本更低，这部分也是由于东道国的资本市场不完善。实际上，国有性质之于中国跨国公司，可被视为一种企业优势。

> 中国企业投资于东道国市场时，一般能享受国家支持导致的预算软约束……造成中国跨国公司竞价时出价过高的原因，包括缺少私人股东，对相关技术、商业、政治风险的判断过于乐观，对失败的风险缺乏预判，过于依赖政府支持，以及低资本成本等。

Buckley 等（2007）在结论中提到的两个问题值得特别强调：

> 1. 中国铁矿石投资者在国家支持下取得了低成本资本，这是否导致其仅因为所有者性质而相对于他国投资者获得了竞争优势？
>
> 2. 得到国家支持的中国投资者，是否挤压了他国投资者和采购企业的机遇空间？

四　对铁矿石供应商的影响

中国的政策目标是实现铁矿石供应渠道多样化、降低对铁矿石行业"三巨头"依赖度，本文分析的投资案例中，仅有 3 起涉及铁矿石行业"三巨头"（3 起投资的合作方都是力拓）。[①] 这 3 个项目分别是：2002 年宝钢与力拓[②]设立宝瑞吉（Bao – HI Ranges）合资公司的投资，投资额为 3480 万美元；2008 年中铝为取得力拓 9% 股权所进行的 140 亿美元的投资；中铝为获得力拓在几内亚西芒杜（Simandou）开发项目的 47% 的股权的 15 亿美元的投资。

在"三巨头"之外充实铁矿石供应渠道的意图，驱使中国投资者去发掘较不成熟的项目，去参股或自行开发，其中的风险自然更大。这些高风险项目往往存在融资跟不上的问题，尤其是在全球金融危机后。国家开发银行在此可以发挥更多作用。国家开发银行 2004 年年度报告中称：

> 一些中国企业在寻找境外机会，有的意向中项目体量非常大。这类项目蕴含着高风险，有着高额借贷需求商业银行认为这类项目比较棘手。很多为境外项目寻求融资的企业联系到我行。这类项目是典型的开发性投资，属于我行一贯从事的典型业务，我们有能力为其提供服务。我行具备此类项目融资所需的各类资源，并在信用风险管理方面具有良好可查的过往记录。

对国际投资者来说，其决策一般是基于自身相对于其他竞争者是否有优势，如管理能力、专利技术等。但中国银行系统，包括国家开发银行和进出口银行，由于传统上对国有企业的偏好，资金多数提供给了钢铁行业（不包括矿业）的大型国有企业。

30 起铁矿石投资中，21 起的投资方是矿业之外的企业，只有 1 家是专业的铁矿石开采企业。中国的境外铁矿石投资企业缺乏相关矿业经验，这意味着

---

① 不包括中铝以 195 亿美元对价试图进一步收购力拓 9.5% 股权的失败交易。
② 力拓下属公司哈默斯利。——译注

这些企业总体上在长期经营方面缺乏所有权优势，并且较为依赖国家提供的低成本资本。不过另一方面，低成本资本使中国企业相对于那些不具备这一优势的他国投资者在短期内更具所有权优势，因为这能使中国企业克服投资回收期长带来的贷款清偿问题，并且有能力"拉抬项目价格"（Buckley et al.，2007）。

短期内的所有权优势使得中国铁矿石投资者以低成本获取国有资本，这可能会带来道德风险。Downs（2011：61）认为，中国国家银行提供比西方银行更低的利率也有其合理性，因为贷款人的背后是中国政府，无法偿还国家开发银行贷款的借款人，要冒着既惹恼银行也惹恼政府的风险，这种忌惮会降低道德风险发生的概率。

中国境外铁矿石投资企业缺乏长期的所有权优势，这从一点上能够体现：中国企业倾向于同他国非核心矿商建立合作，主要方式是参股（"准一体化"）。中国铁矿石采购数据显示，中国买家既通过长期供应协议参与市场，也通过取得供应企业的部分股权来实现纵向一体化。样本中的投资案例显示出对设立新的合资公司或获取既有公司部分股权的偏好（在 30 起报告中有 22 起是这种方式），中方企业的平均持股比例为 41.1%，另外 8 起投资为全资收购或开发性项目。

中国的铁矿石投资者主要是钢铁企业，缺乏长期所有权优势来开发复杂的铁矿石项目，因此需要借助准一体化模式，要与专业矿商建立合作，并取得部分股权，在合作下进行项目的开发和运营。这种准一体化模式与长期供应协议相比，一方面铁矿石供应得到了更好保障，另一方面又为合作企业提供了开发大型项目所必需的资本，来应对投产前资金不足的问题。准一体化模式使投资方在开发复杂矿产的项目中具备专业的能力，并且与合同供应商模式相比有更直接的参与。

中国企业选择合作伙伴的这种倾向，没有压缩他国非核心矿商的生存空间，而是使得中国的低成本资本客观上帮助他们进入市场。以合作的方式参与铁矿石市场，这在全球金融危机爆发后更为重要，因为危机曾使这类企业的资金极度紧张。

五 对他国买家和投资者的影响

另一个引起广泛讨论的话题是，中国铁矿石投资者是否利用其能够得到国有资本支持的优势，限制了他国投资者的进入。布拉马·切拉尼（Brahma Chellaney）[①]在 2012 年提供的一份证词中表达了这种担忧，证词来自美中经济与安全审查委员会关于"中国的全球资源竞争及其对美国的影响"的听证会，切拉尼（2012）称：

> 　　中国为保障（甚至垄断）水、能源、矿产等战略资源的供给，采取了激进的策略。获取或者控制这类资源已经成为中国制定国内外政策的主要动机。中国作为一个经济体，对资源消耗很大，它正在为控制关键资源而采取世界上最坚决的政策。
>
> 　　国际上对中国资源战略的观察，多集中在其为保障可燃气和矿产供应方面的竞争。这种关切是合理的，因为事实上中国正在试图保存本国的矿产资源并逐步转向进口。比如中国作为钢材消费大国，在铁矿石储量巨大的情况下，禁止出口本国的铁矿石。这在事实上鼓励了本国的钢铁企业去进口铁矿石。中国实际上已经成为铁矿石的头号进口国，占全球铁矿石进口总量的 1/3。与此形成对比的是印度，印度至今仍是中国进口铁矿石的主要来源之一，尽管中国的铁矿石储量是印度的 2.5 倍还多。

　　切拉尼认为中国投资者（在全球竞争资源）挤压了他国买家、投资者的空间。为评价他的这个观点，本文采用 Moran（2010）提出的记分卡方法，作为衡量对资源的"锁定"程度的可操作方法。该方法将大型买家进行资源类产品采购的方式分为四种：

　　（1）与主流矿商的特殊合作。

　　（2）与有竞争力的非核心矿商的特殊合作。

　　（3）向主流矿商提供信贷资本并以资源商品实物形式得到清偿。

　　（4）向有竞争力的非核心矿商提供信贷资本并以资源商品实物形式得到清偿。

　　Moran（2010）概括的第一种类型，可以指投资者取得成熟矿商的部分股权，并以此获得与其他股东同等的、按照所占股权比例享有的、有保障的

---

　　① 印度学者，著有《水：亚洲的新战场》。——译注

对产品的所有权。这种形式的合作使得投资者能够参与标的企业的长期战略决策，并且由于这类项目一般已经有稳定的产出，所以是零和的，投资本身并不提高产量。第二种类型指的是投资者取得尚未投产的标的企业的部分股权，享有和其他股东同等的权益，这种形式即使投资者能够参与决策企业长期战略方向，也扩大了产能规模，因此是正和的。

Moran（2010）总结的第三种类型，指的是投资者和/或其所在国政府向已有稳定产出的企业提供信贷，并要求以签订长期供应协议等协议的方式，逐步以产品实物的形式得到清偿。这一类型下的长期供应协议并不能使买家获得对企业的长期控制，但能够赋予买家对其既有产能的要求权（零和），这被视为一种锁定资源的策略。Moran 提出的最后一种类型是指，买家和/或其所在国政府向一家临近投产的矿商提供信贷，并要求以签订长期供应协议等方式逐步以产品实物的形式获得清偿；具体包括基础设施换资源和以资源为条件的贷款。在这一类型中，买家没有对企业的长期控制权，但扩大了产能规模，四种类型的总结见表 14.6（Moran，2010）。

表 14.6　对 Moran 记分卡方法的概括

	锁定资源（零和）	扩大资源供给（正和）
股权合作	第 1 类：与主流矿商的特殊合作 投资者和/或其所在国政府取得"主流"矿商的部分股权，以此获得与其他股东同等的对产品的所有权	第 2 类：与有竞争力的非核心矿商的特殊合作 投资者和/或其所在国政府取得"独立"矿商的部分股权，并以此获得与其他股东同等的对产品的所有权
非股权合作	第 3 类：向主流矿商提供信贷资本并以资源商品实物形式得到清偿 投资者和/或其所在国政府向"有定价权"的矿商提供信贷，并以供应协议的方式获得清偿	第 4 类：向有竞争力的非核心矿商提供信贷资本并以资源商品实物形式得到清偿 投资者和/或其所在国政府向"无定价权"的矿商提供信贷，并以供应协议的方式获得清偿

资料来源：Kotschwar 等（2012：27）。

这种记分卡方法提供了判断一国投资采购行为是否为零和[①]的有用指标——是否只是巩固了其对资源的排他性占有，如第一类和第三类所描述的

[①]　在这里"零和"意味着排他地锁定了资源，因为产能没有因为投资而增加。——译注

那样。如果一国的资源类商品采购活动导致了总供给超过其自身需求增长速度的扩张和/或多样化，那么他国买家也可享受一个更加有竞争性的出口市场，这种正和的结果是第二类和第四类所描述的。

2002～2012 年中国投资者发起的 50 起铁矿石采购、投资案例中（见图 14.2），有 3 起可归类为与主流矿商的特殊合作（第 1 类），27 起可归类为与有竞争力的非核心矿商的特殊合作（第 2 类），7 起可归类为向主流矿商提供信贷资本并以资源类商品实物形式得到清偿（第 3 类），13 起可归类为向有竞争力的非核心矿商提供信贷资本并以资源类商品实物形式得到清偿（第 4 类）。分析结果表明，大多数中国企业的采购、投资活动是面向开发性项目的，在长期增加了竞争性供给，而不是减少了其他买家的市场机会。①

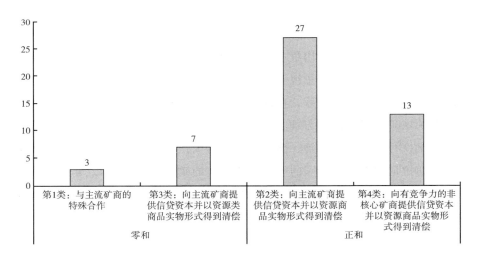

图 14.2　2002～2012 年按记分卡类型归类的中国采购和投资案例数

资料来源：Intierra 数据库；Wilson（2011：269－270）；The Tex Report（2013：102）。

这一结果也和 Moran（2010）对中国的 16 个石油矿产采购、投资案例的分析结论一致。该研究发现，在其中的 13 个案例中，中国投资者与矿商的合作方式是在符合竞争力原则的范围内取得部分股权和/或签订长期采购协议。作者在文中表示：

---

①　50 起案例中有 8 起是单纯的长期供应协议；50 起案例中只有 29 起有详细的公开信息，在这 29 起案例中，只有 8 个涉及与中国投资者签订的长期供应协议。

中国投资者更愿意选择那些全球主要石油、矿产企业不愿问津的、不成熟的，甚至边缘化的项目……中国的活动，正如日本在20世纪70年代末期开始并贯穿20世纪80年代的资本配置、采购等活动一样，显著地促进了全球能源供给体系的发展壮大和多样化，并使之更有竞争性。（Moran，2010：2）

记分卡分析的发现，还能得到 Wilson（2011）收集的2002～2010年32起铁矿石投资案例的支持。数据显示，其中9起投资不涉及与中国投资者签订的长期供应协议。其余的23起投资涉及长期供应协议，其中约定供给中国买家的部分，仅占标的项目铁矿石总产量的63.8%。这说明中国的采购、投资活动扩大了竞争性产能，而不是锁定了资源。

记分卡分析得到的结论，与切拉尼关于中国为保障资源供给而锁定战略资源的观点是不一致的。切拉尼的证词中存在认识缺陷，主要是对中国铁矿石矿藏情况认识不到位，忽视了中国铁矿石生产的高昂单位成本。中国生产的铁矿石加上海运成本之后，在国际市场上是缺乏竞争力的。切拉尼在中国和印度的铁矿石保护主义方面也有认识性错误。在2011年，印度当局为保障本国钢铁行业的原料供给，出台了限制本国铁矿石出口的政策，这无疑同样属于切拉尼用来指责中国的非市场化导向的政策。就在2012年1月2日，切拉尼提供证词的22天前，印度政府宣布进一步提高铁矿石原石的出口关税税率，惩罚性税率最高可达30%。

六　结论

中国政府认为铁矿石价格的暴涨是"三巨头"拉抬价格的表现。因此中国寻求减少对它们的依赖，并通过支持对替代性（非核心）矿商的投资等方式，来为其钢铁行业寻求长期有保障的原料供给。

为降低对"三巨头"的依赖并保障中国钢铁行业的原料供给，中国政府支持本国企业在国际铁矿石市场上的投资，这客观上增加了非核心矿商的机会。中国政府的支持方式，主要是由国有金融体系提供项目融资、保险和信息服务。

2008年之前，中国在铁矿石领域的境外投资和长期供应协议，主要都是与澳大利亚合作的。2008 年之后，由于成本攀升、中国参与的大型投资项目失败等原因，澳大利亚作为投资目的地的吸引力下降了，中国投资者的目标变得更加多样化。中国逐步疏远澳大利亚市场的过程，与日本从澳大利亚转向巴西市场的过程类似。尽管澳大利亚与亚洲市场存在着有限的双边垄断①关系，这一过程还是可以作为考察铁矿石行业长期竞争力的一个有用案例（Hurst，2017：48）。

对中国铁矿石采购、投资案例的考察表明，中国国有金融机构介入了大多数投资项目，且大多数项目的投资者都是与他国矿商合作的央企或省级地方国企。中国政府和企业投资于铁矿石的活动引起了很多关注，担忧集中在中国投资者具备独有的融资优势，担心这会减少他国买家、投资者的市场机会。

中国铁矿石投资者通常不具备矿业核心能力，并且缺乏长期所有权优势。缺乏铁矿石开发和运营能力，意味着他们要和他国的、专业的非核心矿商合作。中国投资者喜欢与他国非核心矿商设立合资公司并实现准一体化，这使得中国政府对境外投资的支持，客观上减少了对他国非核心矿商的壁垒。

另一个涉及中国政府和铁矿石采购、投资企业之间密切关系的相关话题是，中国铁矿石买家是否主要是排他地锁定了资源，是否削弱了他国钢铁企业保障原料供应的能力。本文借用 Moran（2010）的记分卡方法来分析 50 项铁矿石采购协议，以此来检验"获取或者控制这类资源已经成为中国制定国内外政策的主要驱动"这一观点（Chellaney，2012）。分析结果显示，中国企业的采购活动主要不是排他地锁定了资源，而是扩大了全球竞争性供给的覆盖面，增加了亚洲市场其他国家买家、投资者获取铁矿石资源的机会，这和日本在 20 世纪七八十年代的采购活动所带来的影响类似。

---

①　双边垄断指市场上仅有单一买家和单一卖家的情况。唯一的卖家倾向于利用垄断势力向买家要求尽可能高的价格。唯一的买家会试图将价格压至最低。由于目标冲突，双方必须以相对的议价能力为基础进行协商，使得最终价格水平落在在双方利润最大化的最优点之间。——译注

参考文献

Alston, L.J. (2008), The case for case studies in new institutional economics, in É. Brousseau and J.-M. Glachant (eds), *New Institutional Economics: A guidebook*, Cambridge: Cambridge University Press.

Bräutigam, D. (2009), *The Dragon's Gift: The real story of China in Africa*, Oxford: Oxford University Press.

Bräutigam, D. (2011), Aid 'with Chinese characteristics': Chinese foreign aid and development finance meet the OECD–DAC aid regime, *Journal of International Development* 23: 752–64. doi.org/10.1002/jid.1798.

Buckley, P.J., Clegg, L.J., Cross, A.R., Liu, X., Voss, H. and Zheng, P. (2007), The determinants of Chinese outward foreign direct investment, *Journal of International Business Studies* 38: 499–518. doi.org/10.1057/palgrave.jibs.8400277.

Bureau of Resources and Energy Economics (BREE) (2019), *Resources and Energy Quarterly*, Canberra: BREE.

Cai, P. (2012), China takes a tougher line, *The Age*, [Melbourne], 13 April.

Caves, R.E. (2007), *Multinational Enterprise and Economic Analysis*, Cambridge: Cambridge University Press. doi.org/10.1017/CBO9780511619113.

Chellaney, B. (2012), Testimony before the US–China Economic and Security Review Commission hearing: China's Global Quest for Resources and Implications for the United States, 26 January, Washington, DC.

China Development Bank (2004), *Annual Report*, Beijing: China Development Bank Corporation.

der Heiden, P. and Taube, M. (2011), China's iron and steel industry at the global markets interface: Structural developments and industrial policy interventions, *The Copenhagen Journal of Asian Studies* 29(2): 110–42. doi.org/10.22439/cjas.v29i2.4029.

Downs, E. (2011), *Inside China, Inc: China Development Bank's cross-border energy deals*, John L. Thornton China Center Monograph Series No. 3, Washington, DC: The Brookings Institution.

Drysdale, P. (2009), Australia needs to get its act together on China, and fast, *East Asia Forum*, 7 June.

Drysdale, P. (2011), A new look at Chinese FDI in Australia, *China & World Economy* 19(4): 54–73. doi.org/10.1111/j.1749-124X.2011.01250.x.

Garvey, P. (2012), Citic Pacific's Sino Iron project faces new delay, *The Australian*, 17 August.

Gindalbie Metals Limited (2010), First drawdown under US$1.2 billion project loan facility for Karara iron ore project, Securities Exchange announcement and media release, 16 August, Perth.

Grattan, M. (2011), Barnaby Joyce warns of threat to resource security, *The Age*, [Melbourne], 29 August.

Humphries, D. (2018), The mining industry after the boom, *Mineral Economics*, 13 March. doi.org/10.1007/s13563-018-0155-x.

Hurst, L. (2013), West and Central African iron ore development and its impact on world prices, *The Australian Journal of Agricultural and Resource Economics* 57(4): 521–38. doi.org/10.1111/1467-8489.12007.

Hurst, L. (2015), *A lesson in market contestability: Calculating the cost of Chinese state intervention in iron ore price negotiations*, EABER Working Paper 94, Canberra: East Asian Bureau of Economic Research, The Australian National University.

Hurst, L. (2017), *China's Iron Ore Boom*, London: Routledge. doi.org/10.4324/978131 5559315.

Hurst, L., Cai, P.Y. and Findlay, C. (2012), *Chinese direct investment in Australia: Public reaction, policy response, investor adaptation*, EABER Working Paper 81, Canberra: East Asian Bureau of Economic Research, The Australian National University.

Ker, P. (2013), Sundance slumps after Hanlong bid fails, *Sydney Morning Herald*, 9 April.

Kotschwar, B.K., Moran, T.H. and Muir, J. (2012), *Chinese investment in Latin American resources: The good, the bad, and the ugly*, Peterson Institute Working Paper Series 12-3, Washington, DC: Peterson Institute for International Economics.

Laurenceson, J. (2008), Chinese investment in Australia, *Economic Papers* 27(1): 87–94. doi.org/10.1111/j.1759-3441.2008.tb01028.x.

Laurenceson, J. (2012), Chinese investment is Australia's great untapped resource, *East Asia Forum*, 12 May.

Laurenceson, J. and Chai, J.C.H. (2010), The economic performance of China's state-owned industrial enterprises, *Journal of Contemporary China* 9(23): 21–39. doi.org/10.1080/106705600112038.

Moran, T.H. (2010), China's strategy to secure natural resources: Risks, dangers, and opportunities, *Policy Analysis in International Economics* 92(July).

Pokarier, C. (2004), The controversy over Japanese investment in Australia, 1987–1991, *Japanese Studies* 24(2): 215–31. doi.org/10.1080/1037139042000302519.

Sauvant, K.P. and Chen, V.Z. (2014), China's regulatory framework for outward foreign direct investment, *China Economic Journal* 7(1): 141–63. doi.org/10.1080/17538963.

2013.874072.

Song, L. (2015), State and non-state enterprises in China's economic transition, in G.C. Chow and D.H. Perkins (eds), *Routledge Handbook of the Chinese Economy*, New York: Routledge.

Tex Report (2013), *Iron Ore Manual 2011–2012*, Tokyo: The Tex Report.

Thompson, B. (2018), Billion-dollar writedown for China's flagship Sino Iron project, *Australian Financial Review*, 12 March.

Uren, D. (2012), *The Kingdom and the Quarry*, Melbourne: Black Inc.

White, G. (2009), Chinalco confident on Rio Tinto deal approval, *The Telegraph*, [UK], 31 March.

Wikileaks (2009), New foreign investment guidelines target China, [Online], Cable: 09CANBERRA900_a-WikiLeaks, available from: wikileaks.org/plusd/cables/09 CANBERRA900_a.html.

Wilson, J.D. (2011), Public and private sources of governance in global production networks: The case of the Asia-Pacific steel industry, PhD Dissertation, The Australian National University, Canberra.

Yang, Z. (2009), Easier loans lean to more mergers and acquisitions, *China Daily*, 20 April.

Yao, S. and Sutherland, D. (2009), Chinalco and Rio Tinto: A long march for China's national champions, *China Quarterly* 199: 829–36. doi.org/10.1017/S030574100999049X.

Zhang, Q. (2011), Ore target to break foreign grip, *China Daily*, 25 July.

Zheng, Y. and Yi, J. (2007), China's rapid accumulation of foreign exchange reserves and its policy implications, *China & World Economy* 15(1): 14–25.

图书在版编目（CIP）数据

中国的经济转型：来自青年经济学家的观察／宋立刚，周伊晓，（澳）卢克·赫斯特（Luke Hurst）主编；武广汉译 . -- 北京：社会科学文献出版社，2021.12
（"中国经济前沿"丛书）
书名原文：The Chinese Economic Transformation : Views from Young Economists
ISBN 978 - 7 - 5201 - 8294 - 2

Ⅰ . ①中…　Ⅱ . ①宋…②周…③卢…④武…　Ⅲ . ①中国经济 - 转型经济 - 研究　Ⅳ . ①F123.9

中国版本图书馆 CIP 数据核字（2021）第 073235 号

"中国经济前沿"丛书
中国的经济转型
来自青年经济学家的观察

主　　编／宋立刚　周伊晓　〔澳〕卢克·赫斯特（Luke Hurst）
译　　者／武广汉

出 版 人／王利民
责任编辑／恽　薇　许秀江
责任印制／王京美

出　　版／社会科学文献出版社·经济与管理分社（010）59367226
　　　　　地址：北京市北三环中路甲 29 号院华龙大厦　邮编：100029
　　　　　网址：www.ssap.com.cn
发　　行／市场营销中心（010）59367081　59367083
印　　装／三河市龙林印务有限公司

规　　格／开　本：787mm × 1092mm　1/16
　　　　　印　张：18　字　数：303 千字
版　　次／2021 年 12 月第 1 版　2021 年 12 月第 1 次印刷
书　　号／ISBN 978 - 7 - 5201 - 8294 - 2
定　　价／98.00 元